大学入試合格のための
TEAP
（ティープ）
実践問題集

旺文社

はじめに

　グローバル人材が求められる近年，日本では国を挙げて英語教育の見直しが行われてきました。それに従い，多くの大学が入学者の選抜において英語力をこれまでに増して重視するようになりました。そして2014年12月，文部科学省の中央教育審議会が答申した「新しい時代にふさわしい高大接続の実現に向けた高等学校教育，大学教育，大学入学者選抜の一体的改革について」において，大学入試改革の具体的な内容が明らかになり，教育現場における「高大接続」を目指す動きがますます高まっています。

　その流れをいち早く受けて誕生したのが，アカデミック英語能力判定試験であるTEAP（Test of English for Academic Purposes）です。上智大学と公益財団法人 日本英語検定協会が共同で開発し，2014年7月より実施されています。試験はリーディング・リスニング・ライティング・スピーキングの4技能で構成されており，その内容はアカデミック英語が中心です。和訳や単語の暗記などが必要とされた従来の受験英語とは異なり，総合的な英語力を試す目的で作成されています。特にライティング・スピーキングにおいては，主体的に自分の意見を述べるための思考力や伝達力も試されます。

　この『TEAP実践問題集』では，TEAP受験をお考えになっているすべての学習者のみなさま，そして指導者のみなさまに分かりやすいように，試験の特徴を詳しく説明しています。また，実践を通して実力を身に付けていただけるよう，TEAPの見本問題（4技能すべて）と解答・解説を2セット収録しました。切り取って使えるハンドブックも併載していますので，普段の英語学習や直前の学習などにぜひご活用ください。

　本書が学習者のみなさまの総合的な英語力向上につながり，またアカデミック・グローバルな将来に向けての前途を開く一助となりましたら幸いです。最後に，本書を刊行するにあたって多大なご尽力をいただきました，入江 泉先生に深く感謝の意を表します。

2015年　6月

CONTENTS
もくじ

はじめに 3
本書の構成と使い方 6
TEAP について 8
    TEAP の基本情報 / 問題構成 / 受験案内 / 成績表の見方
TEAP 受験者のみなさんへ。 16
    TEAP で試される力と，その習得方法をご紹介します。

TEAP 見本問題 1 25
    Reading 26
    Listening 50
    Writing 65
    Speaking 71

TEAP 見本問題 2 77
    Reading 78
    Listening 102
    Writing 117
    Speaking 123

解答用紙 .... 巻末

本書に収録している「TEAP 見本問題 1」「TEAP 見本問題 2」「TEAP 見本問題 1 リーディング・リスニング解説」「TEAP 見本問題 1 ライティング・スピーキング解答」は，公益財団法人 日本英語検定協会より提供された内容を二次利用しています。

別冊

- TEAP 見本問題 1　解答・解説
- TEAP 見本問題 2　解答・解説
- Reading・Listening スコア換算
- Writing・Speaking 評価基準

TEAP 語彙・表現ハンドブック

- TEAP 語彙のまとめ
- Writing で使える表現
- Speaking で使える表現
- Speaking 試験の流れ
- 最終チェックポイント

執筆…入江 泉
編集…志賀淳奈
編集協力…日本アイアール株式会社，株式会社交学社，田中晶子
デザイン…林 慎一郎（及川真咲デザイン事務所）
イラスト…駿高泰子
組版…幸和印刷株式会社
録音…有限会社 スタジオ ユニバーサル

本書の構成と使い方

構成　本書は，図のような構成になっています。

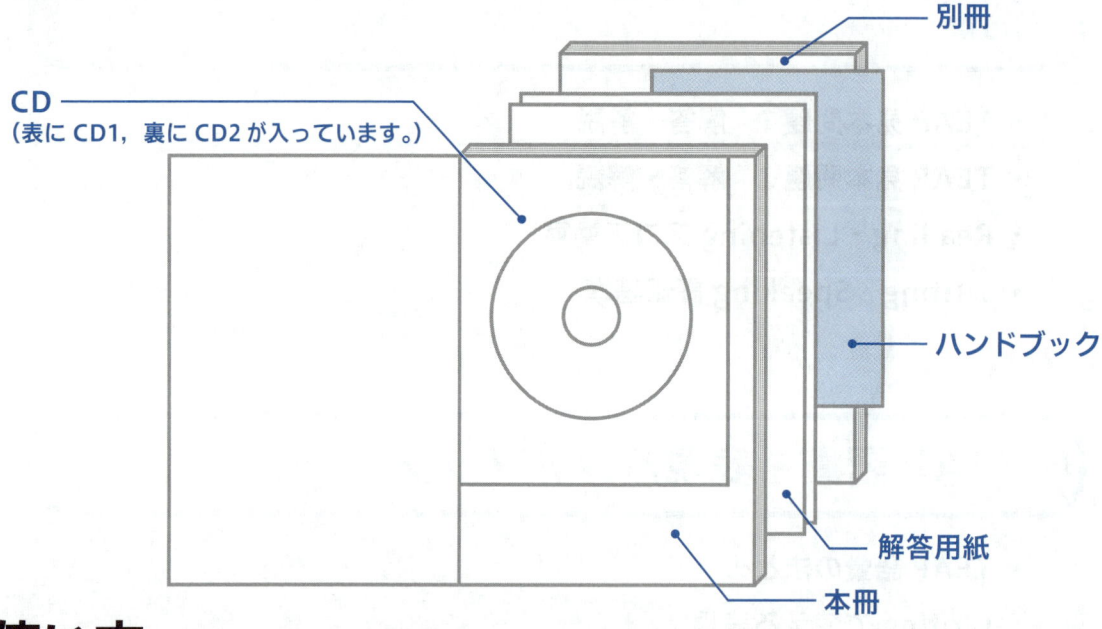

- CD（表に CD1，裏に CD2 が入っています。）
- 別冊
- ハンドブック
- 解答用紙
- 本冊

使い方　以下が，詳しい内容と使い方です。

本冊・解答用紙

TEAP 情報

TEAP に関する基本情報を掲載しています。『TEAP 受験者のみなさんへ。』では，各セクションのポイントと学習方法を紹介していますので，ぜひ最初にお読みください。

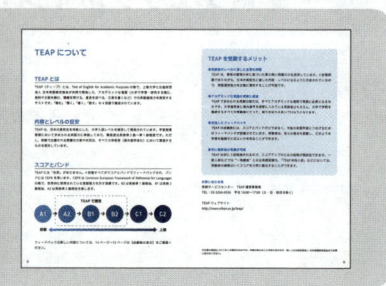

問題・解答用紙

見本問題が 2 セット収録されています。すべて本試験によく似たデザインで，スピーキングは実際の試験の手順を再現した内容になっています。
解答用紙も 2 セット分付いているので，切り離して実際に記入してご利用ください。

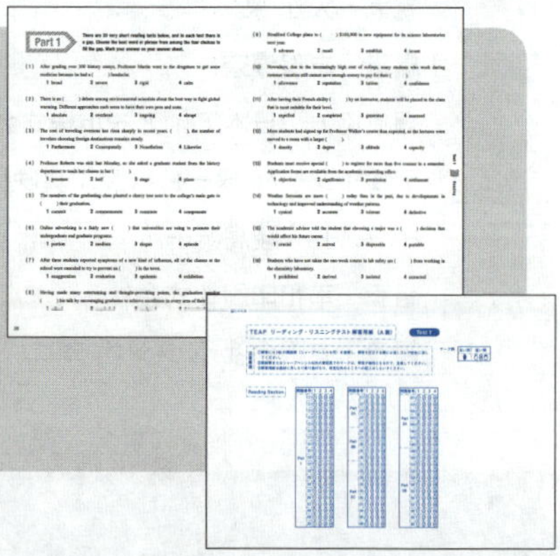

別冊・ハンドブック・CD

解答・解説・スコア換算・評価基準

本冊の問題の解答・解説を収録しています。図表を含む問題内容の和訳・スクリプト・解答例を載せています。巻末ではスコア換算表と評価基準が確認できます。

ハンドブック

持ち運びができる，直前の学習などに使えるハンドブックです。
TEAP に出そうなアカデミック英語・キャンパス英語の語句をまとめて収録しています。また，ライティング・スピーキングで使える表現や，スピーキング試験の流れ（イラスト付き）も掲載しています。

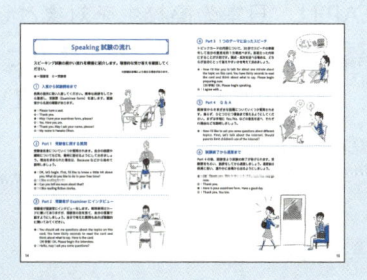

CD （表に CD1，裏に CD2 が入っています。）

各問題セットのリスニング・スピーキングの音声を，それぞれ CD1 と CD2 に収録しています。 Track 1 のアイコンで CD 番号とトラック番号を確認してください。

CD1	見本問題 1	CD2	見本問題 2
トラック番号	収録内容	トラック番号	収録内容
1	リスニング　試験の説明	1	リスニング　試験の説明
2～29	リスニング　Part 1	2～29	リスニング　Part 1
30～63	リスニング　Part 2	30～63	リスニング　Part 2
64～67	スピーキング　問題	64～67	スピーキング　問題
68～71	スピーキング　対話例・解答例	68～71	スピーキング　対話例・解答例

【ご注意】CD のディスクの裏面には，指紋，汚れ，傷などがつかないよう，お取り扱いにはご注意ください。
一部の再生機器（パソコン，ゲーム機など）では再生に不具合が生じることがありますので，ご承知おきください。

TEAP について

※本書の情報は 2016 年 5 月現在のものです。内容は変わることがありますので，詳しくは公益財団法人 日本英語検定協会までお問い合わせください。

TEAP とは

TEAP（ティープ）とは，Test of English for Academic Purposes の略で，上智大学と公益財団法人 日本英語検定協会が共同で開発した，アカデミックな場面（大学で学習・研究する際に，資料や文献を読む，講義を受ける，意見を述べる，文章を書くなど）での英語運用力を測定するテストです。「読む」「聞く」「書く」「話す」の 4 技能で構成されています。

内容とレベルの目安

TEAP は，日本の高校生を対象とした，大学入試レベルを想定して開発されています。学習指導要領において求められる英語力に準拠しており，難易度は英検準 2 級〜準 1 級程度です。ただし，試験で出題される問題の文章や状況は，すべて大学教育（海外留学含む）において遭遇するものを想定しています。

スコアとバンド

TEAP には「合否」がありません。4 技能すべてがスコアとバンドでフィードバックされ，バンドには CEFR を用います。CEFR は Common European Framework of Reference for Languages の略で，世界的に使用されている言語能力を示す指標です。B2 は英検準 1 級相当，B1 は英検 2 級相当，A2 は英検準 2 級相当を表します。

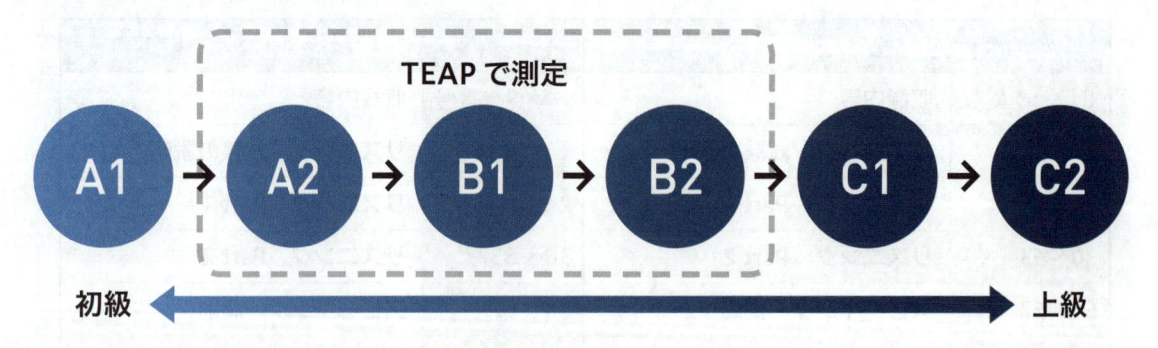

TEAP で測定： A2 → B1 → B2

A1 → A2 → B1 → B2 → C1 → C2

初級 ←　　　　　　　　　　　　　　　　　　　　→ 上級

フィードバックの詳しい内容については，14 ページ〜15 ページの【成績表の見方】をご確認ください。

TEAP を受験するメリット

●受験者のレベルに適した良質な問題
TEAP は，事前の調査分析に基づいた質の高い問題のみを採用しています。4 技能試験でありながら，日本の高校生に適した内容・レベルになるように作成されているので，英語運用能力を正確に測定することが可能です。

●アカデミックな英語の習得に最適
TEAP で求められる英語の能力は，すべてアカデミックな場面で実際に必要となるものです。大学進学後に海外留学を視野に入れている受験者はもちろん，大学で学問を継続するすべての受験者にとって，実力を付ける良いプロセスとなります。

●充実したフィードバック
TEAP の成績表には，スコアとバンドだけではなく，今後の英語学習につなげるためのフィードバックが記載されています。受験者は，自らの弱点を把握し，どのような学習を継続すればよいかを知ることができます。

●年に複数回の受験が可能
TEAP は年に 3 回実施されるので，スコアアップのための挑戦が複数回できます。一般入試などでは"一発勝負"となる英語試験も，「TEAP 利用入試」などにおいては，受験者の納得のいくスコアを大学に提出することができます。

お問い合わせ先
英検サービスセンター　TEAP 運営事務局
TEL：03-3266-6556　平日 9:30～17:00（土・日・祝日を除く）

TEAP ウェブサイト
http://www.eiken.or.jp/teap/

問題構成

TEAPはReading, Listening, Writing, Speakingの4つのセクションに分かれています。

Reading
リーディング

試験時間：70分　問題数：60問　形式：マークシート

Part 1（20問）　**語彙・語法**
アカデミックな内容の短文の空所に入る適切な語（句）を選びます。

Part 2A（5問）　**図表の読み取り**
大学の講義などを想定した図表とそれに関する問いに対して，適切な文を選びます。

Part 2B（5問）　**掲示・Eメールなどの読み取り**
大学での掲示やEメールを想定した英文とそれに関する問いに対して，適切な文や語句を選びます。

Part 2C（10問）　**短い英文の読み取り**
アカデミックな内容の短い英文とそれに関する問いに対して，適切な文や語句を選びます。

Part 3A（8問）　**長い英文の読み取り**
アカデミックな内容の長い英文の空所に入る適切な語（句）を選びます。

Part 3B（12問）　**長い英文の読み取り（図表も含む）**
アカデミックな内容の長い英文とそれに関する複数の問いに対して，適切な文や語句を選びます。

Listening
リスニング

試験時間：約50分　問題数：50問　形式：マークシート

Part 1A（10問）　**短い会話の聞き取り**
大学生活を想定した短い会話と問いを聞き，それに対して適切な文を選びます。

Part 1B（10問）　**短い英文の聞き取り**
大学の講義などを想定した短い英文と問いを聞き，それに対して適切な文を選びます。

Part 1C（5問）　**短い英文の聞き取り**
大学の講義などを想定した短い英文を聞き，その内容に適した図表を選びます。

Part 2A（9問）　**長い会話の聞き取り**
大学生活を想定した長い会話と複数の問いを聞き，それらに対して適切な文を選びます。

Part 2B（16問）　**長い英文の聞き取り（図表も含む）**
大学の講義などを想定した長い英文と複数の問いを聞き，それに対して適切な文を選びます。

Writing
ライティング

試験時間：70分　　問題数：2問　　形式：記述

Task A（1問）　課題文の要約
評論文を読み，その内容を70語程度で要約した文章を書きます。

Task B（1問）　エッセイ
2種類の図表と2つの英文を読み，それらの論点と自分の意見を200語程度でまとめたエッセイを書きます。

Speaking
スピーキング

試験時間：約10分　　問題数：4問　　形式：面接

Part 1（1問）　受験者に関する質問
Examinerから受験者自身についていくつか質問されます。

Part 2（1問）　受験者がExaminerにインタビュー
「〇〇（学校の先生など）にインタビューをする」という設定で，受験者がトピックカードの内容に沿ってExaminerに質問します。受験者は30秒でインタビューの準備をします。

Part 3（1問）　1つのテーマに沿ったスピーチ
トピックカードの内容について，自分の意見を約1分間述べます。受験者は30秒でスピーチの準備をします。

Part 4（1問）　Q & A
Examinerからさまざまな話題についていくつか質問されます。

※ReadingとListeningは同時受験です。
※Listeningの音声はすべて1回しか放送されません。
※Speakingでは，試験内容は録音され，採点に利用されます。
※試験の指示文・指示音声はすべて英語です。

受験案内

【試験日程】

試験は年に3回（7月・9月・11月）実施されます。

	試験日	申込期間
第1回	**7月**	5月～6月
第2回	**9月**	7月～9月
第3回	**11月**	9月～10月

【受験パターンと受験料】

受験のパターンは3つあり，それぞれの受験料は以下の通りです。

	技能	受験料（税込）
2技能パターン	Reading・Listening	6,000 円
3技能パターン	Reading・Listening・Writing	10,000 円
4技能パターン	Reading・Listening・Writing・Speaking	15,000 円

【受験資格】

高校2年生以上であることが求められます。
2015年度 TEAP 受験の場合：1999年4月1日以前の生まれであること。

【スコアの有効期限】

スコアの取得後から2年度の間有効です。
2015年度 TEAP 受験の場合：2017年度入試まで利用可能。

【申し込みからスコア利用までの流れ】

試験のお申し込みはインターネットからのみです。下のチャートで，申し込みからスコアの利用までの流れを確認してください。

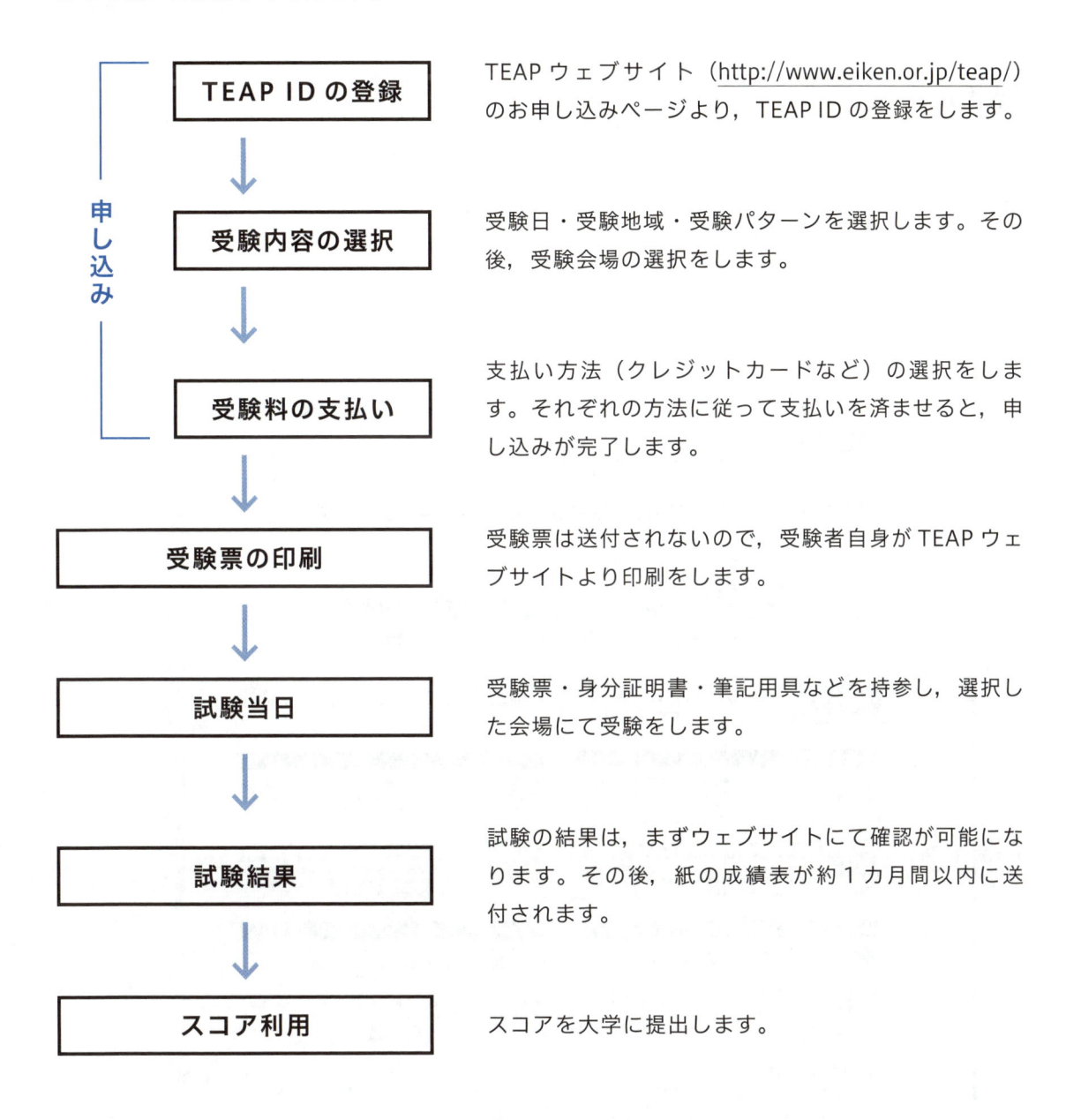

申し込み

TEAP IDの登録
TEAPウェブサイト（http://www.eiken.or.jp/teap/）のお申し込みページより，TEAP IDの登録をします。

↓

受験内容の選択
受験日・受験地域・受験パターンを選択します。その後，受験会場の選択をします。

↓

受験料の支払い
支払い方法（クレジットカードなど）の選択をします。それぞれの方法に従って支払いを済ませると，申し込みが完了します。

↓

受験票の印刷
受験票は送付されないので，受験者自身がTEAPウェブサイトより印刷をします。

↓

試験当日
受験票・身分証明書・筆記用具などを持参し，選択した会場にて受験をします。

↓

試験結果
試験の結果は，まずウェブサイトにて確認が可能になります。その後，紙の成績表が約1カ月間以内に送付されます。

↓

スコア利用
スコアを大学に提出します。

※試験結果のスケジュールは受験時期・受験パターンにより異なりますのでご注意ください。
※結果の提出方法は大学によって異なりますので，詳しくは各大学の入試要項またはウェブサイト等をご覧ください。

成績表の見方

TEAP では，ウェブサイトでのスコア確認に加えて，紙の成績表が送付されます。以下がその詳しい内容です。スコア換算表と評価基準については，別冊 121 ページ～127 ページでご確認ください。

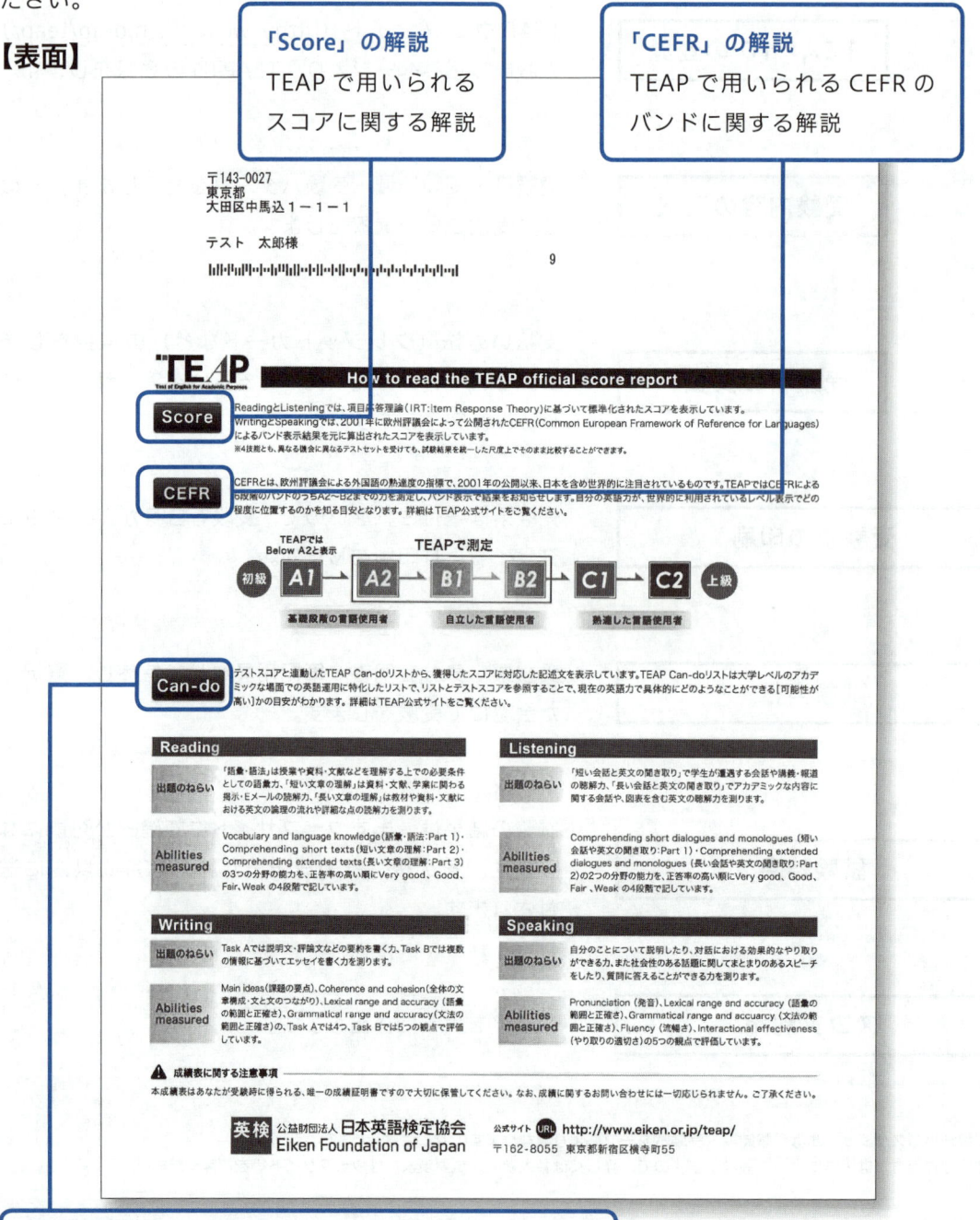

【表面】

「Score」の解説
TEAP で用いられるスコアに関する解説

「CEFR」の解説
TEAP で用いられる CEFR のバンドに関する解説

TEAP Can-do リストの解説
TEAP における「Can-do リスト」（受験者の英語力で具体的にどのようなことができるか）の解説

【裏面】

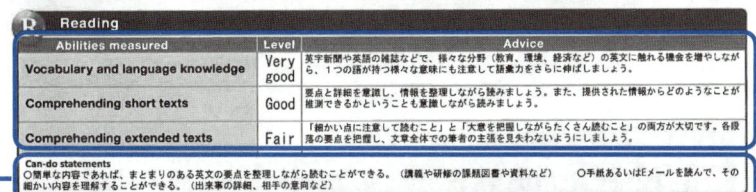

技能別スコア
各技能の結果から算出された20〜100のスコア

技能別 CEFR
各技能のスコアに基づいたCEFRのレベル

Can-do statements
各技能の結果に基づいた，大学での英語使用場面で具体的にどのようなことができるかの記述

学習アドバイス
各技能においての，能力のレベルとそれに基づいた具体的な学習アドバイス

✉ TEAP受験者のみなさんへ。

TEAPで試される力と，その習得方法をご紹介します。

TEAPで点数を上げる究極の方法とは？

TEAPは，表面上の試験対策よりも，英語の地力を上げることが大切です。ですから，英語でのコミュニケーション能力を高めることを目標に英語習得に励みましょう。それがTEAPで点数を上げるための最善の準備です。なぜなら，TEAPは4技能をバランスよく学ぶことを求めている学習指導要領の内容を考慮して作成されているからです。

試験の概要を知ろう。

しかし，試験のことをまったく研究しなくてもよいというわけではありません。みなさんがいつも通りの力を発揮できるように，**TEAPに関する必要十分な知識は身に付けておきましょう。**受験者のみなさんは本書にある情報をしっかりと頭に入れておいてください。そうすれば，TEAPを通じてみなさんの学習成果をしっかり示すことができます。

TEAPが試している英語とは？

アカデミック英語・キャンパス英語が中心です。

TEAPの正式名称はTest of English for Academic Purposesです。これは「学術的目的のための英語テスト」という意味です。「学術的」というのは，「学問で用いられる」という意味です。ですからTEAPでは，**学生が大学のキャンパスで遭遇する可能性の高い英語が試される**わけです。学校での告知，教科書の英語，先生との会話などが中心となります。専門的知識を必要とする問題は出題されません。例えば，社会人でなければ精通していないような，金融や法律などの専門的知識に関する英文は原則として使用されません。

専門的な言葉を知らなくても解ける問題です。

　語彙に関しても，大学の授業を理解するのに必要なものに限定されています。例えば trust fee（信託報酬），the board of directors（取締役会）など，**学生の知識範囲から外れる語彙は原則として出題されません**。しかし，このような専門的な語彙を知らなくても，前後の文脈から推測すれば正答が得られるような場合に関しては，読解問題の一環として出題される場合があります。もちろん，その単語の意味を覚えなければならないというわけではありませんので，安心してください。

特別な文法学習は要りません。

　TEAP では，文法の知識を直接試す問題はほとんど出題されません。ただし，基本的な英文法は 4 技能の基礎となりますから，よく勉強してください。つまり，**文法の勉強は，実用的なものに限定すればよいのです**。例えば，日常的によく使用される「原形不定詞」や「仮定法」などは TEAP の出題範囲ですが，使用頻度が低い，疑似関係代名詞の but などは原則として使用されません。

「よく出る」単語はありません。

　TEAP で使用される語彙は，**およそ英検準 1 級までの語彙**とされています。きわめて専門的な語彙は推測によって解ける場合以外は出題されません。また，文脈や前後の単語との接続を無視した丸暗記だけでは解けないような問題になっています。受験者のみなさんは，**例文やフレーズの中で単語や熟語を覚えるようにしてください**。

　TEAP では例えば，set up an account, prevent an epidemic のような，学生生活や教科書でよく見かける語彙が出題されます。専門的で難易度が高い単語は，推測力を試す問題以外では原則として出題されません。同レベルの単語に関しては，まんべんなく出題されるようになっているため，**「よく出る」単語はないのです**。幅広い語彙の学習が必要となります。

次ページからは，TEAP を 4 技能に分けて，それぞれの設問の出題意図と点数を上げるための勉強方法を説明します。

Reading Section

> 英語を訳さずに理解すること

　リーディングに限らず，TEAPの問題では日本語は一切使用されません。これは，日本語を介在させずに英語を理解する能力を試しているからです。受験者のみなさんは，英語を訳さずに理解する力を身に付けてください。そうすれば，制限時間内での解答には問題ありません。ただし，過度の飛ばし読みをすると解けない設問が出てきます。普段の学習では，正しい発音で英文を理解しながら音読したり，アカデミックな英文を耳から聞いて英語のまま理解することを重視してください。また，論理的に，パラグラフごとのトピックやパッセージの結論を素早く正確にとらえる訓練をしてください。

Part 1 → 語彙・語法

　単語・熟語の問題です。教科書や学生の日常生活で使用される単語や熟語が出題されます。単独で丸暗記しても解けないように，日本語では似たような意味になる単語が選択肢に並べられることがあります。したがって，前後の語句との接続に留意した上で，例文やコロケーションの中で単語を覚えていなければ解けません。単語を単独で棒暗記している人よりも，文の中で運用しながら語彙を習得した人の方が，より高い点数が取れるでしょう。

Part 2 → 図表，掲示・Eメール，短い英文の読み取り

　大学での講義などにおいて，図表から情報を読み取る力はとても重要です。Part 2 Aでは，グラフを読み取って英文と結び付ける力を試しています。普段の学習の中で，教科書や新聞などに出てきた図表をそれに関連した英文と結び付けて読む習慣を身に付けましょう。Part 2 Bでは，大学生活の中で出会うEメールや告知などを理解する能力を試しています。TEAP全体に言えることですが，選択肢には過度に紛らわしいものはなく，英文と選択肢が正確に読み取れれば，特別なテクニックを使わなくても解答できるようになっています。Part 2 Cでは，教科書や資料の英文を読み取るための基礎的な力を試しています。とりわけ，パッセージ全体のトピックをつかむ力を重視した問題になっています。英文の重要な単位であるパラグラフの構成を知り，そのトピックを正確に見抜くための論理的思考力を試しています。受験者のみなさんは，学校の教科書を使って，英語を英語のまま正確に理解できるよう勉強してください。

Part 3 → 長い英文と図表の読み取り

　このパートでは，いくつかのパラグラフから構成される論説文を読み，その内容，とりわけ大局的な論理の展開と結論を読み取る力を試しています。**Part 3 A** では，英文の論理的な流れから，キーワードやディスコースマーカーを正確に当てはめる力を試しています。**Part 3 B** では，筆者が伝えようとしている重要な情報をしっかりとらえる力を試しています。このパートで点数を上げるための学習では，論説文を読む際には，パラグラフごとのトピックを1文の英語で要約する訓練をする，また英文全体を英語で要約する訓練を重ねることが重要です。

リーディング対策

- 教科書等の英文を読み，パラグラフや全文を素早く要約する訓練をする。(W)
- 声に出して読みながら英文をそのまま理解する訓練をする。(L, S)
- 教科書等で学習した英文を耳で聞いて理解できるようにする。(L)

※（　）の中のセクションでも役立ちます。総合的な学習を心掛けましょう。

Listening Section

教科書の音声で対策を

　リスニングセクションでは，ナチュラルスピードで読まれる英文を聞き，その中の重要な情報を正確にとらえる力を試します。普段の学習では，英語の発音や音声変化を学び，ディクテーションなどを通じて，それぞれの英文を正確に聞き取る訓練や，聞こえてくる英文の大意をつかみ取る訓練をしてください。キャンパスでの会話や授業など，アカデミックな場でのさまざまな種類の英語を聞き取る練習をしてください。TEAPの問題は，特別なテクニックを使わなくても，普通に聞き取って理解できれば，解けるようになっています。普段勉強している教科書の英語を，付属の音声を聞いてすべて分かるようにしておくことが一番の対策です。

Part 1 → 短い会話・英文の聞き取り

　リスニングセクションの Part 1 では，1つの会話やパッセージに対して，1つずつの設問があります。Part 1 A では，会話を聞き，それに対する設問に答えます。質問文は問題冊子には印刷されていません。印刷されているのは選択肢のみです。選択肢に先に目を通すのはかまいませんが，混乱しないように気を付けてください。会話の最重要点さえしっかり理解できてしまえば，設問は解けます。話者を頭の中に描きながら落ち着いて聞きましょう。Part 1 B では，短いパッセージを聞き，その内容に関する設問に答えます。学校生活や授業で耳にするであろうさまざまな内容のパッセージが読まれます。Part 1 C では，4つのグラフの中からパッセージの内容に合ったグラフを選択します。数の増減や割合を正確に聞き取ることが求められます。先にさっとグラフに目を通し，それらが何についてのものなのかを確認しておくと聞き取りの助けになります。

Part 2 → 長い会話・英文の聞き取り

　このパートでは，長い会話やパッセージを聞き，それに対しての複数の設問に答えます。Part 1 とは異なり，状況・質問・選択肢が問題冊子に印刷されています。時間が許せば，質問文を先に読んでおくと，聞き取りの際に重視すべきところが分かるでしょう。Part 2 A では，学校で行われるであろうさまざまな会話を聞き取ります。Part 2 B では，主に講義を聞き取り，その重要なポイントを理解する力が試されます。最後の問題には図表があり，その図表に関する説明を聞き取って理解する力も試されます。

リスニング対策

- 普段から，積極的に英語の講演に参加したり，英語の番組を視聴する。無料のインターネットのサイトを利用する。
- 声に出して読みながら英文をそのまま理解する訓練をする。(R, S)
- 教科書等で学習した英文を耳で聞いて理解できるようにする。(R)

Writing Section

> スペリングや文法ではなく内容を重視

　ライティングセクションは，要約問題と，エッセイとして図表や記事を説明し，意見を述べる問題の2問で構成されています。要約問題では，それぞれのパラグラフのトピックと全体の論理的構成を正確に読み取り，それを指定の語数で書くことが求められます。エッセイ問題では，グラフと記事を的確に読み取り，その内容をうまく要約した上で，自分の立場を示し，その根拠を述べます。これらの内容がグラフや記事と矛盾しないようにしなければなりません。文法やスペリングは完璧であるに越したことはありませんが，評価において最も重視されるのは，内容です。普段から間違いを恐れずにどんどん英文を書きましょう。もちろん，スペリングや文法も少しずつ直しながら，最終的には正確な英語が書けるようになることを目指しましょう。

Task A → 課題文の要約

　要約をするためには，まずは与えられた文章を正確に読み取ることが前提となります。その上で，それぞれのパラグラフのトピックを見抜きましょう。一般的に学術的な英文では，パラグラフはトピックセンテンスとそのサポート文から構成されています。トピックセンテンスは必然的に抽象的になる傾向があります。また，サポート文は具体的になる傾向があります。トピックセンテンスを見抜いたら，次は文章全体の論理構成を考え，筆者が何を主張しようとしているのかを見抜きます。そして，要約文でそれらを70語程度でまとめます。

Task B → エッセイ

　Task Bでは，2種類の図表と2つの文章を読み，それを200語程度のエッセイにまとめなければなりません。まずは，それぞれの図や文章が何についてのものなのかをしっかりと見抜きましょう。その上で，それら4つに共通するテーマを見抜きます。エッセイの典型的な構成は4段落構成です。まず最初の段落では，全体のテーマ・概要を説明します。そして第2段落で1つ目の文章の要約，第3段落で2つ目の文章の要約をします。そして，最終段落で自分の意見を述べ，続けてその理由も書いて結論とします。この型を使いこなすことは，大学でのエッセイ課題で大変役立ちますから，TEAP受験を機会にしっかりとマスターしましょう。

ライティング対策

- 書くために必要な基礎英文法を学習する。
- 教科書等の英文を読み，パラグラフや全文を素早く要約する訓練をする。（R）
- 模範的な解答を暗唱し，アカデミックライティングの論理的な型を覚える。（S）

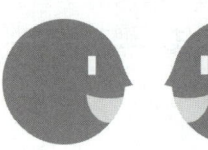

Speaking Section

自分の意見をはっきり述べる訓練を

　スピーキングセクションは，面接官との対面型の試験です。最大の対策は，普段から教室でのアクティビティに積極的に参加し，「英語を話す」ことです。TEAPのスピーキングセクションは，学校の英語の時間を積極的に活用していれば，十分に対応できるレベルです。また，自分の身の回りのことを英語で説明する練習をすることが有効です。さらに，さまざまな社会的トピックに関して，自分自身の意見を述べる訓練をしましょう。賛成・反対を述べた上で，その理由を提示する練習も必要です。まずは，日本語でやってみるのもよいでしょう。学校のディベートやプレゼンなどのアクティビティを利用してください。英語を話すときには，明瞭な発音で適切な速度で話すよう心掛けましょう。また，十分に大きな声で，元気に話すようにしましょう。文法や発音の多少のミスはかまいません。採点において最も重視されるのは，発話の内容ですから，間違いを恐れず堂々と話すようにしましょう。もちろん，普段からネイティブスピーカーの音声をまねて練習し，発音やイントネーションを矯正することも重要です。スピーキングテストに強くなるには，普段から先生や友人とペアワークで応答練習をすることをお勧めします。

Part 1 → 受験者に関する質問

　Part 1は受験者自身に関する質問です。例えば，みなさんが留学したり，海外で仕事をする場合には，自分のことを紹介したり，身の回りのことを説明したりする機会が常に訪れます。そのような状況を想定して，自分の趣味や経歴，住んでいる地域，また故郷や母国のことを説明する練習をしておきましょう。書いてみてから話す練習をするのはかまいませんが，最終的には自分の言葉として自然に発話できるようになるまで訓練しておいてください。

Part 2 → 受験者が Examiner にインタビュー

Part 2 は受験者と面接官の立場が逆転し，受験者が面接官に質問をします。カードに書いてある質問事項に従って質問をしていきます。時間が余るようであれば追加の質問を促される可能性があるので，準備の時間に考えておくと安全です。カードの情報を聞き出しつつ，次の質問の文章を考えながらインタビューを進めましょう。また，適切な相づちなども忘れないようにしましょう。

Part 3 → 1つのテーマに沿ったスピーチ

Part 3 は，1つのトピックに関するスピーチをするパートです。典型的な解答例は，ある意見に対して，賛成か反対かを宣言し，その理由を述べて裏付けるものです。発話の順番としては，まずは自分の立場をはっきりと述べ，その後に理由を続けましょう。理由に説得力を持たせるためには，具体例をうまく使うとよいでしょう。

Part 4 → Q & A

さまざまな社会的トピックに関して矢継ぎ早に質問され，次々と答えなければなりません。答えは言いっぱなしにするのではなく，because ... のような表現を使い，サポートし説得力を持たせましょう。普段から，英語・日本語を問わず，世の中のいろいろな話題に関して自分の意見を述べる訓練をしておくことをお勧めします。

スピーキング対策

- 学校でのアクティビティに積極的に参加し，たくさん英語を話す。
- さまざまな社会的トピックに対しての自分の意見を構築しておく。(W)
- 普段から，ネイティブスピーカーの音をまねて練習する。(L)

学習に取り組むにあたって

　TEAPは4技能を総合的に測定する，4技能均等スコア型の試験です。とは言っても，各技能はばらばらのものではなく，相互に関係し合っています。例えば，スピーキングが得意になるためには，情報収集のためにリーディングをする必要があります。また，相手の質問が理解できるようになるためにはリスニングの学習が必要です。また，論理的なライティングの能力と，論理的なスピーキングの能力は同時に伸ばすことができます。したがって，TEAPでの成功を確実にするためには，普段から4技能をバランスよく訓練することが重要なのです。

Good luck!

TEAP見本問題① / TEAP Sample Test ①

Reading・Listening

Reading（60問/70分） ················ 26
Listening（50問/約50分） ············ 50

Part 1

There are 20 very short reading texts below, and in each text there is a gap. Choose the best word or phrase from among the four choices to fill the gap. Mark your answer on your answer sheet.

(1) After grading over 300 history essays, Professor Martin went to the drugstore to get some medicine because he had a (　　) headache.
　　1 broad　　**2** severe　　**3** rigid　　**4** calm

(2) There is an (　　) debate among environmental scientists about the best way to fight global warming. Different approaches each seem to have their own pros and cons.
　　1 absolute　　**2** overhead　　**3** ongoing　　**4** abrupt

(3) The cost of traveling overseas has risen sharply in recent years. (　　), the number of travelers choosing foreign destinations remains steady.
　　1 Furthermore　　**2** Consequently　　**3** Nonetheless　　**4** Likewise

(4) Professor Roberts was sick last Monday, so she asked a graduate student from the history department to teach her classes in her (　　).
　　1 presence　　**2** half　　**3** stage　　**4** place

(5) The members of the graduating class planted a cherry tree next to the college's main gate to (　　) their graduation.
　　1 commit　　**2** commemorate　　**3** commute　　**4** compensate

(6) Online advertising is a fairly new (　　) that universities are using to promote their undergraduate and graduate programs.
　　1 portion　　**2** medium　　**3** slogan　　**4** episode

(7) After three students reported symptoms of a new kind of influenza, all of the classes at the school were canceled to try to prevent an (　　) in the town.
　　1 exaggeration　　**2** evaluation　　**3** epidemic　　**4** exhibition

(8) Having made many entertaining and thought-provoking points, the graduation speaker (　　) his talk by encouraging graduates to achieve excellence in every area of their lives.
　　1 edited　　**2** concluded　　**3** analyzed　　**4** determined

(9) Stradford College plans to (　　) $100,000 in new equipment for its science laboratories next year.

　　1 advance　　**2** recall　　**3** establish　　**4** invest

(10) Nowadays, due to the increasingly high cost of college, many students who work during summer vacation still cannot save enough money to pay for their (　　).

　　1 allowance　　**2** reputation　　**3** tuition　　**4** confidence

(11) After having their French ability (　　) by an instructor, students will be placed in the class that is most suitable for their level.

　　1 expelled　　**2** completed　　**3** generated　　**4** assessed

(12) More students had signed up for Professor Walker's course than expected, so the lectures were moved to a room with a larger (　　).

　　1 density　　**2** degree　　**3** altitude　　**4** capacity

(13) Students must receive special (　　) to register for more than five courses in a semester. Application forms are available from the academic counseling office.

　　1 objection　　**2** significance　　**3** permission　　**4** settlement

(14) Weather forecasts are more (　　) today than in the past, due to developments in technology and improved understanding of weather patterns.

　　1 cynical　　**2** accurate　　**3** tolerant　　**4** defective

(15) The academic advisor told the student that choosing a major was a (　　) decision that would affect his future career.

　　1 crucial　　**2** surreal　　**3** disposable　　**4** portable

(16) Students who have not taken the one-week course in lab safety are (　　) from working in the chemistry laboratory.

　　1 prohibited　　**2** derived　　**3** isolated　　**4** extracted

(17) "Attendance is required for this class," said the professor, "but that doesn't mean just (   ). I expect you to participate in the discussions."

    1 hanging up   **2** holding out   **3** showing up   **4** reaching out

(18) During the first few weeks of the exchange program in Milan, some of the students had difficulty communicating in Italian. They often had to use gestures to (   ) what they wanted to say.

    1 work off   **2** fall behind   **3** get across   **4** step on

(19) In order to register for classes online, you will need to (   ) an account on the university website.

    1 set up   **2** take up   **3** turn in   **4** give in

(20) In the speech contest, students were told to limit their speeches to two minutes. If they went over the time limit, they would be (   ).

    1 split up   **2** broken down   **3** cut off   **4** checked out

Part 2A

There are five graphs or charts below. Each graph or chart is followed by a question about it. For each question, choose the best answer from among the four choices and mark your answer on your answer sheet.

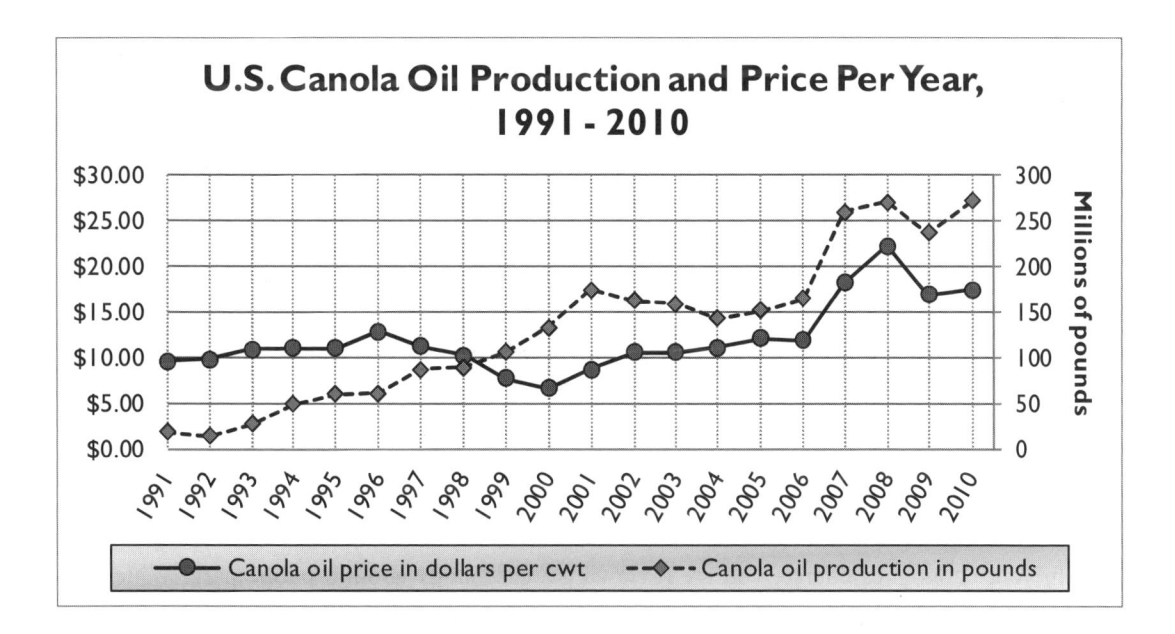

U.S. Canola Oil Production and Price Per Year, 1991 - 2010

— ● — Canola oil price in dollars per cwt   – ◆ – Canola oil production in pounds

(21) You are learning about market trends in clean-energy sources such as canola oil. Which of the following statements is best supported by the above graph?

1 Demand for canola oil decreased during the late 1990s, leading to a drop in prices.

2 Demand for canola oil peaked in 2009, after which prices and production decreased.

3 The canola market has been consistent, with price and production rising steadily.

4 The canola market has generally weakened since the 1990s, and overall production has decreased.

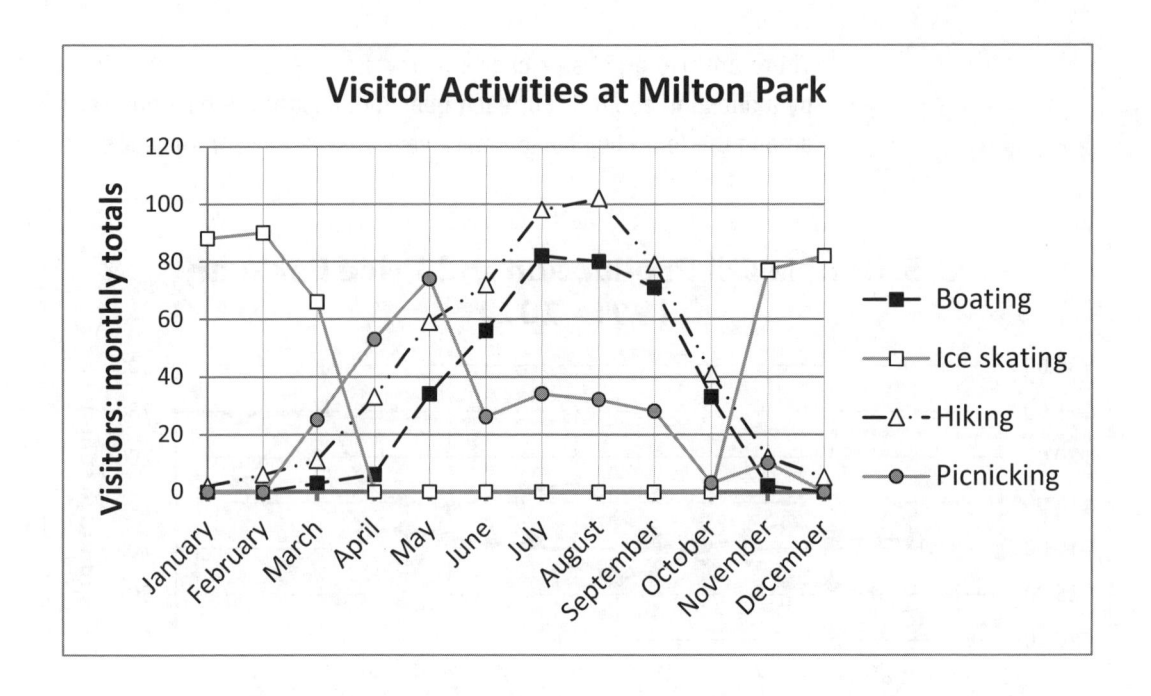

Visitor Activities at Milton Park

(22) In your economics course, you are reviewing a case study about a public park. Which of the following statements is best supported by the above graph?

 1 Strong winds during June and July made it dangerous to use boats.
 2 Visitors could not ice-skate in January due to warm temperatures.
 3 Forest paths were closed for maintenance between April and July.
 4 The park began charging a fee to rent picnic shelters from June.

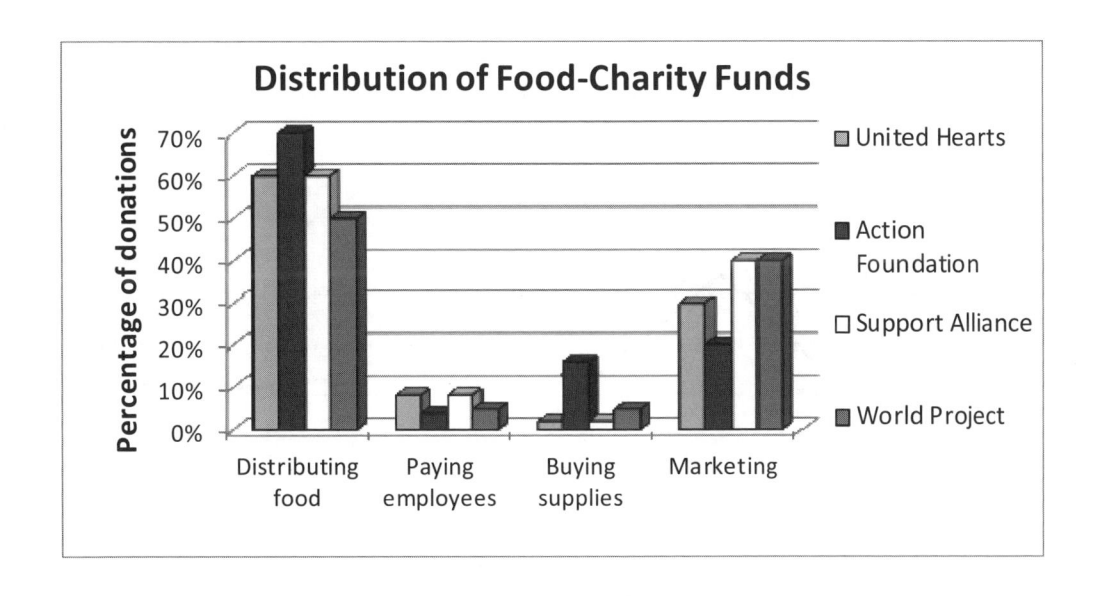

Distribution of Food-Charity Funds

(23) Which of the following magazine articles is most likely to have included the above graph as evidence supporting its story?

    1 Look Before You Leap: The Hidden Costs of Volunteering.
    2 Charity in Question: Just Where Does the Money Go?
    3 Budget Strategies for International Organizations.
    4 Survey of Charities Reveals Wide Variation in Employee Salaries.

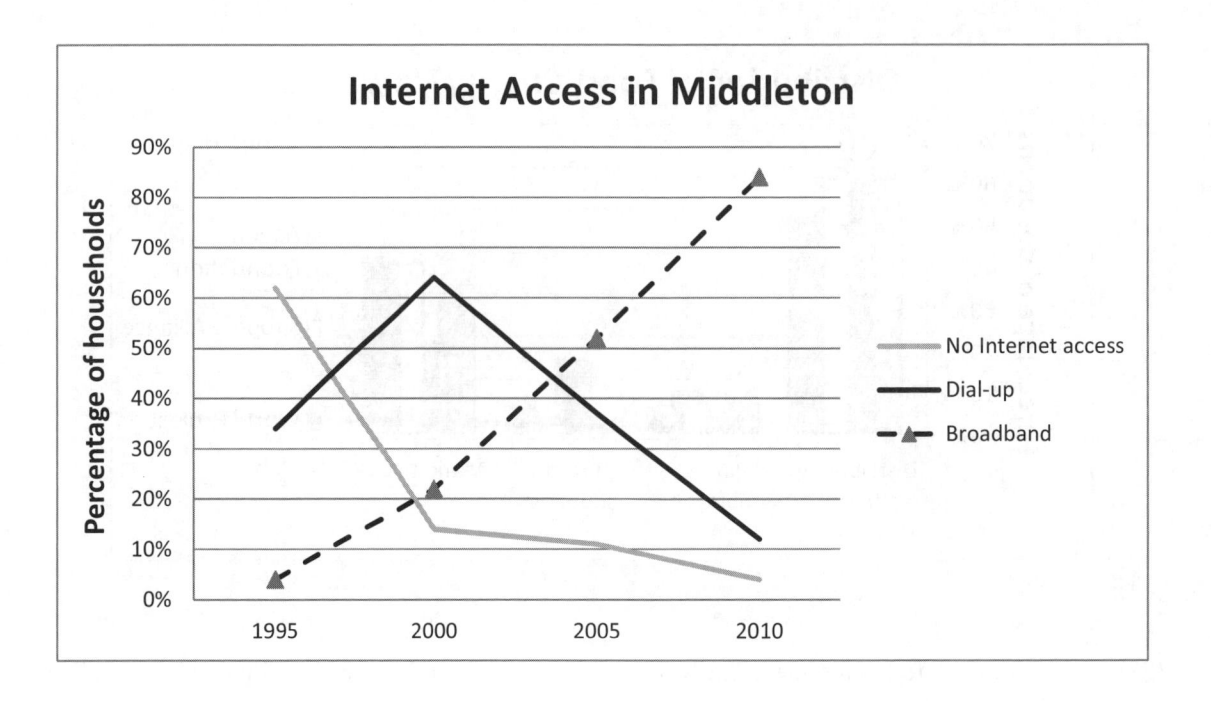

Internet Access in Middleton

(24) Your teacher has asked you to revise a statement in your report because it is NOT supported by information in the above graph. Which statement needs to be revised?

  1 Internet access was not available for most households until the year 2005.
  2 The use of dial-up Internet access declined quickly between 2000 and 2005.
  3 The use of broadband Internet access increased steadily from the mid-1990s.
  4 The number of people who could access the Internet increased rapidly after 1995.

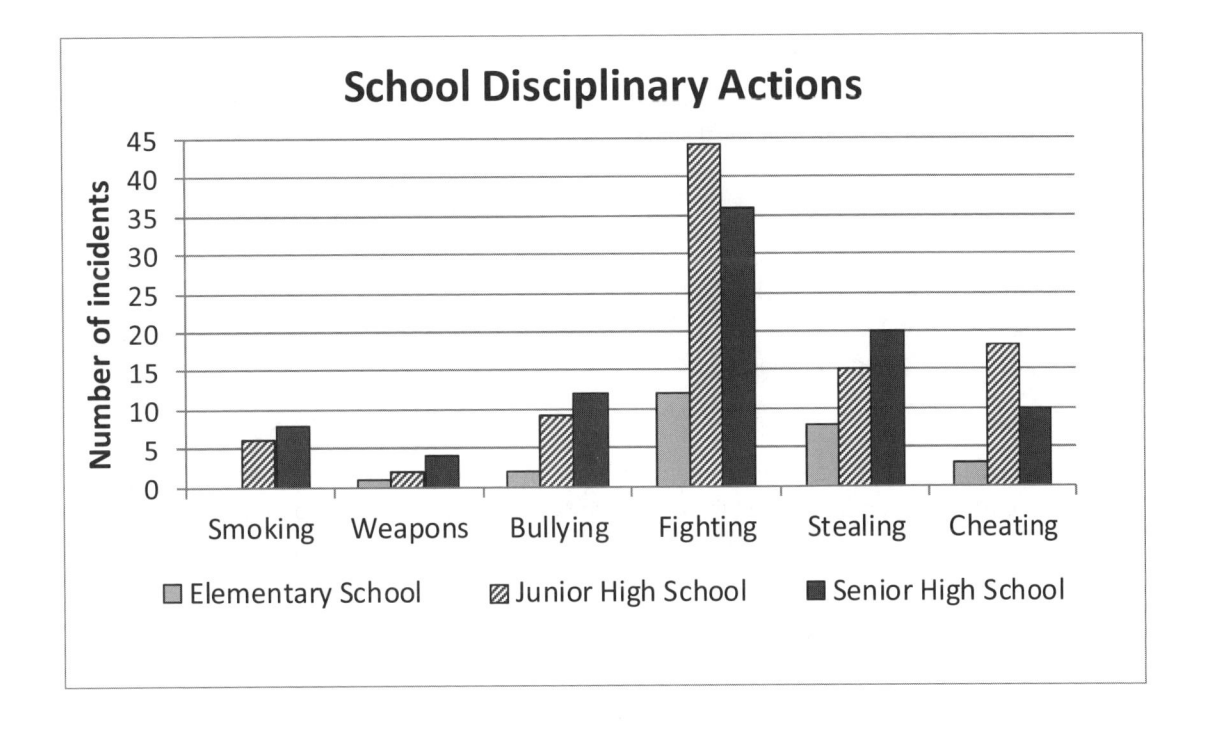

School Disciplinary Actions

(25) School officials in the city of Winston are working to limit the number of disciplinary actions in their schools. Based on the above graph, which strategy would be most effective in junior high schools?

1 Making more effort to educate students about the health risks of smoking.
2 Holding workshops about study skills and exam-taking strategies.
3 Providing instruction on how to resolve conflicts peacefully.
4 Banning valuable items such as electronics and cell phones in schools.

Part 2B

There are five short reading texts (notices, advertisements, posters, etc.) below. Each text is followed by a question. For each question, choose the best answer from among the four choices and mark your answer on your answer sheet.

To: Melissa Banks
From: Kelly Nelson
Date: February 22
Subject: Re: Changing majors

Dear Melissa,

Thanks for your e-mail about changing your major to history. Now that you have had discussions with both me and the academic advisor at the history department, you can go ahead with the paperwork.

First, you must obtain a change-of-curriculum card from the Registrar's Office. You'll need to get the head of the economics department and the head of your new department to sign the card. Then bring it to me for final approval.

Sincerely,
Kelly Nelson
Academic Advisor

---

(26) What is one thing Melissa must do to change her major?

1 Visit Kelly Nelson after obtaining the necessary signatures.

2 Obtain a change-of-curriculum card from her former department.

3 Take the completed change-of-curriculum card to the Registrar's Office.

4 Send an e-mail to the academic advisor at the history department.

Sinclair University needs your feedback. We would like to invite all students who have recently registered for classes using the new online system to complete a short, five-minute survey. All participants will be automatically entered to win a $100 gift certificate for the university bookstore. The survey will be open until January 31st.

URL: http://www.sinclair.edu/v2/feedback

---

(27) The survey was designed for students who

1 paid their university tuition online.

2 registered for courses with the new system.

3 purchased books at the university bookstore.

4 applied to Sinclair University online.

Stressed? We Can Help!

A research team in the psychology department is collecting data for a study on how stress affects students. An hour of your time will give us enough data to examine stress levels at our university, which will help us determine what resources help students cope.

To thank volunteers, we are offering a two-day "Beat Stress Workshop" free of charge.

To sign up or get more information, e-mail beatstress@psych.com.

(28) What benefit do participants in the study receive?

   1 Help choosing courses for future studies at the university.
   2 University credit from the psychology department.
   3 A private therapy session with a counselor.
   4 Free admission to a stress-management workshop.

To: rainbow@shingo.jp
From: Pat Martin <pmartin@ucl.edu>
Date: Monday, October 9
Subject: CHEM-380A

Dear Miho,

The department has given me the go-ahead to add students to my Chemistry 380 class. You were at the top of the waiting list, so congratulations, you're able to enroll if you still wish to do so. You should now be able to add the course (CHEM-380A) through the Course Registration system on the UCL website. If you have any problems, let me know. Otherwise, I'll see you on Monday.

P. Martin

(29) According to the e-mail, Miho

   1 has passed the CHEM-380A course.
   2 is being moved to a different class.
   3 should visit the professor's office on Monday.
   4 may now register for the course.

> Toledo Writing Center Policy:
>
> The mission of the Toledo Writing Center is to give students advice on academic writing. Tutors point out grammatical issues and provide helpful comments on writing style. Our tutors do not, however, edit or extensively proofread students' assignments. Students are responsible for applying changes to their own work. Furthermore, tutors will not perform fact checking. Verification of information is the responsibility of each student.

(30) What can tutors at the center do for students?

　　1 Teach lessons on basic grammar.
　　2 Edit the content of assignments.
　　3 Give suggestions for better writing.
　　4 Check the accuracy of information.

Part 2C

There are 10 short reading passages below. Each passage is followed by a question. For each question, choose the best answer from among the four choices and mark your answer on your answer sheet.

Over 1,500 languages are used in India. Twenty-nine of these, including English, have more than a million speakers. Although many Indians speak English as a second language, in overall numbers it trails behind Hindi, which has over 550 million speakers. According to recently released figures, 125 million people—about 13% of India's billion-plus population—speak English. Many people believe that in the future, India will have more English speakers than any other country.

(31)　Which of the following is true according to the passage?

1 In the future, English is expected to become India's most common language.

2 In India, English is one of 29 languages spoken by at least 1 million people.

3 English is the only language in India other than Hindi with at least 1 million speakers.

4 The number of people in India who speak Hindi has increased according to recent figures.

The constellation or group of stars called Libra, or "the Scales," was named thousands of years ago. The sun passed through this constellation on the fall equinox, a day when the number of daylight hours and nighttime hours are equal. Ancient people called the constellation Libra because it symbolized the sun and moon in balance. Now, 4,000 years later, the sun crosses the constellation much later in the year, but the name remains the same.

(32)　How did Libra get its name?

1 People thought the stars looked like a pair of scales.

2 People associated the constellation with the equinox.

3 The constellation lies exactly halfway across the night sky.

4 The constellation appears only in the fall.

Jamaican Blue Mountain coffee is one of the world's most sought-after coffee varieties, and therefore one of the most expensive. To safeguard the quality and authenticity of this valuable resource, in 1948 the government of Jamaica established the Coffee Industry Regulations Act, which specifies local growing areas outside of which the Blue Mountain label may not be used. It is generally believed that the high altitude and the quality of the soil are responsible for the coffee's unique flavor.

(33) According to the passage, the government of Jamaica
   1 limits use of the Blue Mountain name to coffee grown in certain areas.
   2 has established strict laws to protect the quality of the country's soil.
   3 began exporting Blue Mountain coffee to other countries in 1948.
   4 wants to reduce the amount of coffee sold in order to increase its value.

Harris University is known not only for its excellent tourism program but also for the scholarships it offers to foreign students. The university awards successful applicants a "full ride," which means they do not have to pay anything to attend. In order to apply, students must write an essay and submit it along with their grades from high school. More information is available on the university's website.

(34) What must students do to apply for a scholarship?
   1 Complete an online application form.
   2 Get a recommendation from a teacher.
   3 Ask to extend the deadline.
   4 Submit a written essay.

In the 1940s, alpine mountaineers began using short skis called "skiboards" to cross glaciers. Unlike normal skis, early skiboards were only about 60 centimeters long and fit nicely into mountaineers' backpacks. Forty years later, skiboards were redesigned for the recreational market. They remain popular today, thanks to the introduction of major international competitions such as the Skiboard World Cup, first held in 2007, and a lively Internet community where riders share homemade skiboarding videos.

(35) One reason given for skiboarding's current popularity is that
   1 large sporting events for skiboarders have been introduced.
   2 skiboards have been redesigned to fit in smaller backpacks.
   3 videos about skiboarding can be purchased easily on the Internet.
   4 skiboarders compete with each other using video games.

In the 1960s, after NASA introduced freeze-dried fruit into astronauts' diets, cereal maker Post added it to their corn flakes. Consumers, initially enthusiastic about the product, quickly became disgusted with it. The problem was that both the fruit and the cereal became too soft when milk was added. This illustrates that while a clever marketing strategy may convince consumers to purchase a product once, their continued use of the product depends on its quality.

(36)　What is the main point of the passage?

　　1 Companies should make use of the latest scientific discoveries.
　　2 Companies should focus on making good-quality products.
　　3 Customers are attracted by effective marketing strategies.
　　4 Customers are unlikely to buy a product unless it is famous.

PST is a software tool that was developed to help university students give informative talks in their courses. It allows speakers to combine text with photos, graphics, tables, and charts to make high-quality presentations. Originally marketed as commercial software in the 1990s at a cost of over $200, it is now a complimentary online tool that any student can use free of charge. PST includes a spellchecker, grammar checker, and thesaurus.

(37)　What do we learn about PST?

　　1 It has better features than commercial software.
　　2 It can now be used at no cost.
　　3 It was designed by university students.
　　4 It is a new kind of word processor.

Alexander Graham Bell faced nearly 600 lawsuits during his lifetime, each challenging his legal claim to the invention of the telephone. One of the most notable accusers was Elisha Gray, who submitted his patent request on the same day as Bell. Although Bell was awarded the patent and later became very wealthy, he spent most of the next 18 years in court. On the bright side, he won each case.

(38)　Which of the following is true according to the passage?

　　1 Bell and Gray both profited from the invention of the telephone.
　　2 Bell and Gray worked together on the telephone design.
　　3 Bell holds the patent for the telephone.
　　4 Bell spent most of his wealth on court cases.

Paleobiologists—scientists who study evolution—have long thought that early mammals were timid and vulnerable, hiding in caves during the day and coming out at night when dinosaurs would not find and eat them. But it appears that there may have been exceptions. Scientists in China have unearthed a 130-million-year-old mammal with a small dinosaur in its stomach. "This find has helped to break a stereotype about early mammals," said a researcher in the United States.

(39) The word "stereotype" in the passage refers to the belief that early mammals
　　1 may have been stronger than some kinds of dinosaurs.
　　2 had few natural enemies because they lived in caves.
　　3 did not evolve until after the age of dinosaurs.
　　4 avoided contact with dinosaurs for fear of being eaten.

Ranked number one in the country, Western University's Leadership and Recreation program is like no other. Not only do we provide exceptional training in outdoor adventure, we require each student to take business-management classes as well. A solid professional background provides our students with the skills to manage their own enterprise. It is this business focus that sets us apart from other schools, and ensures that our graduates succeed in their careers.

(40) What is the main theme of the passage?
　　1 The university offers top-rated courses.
　　2 Admission to the program requires special skills.
　　3 The business element of the program is unique.
　　4 Students will learn about outdoor adventure.

Part 3A

There are two reading passages below. In each passage, there are four gaps. Choose the best word or phrase from among the four choices to fill each gap. Mark your answer on your answer sheet.

A Different Approach

Gerald Durrell was an author and a naturalist in the early 20th century. His first job was at a zoo in London, but Durrell's real desire was to join wildlife expeditions. (41), his lack of experience prevented him from being accepted as a member of an expedition team. Eventually, however, at age 21, he was able to begin arranging his own trips using money he received from his father.

Durrell continued his expeditions for decades. When collecting animals, he followed strict principles that were unusual for the time. He caught them in a sustainable way and did not only look for valuable animals. These principles, though, also affected (42). In fact, he had run out of money by the end of his third expedition. After 1956, it was the sales of his books that allowed him to fund further expeditions and start his own zoo and conservation work.

Durrell had controversial views about how zoos should be run. Other zoos were designed mainly for the enjoyment of visitors. Durrell saw the main objective of a zoo as the successful breeding of endangered species. (43), he designed his zoo based on the comfort of the animals, and not the viewing comfort of visitors. Only when he had successfully bred a wide range of species did Durrell gain respect from his peers.

His zoo is on a small island in the English Channel. This location means that few people will ever see what Durrell achieved there. Nevertheless, perhaps this is in line with Durrell's beliefs—that (44) is a zoo's most important role.

(41) **1** Besides **2** Next **3** Unfortunately **4** For instance

(42) **1** his job **2** the animals **3** his profits **4** the zoo

(43) **1** Then again **2** As a result **3** On the other hand **4** Ironically

(44) **1** conservation of the animals **2** educating the public
 3 animal research **4** collecting rare species

Conceptual Metaphors

When one considers expressions such as "food for thought" or "I need time to digest that idea," it is easy to see that we are comparing thinking and eating. We "chew" on a proposal and are "hungry" for knowledge. A concept can be "half-baked" or difficult to "(45)." When we treat ideas as food, we are employing a *conceptual metaphor*. We use conceptual metaphors to help us make sense of abstract ideas by comparing them to something in the physical world.

Using metaphors is something the human brain learns at a very young age. A baby instinctively knows that food comes in through the mouth. It is not a large intuitive leap then for the growing child to realize that (46) also help nourish his or her growth.

Conceptual metaphors are made up of two parts: a source domain and a target domain. The source domain is the concept from which the metaphor is drawn and tends to be something (47). For example, in the expression "love is a journey," the source domain is the familiar idea of traveling from one place to another. The target domain, on the other hand, is the more abstract concept that the metaphor is seeking to provide better understanding of: in this case, love.

George Lakoff and Mark Johnson, in their book *Metaphors We Live By*, argue that such conceptual metaphors are (48) an aspect of language. Rather, they are also an essential influence structuring and ordering our lives. Though much more research is needed, it would not be surprising to learn that widely different cultures share common conceptual metaphors.

(45) **1** build **2** capture **3** lift **4** swallow

(46) **1** foreign languages **2** healthy eating habits
3 relationships with other people **4** ideas coming into the mind

(47) **1** often overlooked **2** unknown **3** easily understood **4** mysterious

(48) **1** becoming **2** not merely **3** no longer **4** mostly

Part 3B

There are two long reading passages below. Each passage is followed by six questions. For each question, choose the best answer from among the four choices and mark your answer on your answer sheet.

The Changing Face of Marriage

The shape of the American family has changed over the last several decades. Attitudes about marriage have changed, too—in some ways drastically. A 2010 survey conducted by the respected Pew Research Center (PRC) showed that 39% of Americans believe marriage is no longer necessary, an increase of 11% from a similar survey done in 1978. "If 4 in 10 are saying it's becoming obsolete, they're registering an awareness of a very important social change," says Paul Taylor of the PRC. But exactly how has marriage changed?

While about 72% of adults were married in 1970, the percentage had dropped to 54% by 2010. In 1960, two-thirds of people in their 20s were married. In 2010, it was barely a quarter. But the falling numbers hide some interesting facts. Though 44% of Americans under the age of 30 believe that marriage will become extinct, only 5% of this age group do not want to get married. Most still dream of tying the knot someday. Furthermore, the rate of marriage in the United States is much higher than in most other Western countries. "Getting married is a way to show family and friends that you have a successful personal life," says sociologist Andrew Cherlin of Johns Hopkins University.

Perhaps most startling is how the choice of marriage partners has changed with regard to the economic and educational level of adults. Despite the popular notion of America as the land of equal opportunity, more and more Americans are choosing partners who share similar levels of education and wealth. Fifty years ago, executives commonly married their secretaries, pilots married flight attendants, and doctors married nurses. In 21st-century America, executives marry executives and doctors are more likely to wed other doctors. One reason that fewer people in their 20s are getting married is that college students want to postpone marriage until after graduation, when their economic value as a potential partner will be higher.

Among adults who do not seek higher education, the PRC survey reported that 44% desire to get married, only slightly less than the 46% figure given for college graduates. But the ability to marry is drastically different. The decline in manufacturing jobs, coupled with the increase in knowledge-based jobs, means that a person without a college degree will have a harder time supporting a family. "The loss of decent-paying jobs that a high-school-educated man or woman could get makes it difficult for them to get and stay married," says Cherlin.

While more than 75% of survey respondents said that it is better to be married when having and raising children, few felt that wanting to have children is an important reason for getting married.

Statistics support this belief: 41% of babies today are born to unwed mothers, though many are born to unmarried couples living together. This is eight times the number in 1960. In addition, 25% of children in the United States live in single-parent households, up by almost three times from what it was in 1960. Without two parents to financially support them, children are increasingly living in poor conditions.

However, the PRC survey also uncovered a positive trend. Though marriage may be on the decline, nearly 70% of survey respondents said they are optimistic about the future of marriage. Opinions were divided over national issues like the education system, the economy, and moral and ethical standards, but a vast majority still believe in that most vital and traditional of institutions: the family.

(49)   Paul Taylor of the Pew Research Center (PRC) expresses the opinion that
        1 more research must be done in order to measure the American public's view of marriage.
        2 many Americans do not feel comfortable responding to surveys about marriage.
        3 the survey results show a significant change in the way Americans feel about marriage.
        4 the American public remains largely unaware of the changes happening in the country.

(50)   Which of the following is true according to the second paragraph?
        1 Though the majority of Americans believe that marriage is outdated, more Americans are getting married than ever.
        2 Though marriage is still considered desirable, the rate of marriage in America has fallen below that of most other Western countries.
        3 Though marriage is no longer a status symbol, nearly three-fourths of Americans still want to get married.
        4 Though a large number of young Americans believe marriage will disappear, the vast majority still hope to marry.

(51)   In the third paragraph, what change does the author describe as "startling"?
        1 People from lower economic backgrounds are increasingly being denied the opportunity to attend college.
        2 People increasingly consider wealth and level of education to be important factors when looking for a marriage partner.
        3 People today are choosing marriage partners from a wider range of economic and educational backgrounds.
        4 People today are choosing to pursue careers instead of getting married and having children.

(52) According to the PRC survey, one similarity between college-educated people and those with less education is that
   1 they tend to get married at about the same age.
   2 the rates of marriage for both groups are comparable.
   3 neither are deeply concerned with the costs of marriage.
   4 a similar number of both groups indicated a desire to get married.

(53) What did respondents of the PRC survey believe about marriage and children?
   1 Married parents provide a better environment for bringing up children.
   2 Wanting to have children is the most important reason for getting married.
   3 The number of single-parent households will continue to decrease.
   4 Unmarried women should consider having children on their own.

(54) The conclusion of the passage suggests that
   1 despite the survey numbers, most people agree on important issues such as ethical standards.
   2 despite the decline in marriage, most people still consider families to be important.
   3 although marriage is declining, education and moral standards are improving.
   4 although surveys show a decline in marriage, the number of families is increasing.

Where East Meets West

Eastern societies appear to differ in significant ways from Western ones. One such difference is the relative value of interdependence and independence—specifically, the preference for collective action versus an insistence on freedom of individual action. Is this distinction real or merely a stereotype? Social scientists in the Netherlands have studied this subject as it relates to businesspeople from different cultures. Using businesspeople was particularly suitable because they share similar wealth and educational levels.

The Dutch researchers conducted surveys of some 15,000 middle managers from 15 different countries, including the United States, Canada, Australia, Sweden, Belgium, France, Germany, Spain, Japan, and Korea. One of the questions asked was, "What is the best way to improve the quality of life: individual freedom or collective action?" It was not surprising to see that almost 80% of the managers from the United States believed that personal freedom was the best way (see Figure 1). It is noteworthy that Germany and Japan were tied with 60% of the managers having the same opinion. But why did only 48% of the French managers believe so?

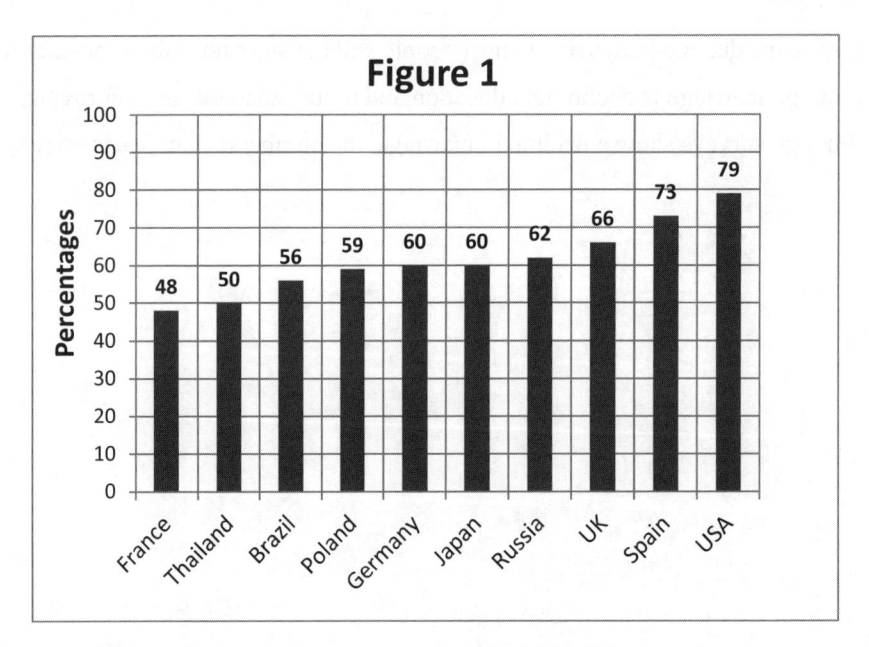

Figure 1

Country	Percentage
France	48
Thailand	50
Brazil	56
Poland	59
Germany	60
Japan	60
Russia	62
UK	66
Spain	73
USA	79

France is a country extremely proud of its respect for liberty, equality, and fraternity. So why then is individual liberty not the best way to improve life? To answer this, we need to remember that France has one of Europe's most comprehensive social welfare systems. This system is based on another of France's deep-seated values: solidarity, or cooperative mutual support. The French believe that society must improve through the common actions, mutual responsibility, and shared risks of all its citizens.

France shares this attitude toward cooperative mutual support with Japan. But why then did the Dutch research show Japan, an Asian culture, to be so similar to Germany, a Western culture, with regard to the role of personal freedom? Perhaps the survey suggests that Japan is changing some of its traditional Asian attitudes.

A different question asked by the Dutch researchers revealed another interesting result. The question posed this problem: "A mistake was discovered at work. This mistake was caused by the negligence of one of the members of a team. Who should be held responsible for the mistake: the individual or the whole team?" Just 36% of the Japanese managers felt the individual was responsible for the mistake. Only Thai managers were lower, with 27% feeling that way. As for the French and German managers, 43% thought the individual was responsible. Surprisingly, only 40% of the American managers thought so. The most severe were the Russian managers, with 68% blaming the individual.

However, it is possible that slight changes to the question would have produced very different results. For example, the Japanese managers may have been more willing to blame an individual, perhaps even more so than the Russians, if a third choice had been provided: the company president.

In general, the Dutch study reinforces the commonly held belief that the farther west one goes, the greater the support of independent values. Nevertheless, independence versus interdependence is not a black-and-white choice. Every society—and every individual—is a blend of both. This can clearly be seen by the differences between France and America, two countries with a very strong tradition of independence and a love of personal freedom. In terms of how much interdependence citizens have with each other, these two Western cultures think in very different ways.

(55) Why were businesspeople chosen for the Dutch study?
    1 They all speak English fluently.
    2 They each have wide multicultural experiences.
    3 They all are globally minded.
    4 They have similar educational and financial backgrounds.

(56) Which of the following is the most appropriate title for Figure 1?
    1 Percentages of managers who responded to the Dutch survey.
    2 Percentages of managers who favor personal freedom.
    3 Percentages of managers who favor collective action.
    4 Percentages of managers who seek to improve quality of life.

(57) According to the passage, what does France have in common with Japan?
    1 Respect for individual freedom.
    2 An attitude of social solidarity.
    3 An appreciation for authority.
    4 Respect for traditional values.

(58) Had the Dutch researchers included "the company president" as a choice in their survey question, the author states that
    1 the Russians would have been more severe.
    2 the Thai managers would have disagreed.
    3 the Japanese might have been the most critical.
    4 the French managers would have agreed.

(59) The author mentions the compass direction "west" in order to
    1 illustrate how values blend together.
    2 demonstrate the widespread values of individual freedom.
    3 explain the difference between interdependence and independence.
    4 show that some attitudes seem to be related to location.

(60) In the conclusion, the author implies that
    1 personal values often conflict with social values.
    2 Eastern and Western cultures are becoming more similar.
    3 all Western cultures believe different things.
    4 societies, like individuals, are a mix of different values.

STOP

This is the end of the reading section.
Do not turn this page before
the listening test begins.
You will be told when to turn the page
and start the listening test.

There are five parts to this listening test.

Part 1A	Short Conversations:	1 question each	Multiple-choice
Part 1B	Short Passages:	1 question each	Multiple-choice
Part 1C	Short Passages:	1 question each	Multiple-choice (Graphs)
Part 2A	Long Conversations:	3 questions each	Multiple-choice
Part 2B	Long Passages:	4 questions each	Multiple-choice

※ Listen carefully to the instructions.

Track 1

Part 1A Track 2 ~ Track 12

No. 1
1. He misses his home country.
2. He does not like his roommate.
3. He is finding it difficult to make friends.
4. He is not doing well in his classes.

No. 2
1. Her parents have given her permission.
2. Her school now requires a year abroad.
3. She wants to travel in a foreign country.
4. She will work there after graduation.

No. 3
1. Take a summer course in composition.
2. Try to find a job teaching philosophy.
3. Look for part-time work on campus.
4. Work as an intern in the publishing industry.

No. 4
1. Change the time of their session.
2. Change their study location.
3. Move their session to another day.
4. Study by himself tonight.

No. 5
1 He forgot to write the report.
2 He needs a copy of the instructions.
3 He wrote his report on a different topic.
4 He has agreed to meet Dr. Palmer tonight.

No. 6
1 Take more journalism classes.
2 Focus more on her studies.
3 Get more newspaper experience.
4 Work for the student newspaper.

No. 7
1 What their homework assignment is.
2 How to find the class website.
3 When their next test will be held.
4 The answers for some difficult questions.

No. 8
1 He lived in Mexico as a child.
2 He speaks Spanish at home.
3 He passed the placement test.
4 He completed intermediate Spanish.

No. 9
1 That she can get extra points by writing a report.
2 That the deadline for her report has been extended.
3 That the geography trip is not required.
4 That her quiz has been rescheduled.

No. 10
1 His address in the system was incorrect.
2 His mail was three weeks late.
3 He forgot to register his new address.
4 He didn't pay his student fees.

Part 1B 🔊 Track 13 ~ Track 23

No. 11 **1** She started the American Red Cross.
 2 She became a nurse in a European war.
 3 She found a cure for a disease.
 4 She traveled to Europe for the Red Cross.

No. 12 **1** It can produce food with little effort.
 2 It is grown using only grass.
 3 It can be shared by several gardeners.
 4 It supplies water to other food forests.

No. 13 **1** Learning from professional farmers.
 2 Making money while studying.
 3 Earning special qualifications.
 4 Working at a relaxing pace.

No. 14 **1** Only students with good grades can participate.
 2 Only approved universities may join.
 3 It is open only to European institutions.
 4 It is open only to university professors.

No. 15 **1** Make a presentation.
 2 Take a biology test.
 3 Hear a special lecture.
 4 Visit a research site.

No. 16 **1** Students who want to book tickets for an event.
 2 Students who want to enter a competition.
 3 Students who want to tour Farpoint University.
 4 Students who want to take an engineering class.

No. 17 **1** They originated in Canada.
         2 They are becoming more political.
         3 They are losing popularity.
         4 They can be difficult to organize.

No. 18 **1** By obtaining a loan or financial assistance.
         2 By finding employment to cover the costs.
         3 By spending less on books and lab equipment.
         4 By planning better for housing and other expenses.

No. 19 **1** Many did not provide enough sources.
         2 Most were surprisingly well written.
         3 Most were written on the wrong topic.
         4 Many contained ideas copied from other students.

No. 20 **1** It is the most intelligent sea creature.
         2 It is usually found in large groups.
         3 Its population is growing rapidly.
         4 Its true numbers are not known.

Part 1C Track 24 ～ Track 29

No. 21

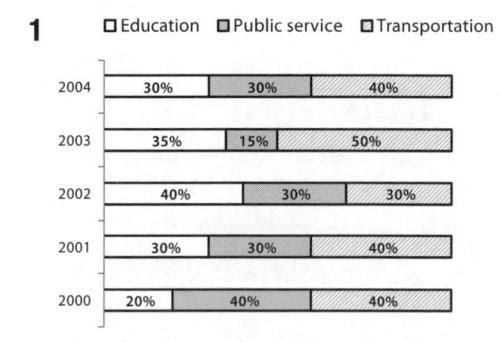

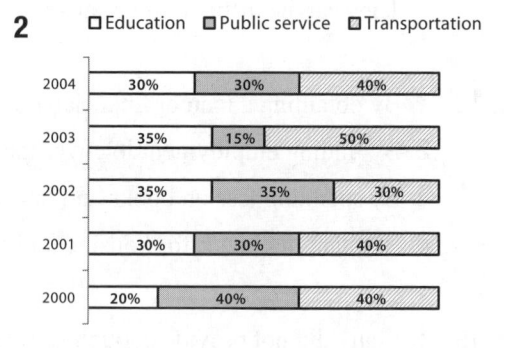

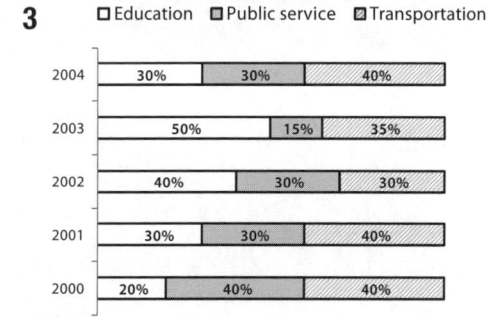

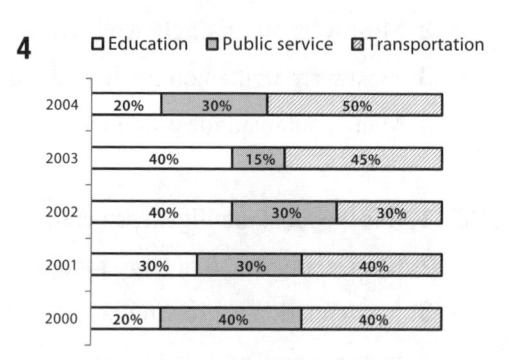

1 □Education ■Public service ▨Transportation

Year	Education	Public service	Transportation
2004	30%	30%	40%
2003	35%	15%	50%
2002	40%	30%	30%
2001	30%	30%	40%
2000	20%	40%	40%

2 □Education ■Public service ▨Transportation

Year	Education	Public service	Transportation
2004	30%	30%	40%
2003	35%	15%	50%
2002	35%	35%	30%
2001	30%	30%	40%
2000	20%	40%	40%

3 □Education ■Public service ▨Transportation

Year	Education	Public service	Transportation
2004	30%	30%	40%
2003	50%	15%	35%
2002	40%	30%	30%
2001	30%	30%	40%
2000	20%	40%	40%

4 □Education ■Public service ▨Transportation

Year	Education	Public service	Transportation
2004	20%	30%	50%
2003	40%	15%	45%
2002	40%	30%	30%
2001	30%	30%	40%
2000	20%	40%	40%

No. 22

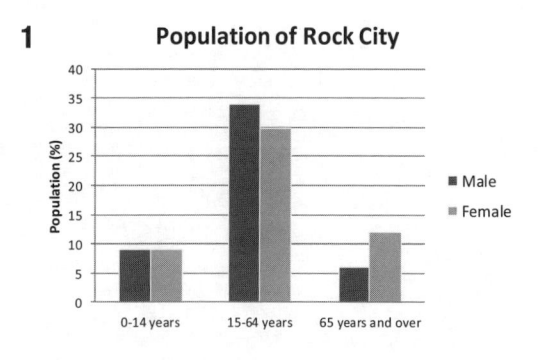

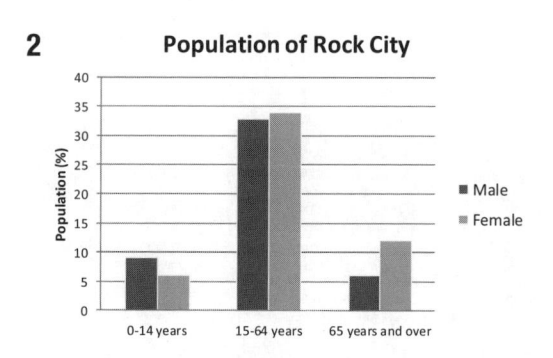

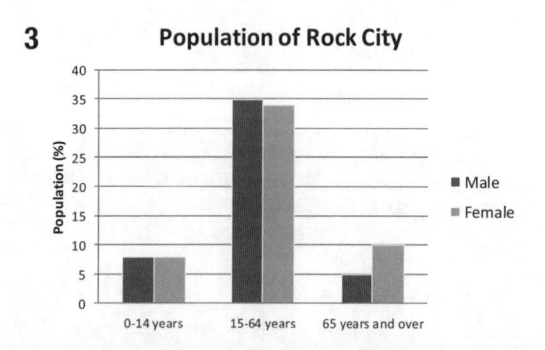

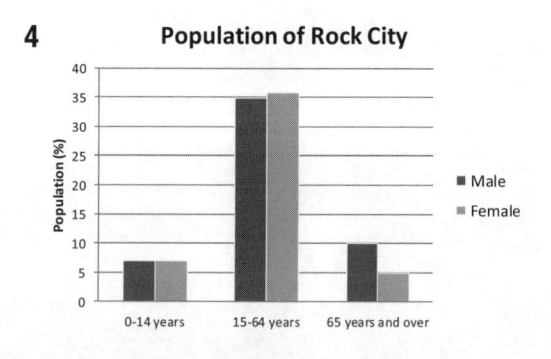

1 Population of Rock City

Age	Male	Female
0-14 years	9	9
15-64 years	34	30
65 years and over	6	12

2 Population of Rock City

Age	Male	Female
0-14 years	9	6
15-64 years	33	34
65 years and over	6	12

3 Population of Rock City

Age	Male	Female
0-14 years	8	8
15-64 years	35	34
65 years and over	5	10

4 Population of Rock City

Age	Male	Female
0-14 years	7	7
15-64 years	35	36
65 years and over	10	5

No. 23

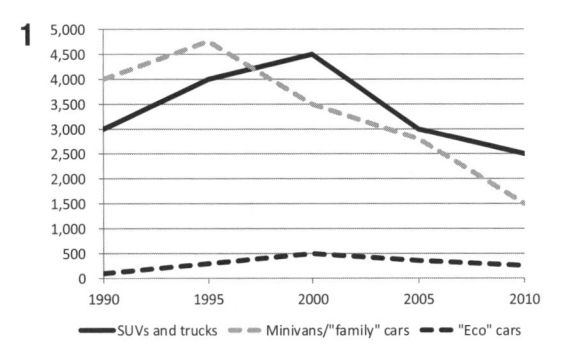

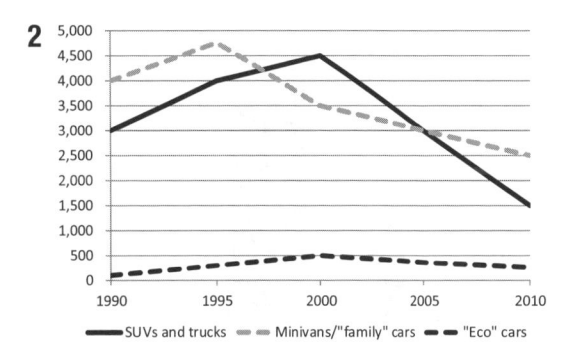

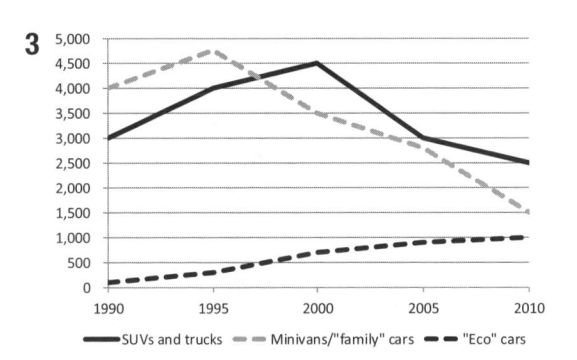

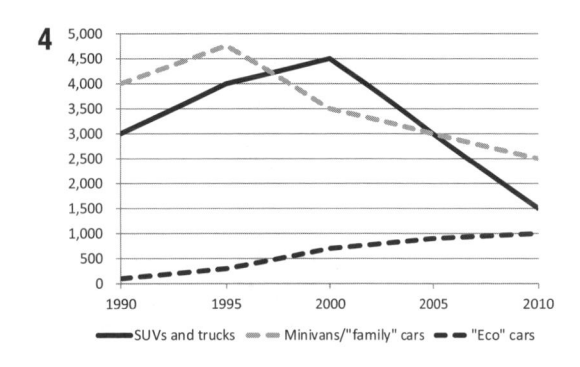

1

Year	SUVs and trucks	Minivans/"family" cars	"Eco" cars
1990	3,000	4,000	100
1995	4,000	4,700	400
2000	4,500	4,000	500
2005	3,000	2,500	350
2010	2,500	1,500	250

2

Year	SUVs and trucks	Minivans/"family" cars	"Eco" cars
1990	3,000	4,000	100
1995	4,000	4,700	400
2000	4,500	4,000	500
2005	3,000	3,000	350
2010	1,500	2,500	250

3

Year	SUVs and trucks	Minivans/"family" cars	"Eco" cars
1990	3,000	4,000	100
1995	4,000	4,700	400
2000	4,500	4,000	800
2005	3,000	2,500	950
2010	2,500	1,500	1,000

4

Year	SUVs and trucks	Minivans/"family" cars	"Eco" cars
1990	3,000	4,000	100
1995	4,000	4,700	400
2000	4,500	4,000	800
2005	3,000	3,000	950
2010	1,500	2,500	1,000

No. 24

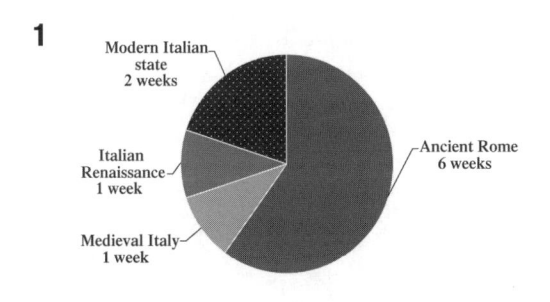

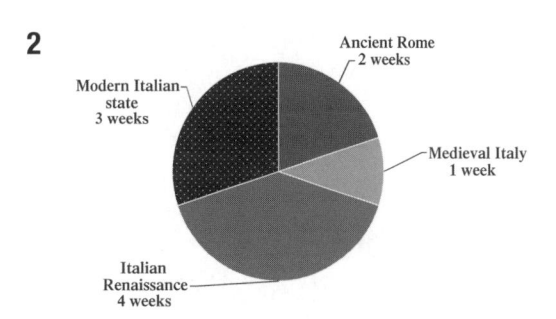

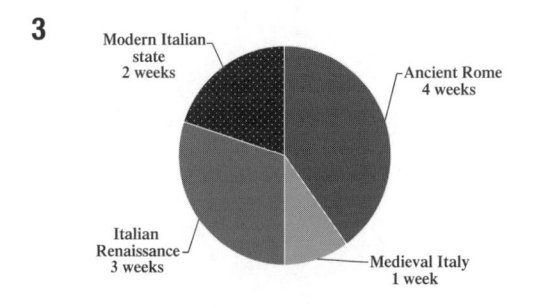

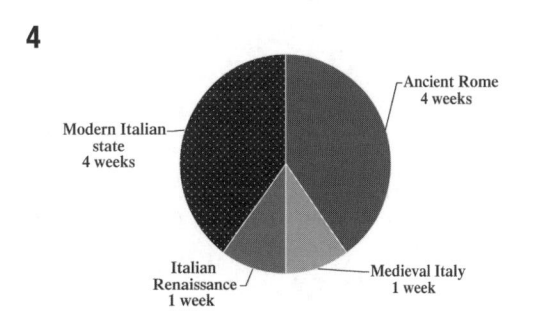

1
- Ancient Rome: 6 weeks
- Modern Italian state: 2 weeks
- Italian Renaissance: 1 week
- Medieval Italy: 1 week

2
- Ancient Rome: 2 weeks
- Modern Italian state: 3 weeks
- Medieval Italy: 1 week
- Italian Renaissance: 4 weeks

3
- Ancient Rome: 4 weeks
- Modern Italian state: 2 weeks
- Italian Renaissance: 3 weeks
- Medieval Italy: 1 week

4
- Ancient Rome: 4 weeks
- Modern Italian state: 4 weeks
- Italian Renaissance: 1 week
- Medieval Italy: 1 week

No. 25

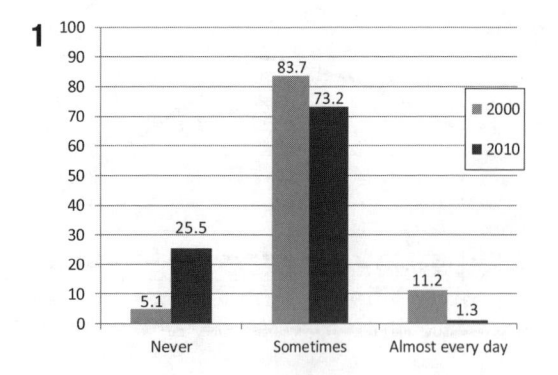

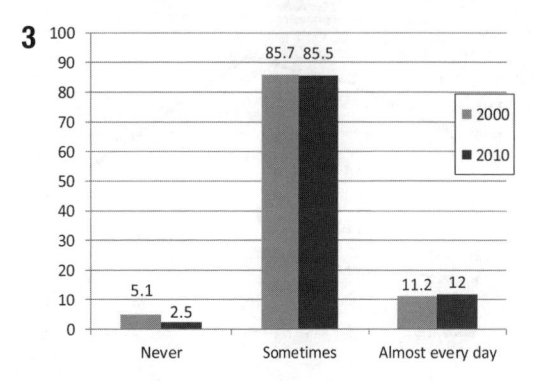

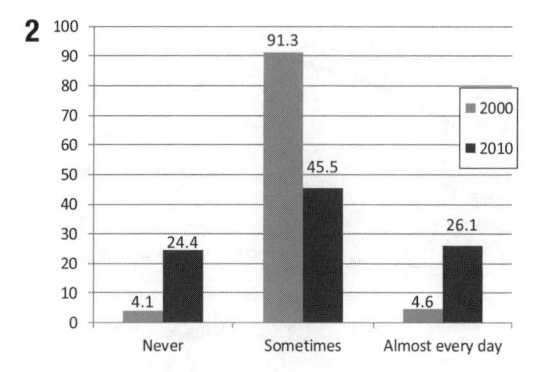

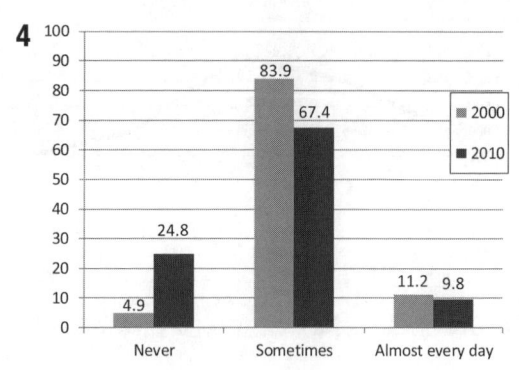

1

	Never	Sometimes	Almost every day
2000	5.1	83.7	11.2
2010	25.5	73.2	1.3

2

	Never	Sometimes	Almost every day
2000	4.1	91.3	4.6
2010	24.4	45.5	26.1

3

	Never	Sometimes	Almost every day
2000	5.1	85.7	11.2
2010	2.5	85.5	12

4

	Never	Sometimes	Almost every day
2000	4.9	83.9	11.2
2010	24.8	67.4	9.8

Part 2A Track 30 ~ Track 42

A

Situation: A student is meeting with a tutor at the university's study-skills center.

No. 26 What does the tutor say about the student's test answers?
   1. They were too short.
   2. They were not well organized.
   3. They contained incorrect information.
   4. They did not deserve partial credit.

No. 27 What is the tutor's opinion of the problem?
   1. It is partly the professor's fault.
   2. It is uncommon for first-year students.
   3. It may cause him to fail the course.
   4. It is not difficult to correct.

No. 28 What does the tutor suggest that the student do?
   1. Proofread his work more carefully.
   2. Practice writing longer essays.
   3. Write outlines when taking essay exams.
   4. Ask the professor to explain her comments.

MEMO

B

Situation: A Japanese teacher at an American university meets one of her students in the hallway.

No. 29 What happened to Raymond in Osaka?
1 He was unable to find his hotel.
2 He lost his luggage at the airport.
3 He got on the wrong train.
4 He missed his flight home.

No. 30 According to the teacher, why should Raymond enter the speech contest?
1 He would be sure to win first prize.
2 He has an interesting story to tell.
3 He is good at speaking in public.
4 He gets the highest grades in class.

No. 31 What does Raymond admit about his speech?
1 His idea came from someone else.
2 His friend helped him improve it.
3 He made some of it up.
4 He wrote it all in one night.

MEMO

C

Situation: Two students are talking to their advisor about studying abroad.

No. 32 What is true about the program in London?
    1 Students are not required to take tests.
    2 Students must have a degree in business.
    3 The classes are held at local companies.
    4 The business classes are taught in English.

No. 33 What is the students' main concern about the program in Sydney?
    1 The classes are difficult.
    2 It is very expensive.
    3 It is difficult to get in.
    4 The location is inconvenient.

No. 34 What will the students probably do next?
    1 Apply for travel visas.
    2 Apply for a summer job.
    3 Apply for English lessons.
    4 Apply for both programs.

MEMO

Part 2B

D

Situation: You will listen to a science professor introducing a new topic to his class.

No. 35 Why won't the professor give the students his quiz today?

1 They asked for more time to study.
2 They want to talk about a new topic.
3 He forgot to tell them about it.
4 He was too busy to make it.

No. 36 What does the professor say about science?

1 Many people like to study it.
2 More people should become scientists.
3 People should respect its importance.
4 It is not helpful in people's everyday lives.

No. 37 How did scientists get the idea to make the new kind of plastic?

1 They noticed that some insects change color.
2 They watched what happens when food goes bad.
3 They copied a process used for packaging food.
4 They studied the behavior of criminals.

No. 38 What is the main point of the professor's lecture today?

1 Insects should be studied more.
2 Nature can help give us ideas.
3 Everyone must sign up for his class.
4 Studying for tests can help us learn.

MEMO

E

Situation: You will listen to a professor making an announcement at an event.

No. 39 According to the speaker, what is the main purpose of the event?

    1 To celebrate the conclusion of a study.

    2 To conduct a study about memory.

    3 To enjoy good food and music.

    4 To thank the drama department.

No. 40 What are all participants required to do?

    1 Respond to questions at the end of the evening.

    2 Attend an interview later in the week.

    3 Guess which participants are actors.

    4 Pay a fee to the psychology department.

No. 41 What does the speaker say about the actors?

    1 They are pretending to be participants.

    2 They will provide entertainment.

    3 They are also studying psychology.

    4 They are working at the event for extra credit.

No. 42 What does the speaker request that the participants do?

    1 Consider participating in a drama production.

    2 Keep their identities a secret from others.

    3 Avoid socializing with other participants.

    4 Forget they are participating in a study.

MEMO

F

Situation: A professor is addressing his students on the first day of class.

No. 43 What is unique about the course?
   1 Three professors will teach it.
   2 There will be no final exam.
   3 It will be taught online.
   4 It will be taught by businesspeople.

No. 44 Which of the following is a topic in the course?
   1 International law.
   2 Information technology.
   3 Business management.
   4 Teaching methods.

No. 45 How will students obtain the reading material?
   1 The professor will provide copies.
   2 The professor will post it on his website.
   3 They will receive it by e-mail.
   4 They will purchase the textbook.

No. 46 What is one thing the speaker asks students to do?
   1 Print out a copy of the course outline.
   2 Sit near the front of the class next time.
   3 Bring money to his office.
   4 Be quiet while he is talking.

MEMO

G

Situation: You will hear a news report about the city of Lakeside.

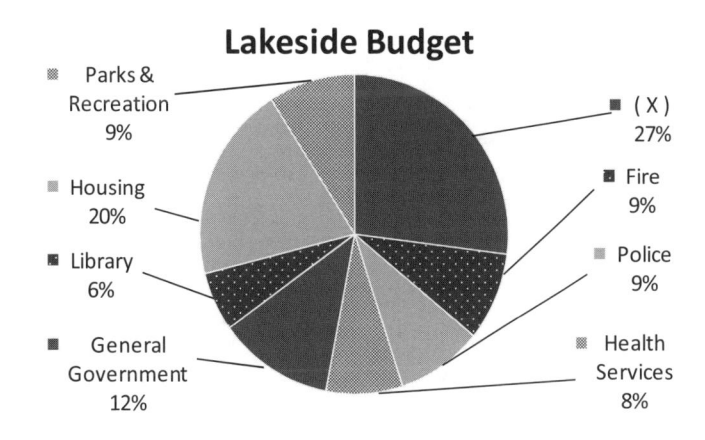

Lakeside Budget

- Parks & Recreation 9%
- Housing 20%
- Library 6%
- General Government 12%
- (X) 27%
- Fire 9%
- Police 9%
- Health Services 8%

No. 47 What is the city's main source of funding?

1 Money from property taxes.
2 Corporate donations.
3 Fees for health services.
4 Taxes on workers' income.

No. 48 What can the fire brigade and police department expect?

1 More money in the budget next year.
2 Stricter training procedures.
3 A reduction in the number of employees.
4 A decrease in the number of incidents.

No. 49 Please look at the chart. Which of the following is represented by the letter X?

1 Education.
2 Government Employees.
3 Hospitals.
4 Public Works.

No. 50 What will city councillors do on May 13th?

1 Hold a press conference.
2 Elect a new city mayor.
3 Submit their budget ideas.
4 Vote on the new budget.

TEAP見本問題① / TEAP Sample Test ①

Writing

ライティングテスト（70分）

Task A（1問） ………………………… 66

Task B（1問） ………………………… 68

タスクごとの時間設定はありません。

Task A

Your teacher has asked you to read the following passage and summarize what the writer says about pets at work. Your summary should be one paragraph of about 70 words.

Many people love to spend time with their pets at home. They enjoy taking them for a walk in the park and playing with them in their free time. Of course they also have to wash them, feed them, and take care of them. In the past, these people did not think of taking their pets to work. However, over the past few years, the situation has changed. Now, in more offices, factories, and even some shops, employees can bring their pets with them to work.

Of course, not everyone thinks it is a good idea. For example, people might trip over dogs and cats if they are running around and hurt themselves. Some animals might bite people. Bigger animals might knock over computers. There is another problem. Dogs often bark loudly when they are hungry or are left alone. Birds might sing or call out loudly. This could make it hard for people in offices to do their work.

Supporters of pet-friendly policies would disagree. John Brown, who owns a shop, says that people feel less stressed and work better with pets around. Jamie White, a lawyer, often brings his pet to work because it helps him to relax. In addition, pet owners often have to leave work earlier to feed their pets or take them for a walk. If they could bring their pets to work, they would not have to worry about that. This would please their managers.

There are good reasons for and against this trend. It will be interesting to see what happens in the future.

You may use the space below for notes or planning.

Task B

Your teacher has asked you to write an essay for class using the information below. Describe the situation concerning schools in Greenhill and summarize the main points about the solutions that have been suggested. In your conclusion, say which of the solutions you think would work the best based on the reasons given. You should write about 200 words.

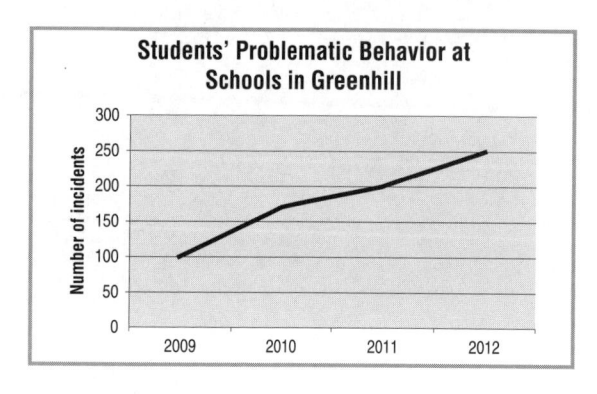

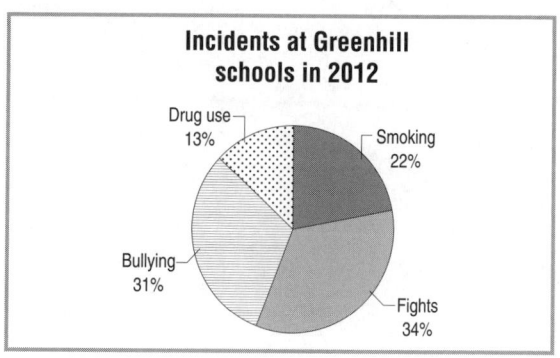

Students' Problematic Behavior at Schools in Greenhill (line graph): Number of incidents rises from 100 in 2009 to about 170 in 2010, ~200 in 2011, and ~250 in 2012.

Incidents at Greenhill schools in 2012 (pie chart): Fights 34%, Bullying 31%, Smoking 22%, Drug use 13%.

Education News

There are several ways to deal with the problems in Greenhill schools. Mike Parker, the principal at North Greenhill High School, thinks that giving teachers more knowledge about background issues is the first step. Parker talked about his ideas at a recent meeting with parents. "We have to educate teachers better about problems like drug use and bullying," Parker said. He also pointed out that trouble at home can lead to behavior problems at school. "Our teachers need more information about this," he said. Parker wants to hold special classes for teachers this summer. The classes would help them understand the problems young people face.

However, Parker suggested that other steps are also necessary. For example, according to recent studies, students are more comfortable talking to counselors than to teachers. One reason is that students can talk to counselors in private. This allows students to discuss their feelings, thoughts, and personal experiences more easily. "Perhaps most importantly," said Parker, "counselors are trained to be good listeners." Many schools offer job counseling to students, but not advice about personal problems. Parker wants his school to hire more counselors as soon as possible.

LETTER TO THE EDITOR

Dear Editor,

The situation at Greenhill schools is serious and requires immediate action. I would like to offer some advice, based on my many years of experience as a junior high school teacher. First, the classes in our local schools are simply too large. Teachers cannot handle so many students at once. Research has shown that when schools reduce class sizes, student performance improves. Teachers can spend more time with each student, and students get to know their teachers better. This may not solve all of the current problems, but it is a good place to start.

I also believe that many teachers do not understand the challenges faced by today's students. The only way to solve this problem is to give teachers better training. For example, they could attend classes to learn about how student behavior is affected by stress at home. The classes could also provide information about new kinds of illegal drugs and what their dangers are. If teachers do not have this type of special training, they will not be able to help students. The problems in our schools will only get worse.

Finally, I want to thank all of our teachers for their hard work.

Sincerely,
Sarah Case

You may use the space below for notes or planning.

TEAP見本問題① / TEAP Sample Test ①

Speaking

スピーキングテスト（約10分）

Part 1（1問） ················· 72

Part 2（1問） ················· 73

Part 3（1問） ················· 74

Part 4（1問） ················· 75

問題に取り組むにはCDの音声をご利用ください。受験者が答える部分はポーズ（無音）になっていますので，実際に声に出して回答してください。

Part 1 受験者に関する質問

受験者自身についていくつか質問されます。

Track 64

Questions:

- What do you like to do in your free time?
- I'm sure there have been many events at your high school. Which event did you enjoy the most?
- What kind of job would you like to have in the future?

※実際の質問は口頭でしか行われません。

Part 2 受験者が Examiner にインタビュー

「高校の先生にインタビューをする」という設定で、受験者がトピックカードの内容に沿って Examiner に質問します。
受験者は 30 秒でインタビューの準備をします。

Track 65

トピックカード

> **Begin your interview with this sentence: "Hello, may I ask you some questions?"**
>
> Ask questions about:
> - **The grade he/she teaches**
> - **The subject(s) he/she teaches**
> - **Problems in class**
> - **Advice for future high-school teachers**
> - *(If you have time, you may ask more questions.)*

Part 3　1つのテーマに沿ったスピーチ

トピックカードの内容について、自分の意見を約1分間述べます。

受験者は30秒でスピーチの準備をします。

Track 66

トピックカード

TOPIC

"It is good to teach English in Japanese elementary schools."

Do you agree with this statement? Why or why not?

Part 4 Q & A

Examiner からさまざま話題についていくつか質問されます。

Track 67

Questions:

- Should parents limit children's use of the Internet?
- Are there any advantages to studying online rather than in a classroom?
- Do you think reading newspapers is better than watching the news on TV?
- Do you think social media such as Facebook and Twitter are changing the way people interact?

※実際の質問は口頭でしか行われません。

TEAP見本問題② / TEAP Sample Test ②

Reading・Listening

Reading（60問/70分） ·················· 78
Listening（50問/約50分） ············ 102

Part 1

There are 20 very short reading texts below, and in each text there is a gap. Choose the best word or phrase from among the four choices to fill the gap. Mark your answer on your answer sheet.

(1) In geometry class, students learn how to measure and calculate the size of (   ) such as circles, squares, and rectangles.
    1 channels   **2** shapes   **3** positions   **4** views

(2) Although the subject of a sentence in spoken Japanese is often not clearly stated, it can be understood from the (   ) of the conversation.
    1 context   **2** environment   **3** pressure   **4** rhyme

(3) The philosopher Plato had a (   ) view of democracy. He did not believe that average people were wise enough to participate in politics.
    1 sympathetic   **2** critical   **3** courteous   **4** furious

(4) It is generally (   ) that dinosaurs became extinct about 65 million years ago. However, scientists still disagree about the reason for their disappearance.
    1 predicted   **2** acknowledged   **3** omitted   **4** surveyed

(5) Students who need to contact their professors by e-mail are (   ) to include the title of the course in the subject line. This helps the professor respond more quickly.
    1 advised   **2** judged   **3** excused   **4** tempted

(6) The actress was famous for living a (   ) life. She was a kind and caring woman who spent her free time helping the poor.
    1 subtle   **2** virtuous   **3** sensible   **4** luxurious

(7) The data showed a (   ) increase in the number of monthly visitors to the museum, but this was short of the museum's goal of raising attendance by 5%.
    1 sharp   **2** harsh   **3** vast   **4** slight

(8) People with type A blood cannot be given type B blood because the two types are not (   ).
    1 acquainted   **2** distinct   **3** compatible   **4** coherent

(9) A study that ( ) the academic performance of elementary school girls and boys found that girls scored higher on language and math tests than boys did.
1 provided　2 formed　3 served　4 compared

(10) A passport is an official ( ) that travelers use to show who they are and which country they are from.
1 symbol　2 document　3 operation　4 model

(11) Although reading the news online is often easier and faster, many people still ( ) to purchase printed newspapers.
1 pretend　2 forget　3 prefer　4 hesitate

(12) The ( ) of women has changed greatly since the 1950s. Today, many women choose to work instead of staying at home to take care of their family.
1 point　2 term　3 label　4 role

(13) Cigarette packages carry warnings to make people ( ) of the health risks associated with smoking.
1 aware　2 suspicious　3 impressed　4 redundant

(14) Although the politician tried to ( ) the public that it was necessary to increase taxes, many people did not agree with him.
1 remove　2 accuse　3 convince　4 support

(15) Some creatures are so small that they are only ( ) through a microscope.
1 existent　2 practical　3 visible　4 active

(16) As part of the clothing company's marketing ( ), it advertises on websites that are popular among people aged 18 to 25.
1 signal　2 strategy　3 occasion　4 establishment

(17) Some members of the Environmental Action Committee are (   ) a plan to raise more money. When they have finished working on the plan, they will present it to the rest of the committee.

    1 wearing out   **2** coming across   **3** putting together   **4** standing by

(18) After the disaster, the prime minister made a televised speech in which he (   ) people to remain calm and help each other.

    1 raised up   **2** called on   **3** spoke of   **4** talked over

(19) Biologists are (   ) research in the Amazon rainforest. They hope to learn more about various rare animals that are found there.

    1 taking apart   **2** leaning on   **3** carrying out   **4** holding up

(20) After much discussion, city officials (   ) building a new community center because the old one was still large enough to meet the city's needs.

    1 dropped off   **2** decided against   **3** marked down   **4** pushed through

Part 2A

There are five graphs or charts below. Each graph or chart is followed by a question about it. For each question, choose the best answer from among the four choices and mark your answer on your answer sheet.

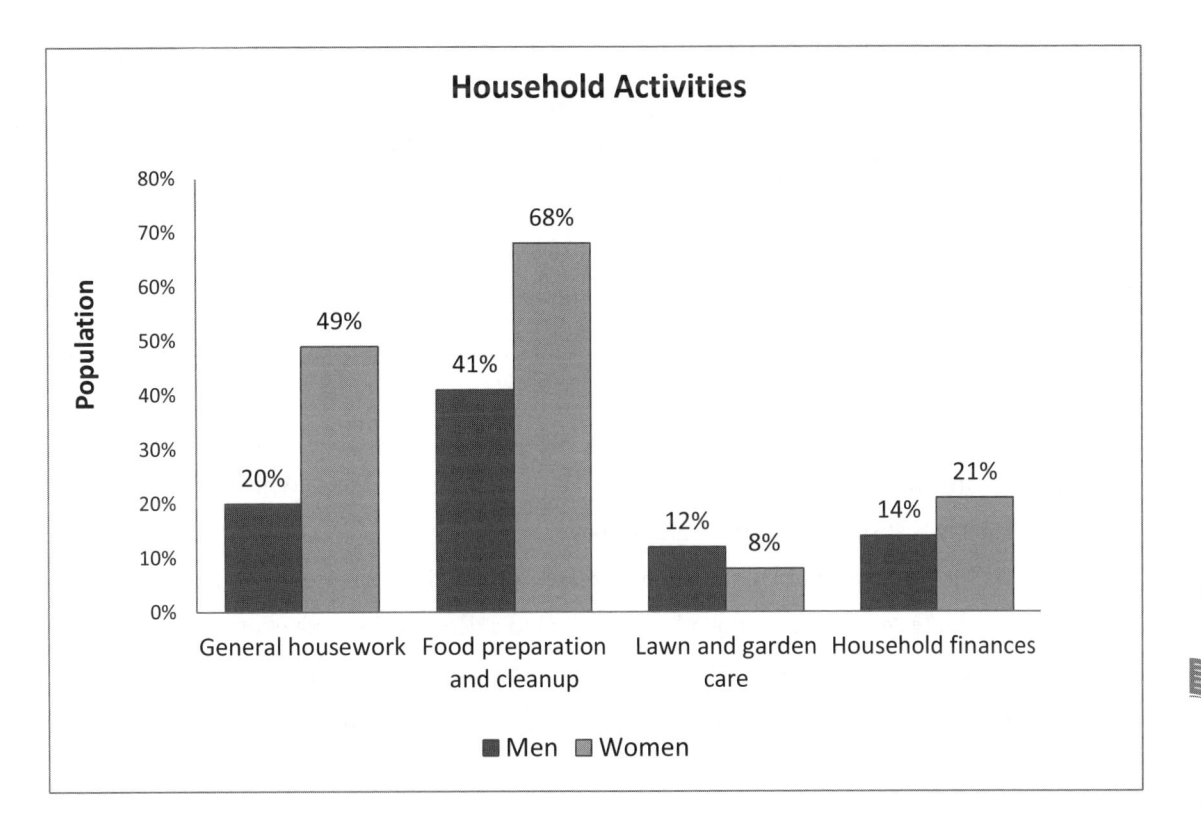

Household Activities

Activity	Men	Women
General housework	20%	49%
Food preparation and cleanup	41%	68%
Lawn and garden care	12%	8%
Household finances	14%	21%

(21) For a case study in your business marketing class, you will recommend strategies to attract male customers who engage in household activities. Based on the above graph, which of the following seems to be the best recommendation?

1 Launch a website for men who enjoy gardening.
2 Target an advertising campaign at men who cook at home.
3 Conduct market research on which laundry detergents men prefer.
4 Design packaging for household cleaning supplies that appeals to men.

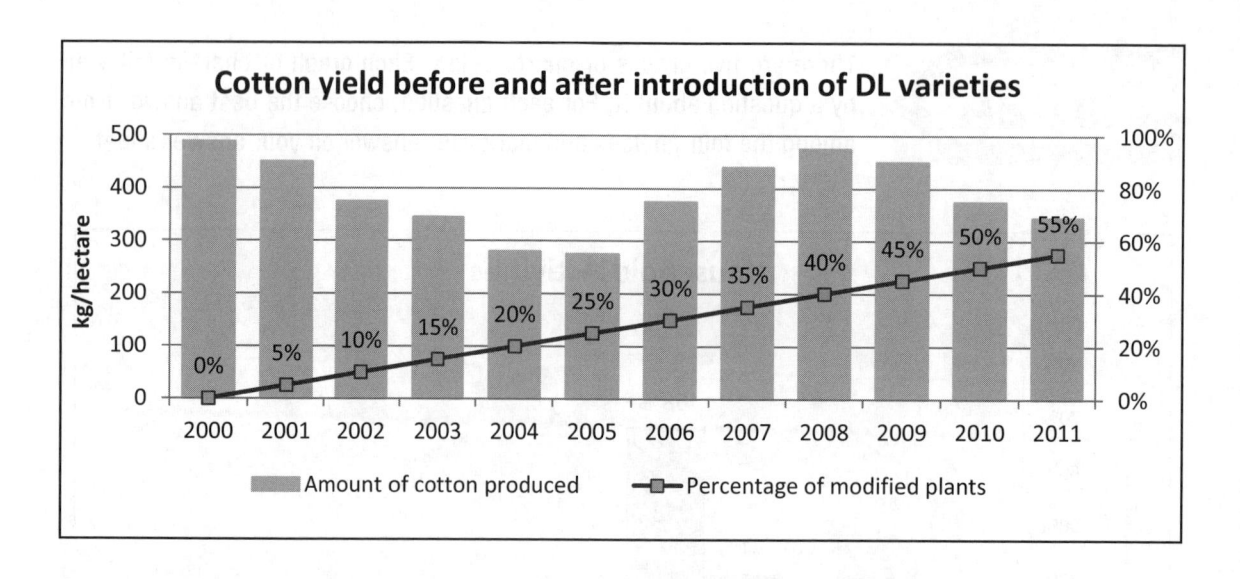

Cotton yield before and after introduction of DL varieties

(22) In an attempt to increase cotton production, scientists genetically modified some varieties of cotton plants to produce a chemical called DL, which kills insects. Which of the following statements is best supported by the graph above?

1 As the percentage of DL in cotton increases, production increases at a similar rate.
2 DL causes damage to cotton plants, leading to a decrease in production.
3 There does not appear to be a direct relationship between DL and cotton production.
4 DL increases cotton production when the percentage of modified plants is greater than 40%.

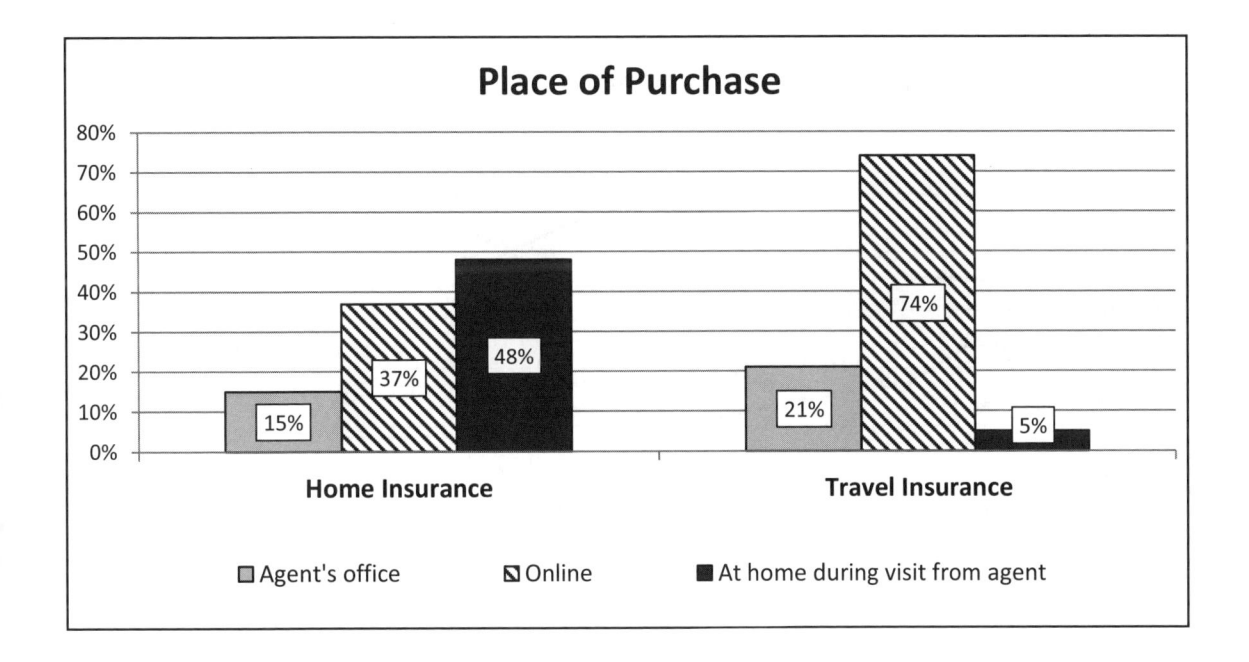

Place of Purchase

	Home Insurance	Travel Insurance
Agent's office	15%	21%
Online	37%	74%
At home during visit from agent	48%	5%

(23) You are studying consumer behavior in your marketing class. Which of the following statements is best supported by the graph above?

1 Before purchasing travel insurance, customers want to discuss details of the product with an agent.

2 Customers looking for home insurance are likely to visit several agents before deciding on a product.

3 Companies that plan to offer travel insurance should invest more in website development than in the design of printed materials.

4 Agents selling home insurance policies should understand that most customers do not like to receive sales visits at home.

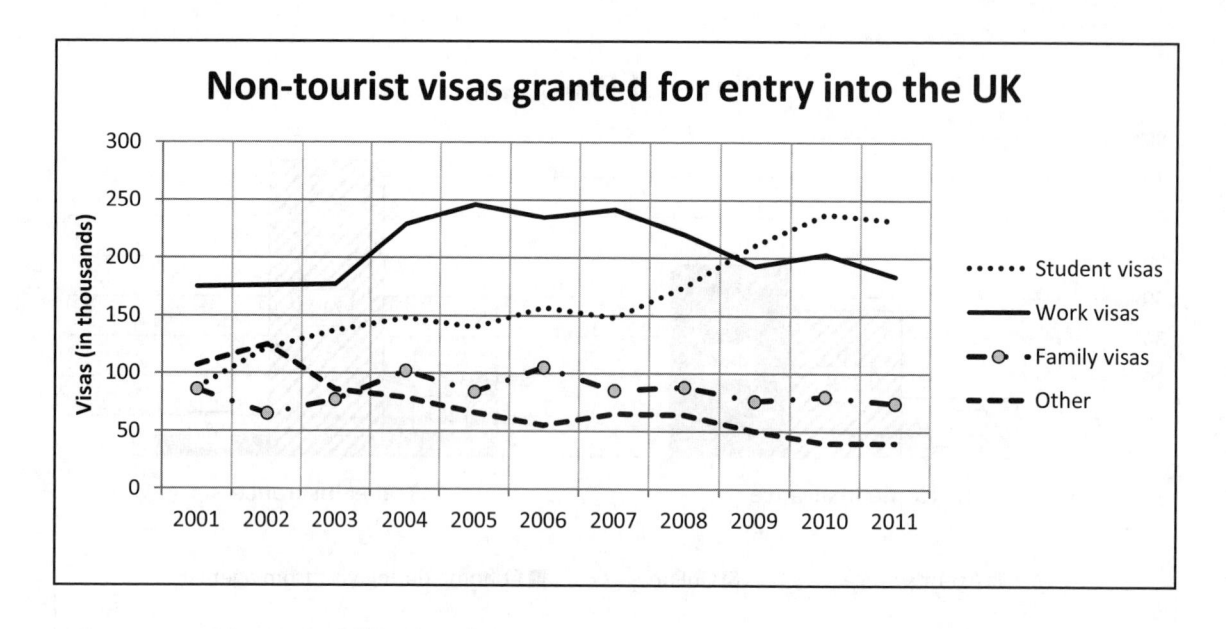

Non-tourist visas granted for entry into the UK

(24) For a class on international relations, you are researching motivations for entering the UK. Based on the graph above, which of the following statements is most likely to be true?

  1 A 2003 revision to guest worker policies made it easier for residents of other EU countries to find jobs in the U.K.

  2 In 2005, standards for university entrance in the U.K. were revised, making admission more difficult for international students.

  3 From 2007 onward, steadily declining unemployment rates in the U.K. resulted in more job openings for foreigners.

  4 Changes to immigration laws in 2006 made it easier for foreign U.K. residents to bring family members to live with them.

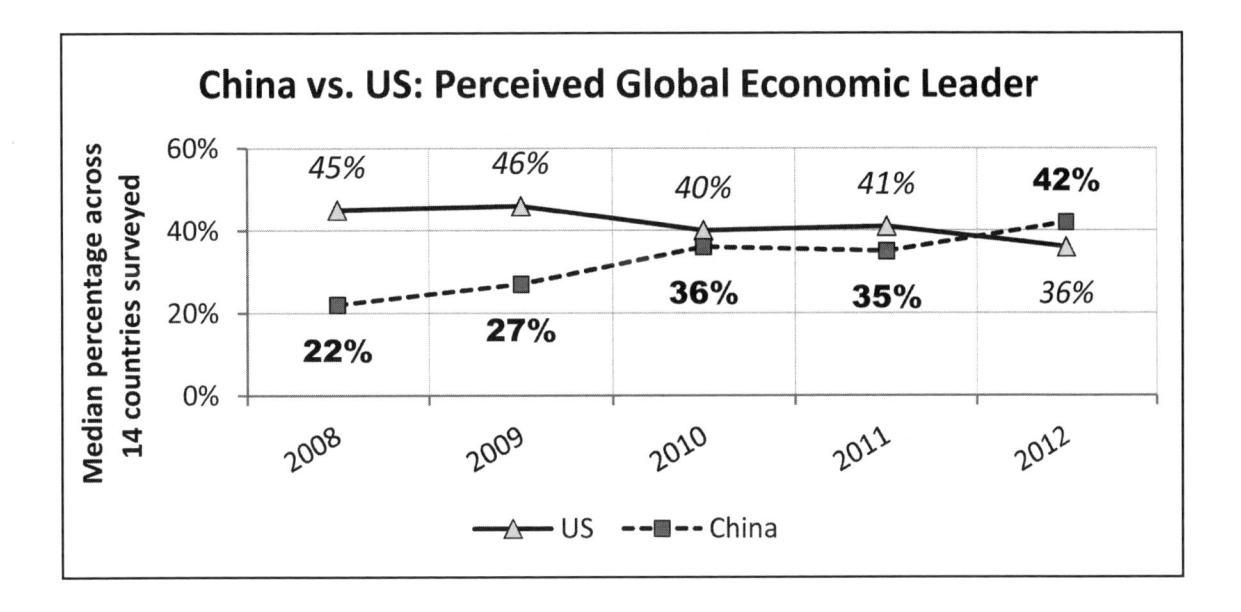

China vs. US: Perceived Global Economic Leader

Median percentage across 14 countries surveyed

- US: 45% (2008), 46% (2009), 40% (2010), 41% (2011), 36% (2012)
- China: 22% (2008), 27% (2009), 36% (2010), 35% (2011), 42% (2012)

(25) For an economics class, you are studying how the economic strength of the U.S. and China is viewed by other countries. Which of the following statements is best supported by the graph above?

1 The 2008 economic crisis led to increased confidence in America's financial influence.
2 China's weaker performance in exports in 2009 lowered global perceptions of its leadership.
3 Media coverage of China's economic growth in 2010 boosted opinions of its status.
4 The period from 2011 to 2012 marked a change in the global view of U.S. economic power.

Part 2B

There are five short reading texts (notices, advertisements, posters, etc.) below. Each text is followed by a question. For each question, choose the best answer from among the four choices and mark your answer on your answer sheet.

PART-TIME POSITION FOR STUDENTS

The USC Library is looking for students to work a minimum of two evening shifts (6 p.m. to 9:30 p.m.) per week in the spring semester. Workers' primary responsibility will be updating the status of returned books in our inventory database. Some shelving work may be required. Applicants must be full-time students in generally good physical condition. Please visit the main reception desk to pick up an application form.

---

(26) Workers' main task will be to

1 mark books as returned in a database.

2 assist students at the library's main reception desk.

3 catalog the condition of all USC library books.

4 return books to the appropriate shelves.

Notice to Comparative Education (EDUC 220) students

Before the first class:
1) E-mail me from your student e-mail address. Include your full name followed by your student number in the subject.
2) Choose three topics from the tutorial schedule on which you'd be interested in giving a presentation. Do not e-mail me your selections; bring them with you to the first class.
3) Get the course textbook (*Comparative Education*, Kubum, 1st edition).

R. Johnson

---

(27) Before class starts, students should

1 read the first chapter in the course textbook.

2 send the instructor their presentation topic selections.

3 prepare a presentation on a subject related to education.

4 pick three topics on which they are willing to present.

> Undergraduate and Graduate Students:
>
> Do you know an exceptional professor who is worthy of recognition? The Ewing Excellence Award (EEA) is now accepting nominations. The award recognizes professors who exhibit a commitment to teaching and excellence in their graduate or undergraduate courses. The deadline for nominations is March 2. Forms can be found at http://www.ewingcollege.edu/faculty/learn/eea.

(28) Students can fill out the form to

    1 apply for an academic scholarship.

    2 give feedback on a course.

    3 recommend a professor for an award.

    4 recognize the hard work of a classmate.

> Jefferson Environmental Council (JEC) is a student-led organization that manages the use of the Jefferson Sustainability Fund. JEC meets twice a month to hear proposals for projects related to protecting the environment on campus. Students are encouraged to attend and contribute their ideas. The first meeting will be held on February 10th. For more information, visit http://www.jec.jefferson.edu.

(29) What are students asked to do at meetings?

    1 Donate to sustainability-related projects.

    2 Make suggestions for projects.

    3 Think of ways to raise money for the college.

    4 Present new data on sustainability.

From: "Nancy Wright" <nwright@kenbridge.edu>
To: "Theology 250 Class"
Date: Saturday, February 13
Subject: Update

Students, I've updated the course website. In the Helpful Links section, you can now find a list of additional readings related to each topic covered in the course. You might find this useful, so please have a look. Also, for your homework assignment, please remember to read Unit 1 in the textbook for next class.

Nancy Wright

(30) What has the professor made available online?

1 A list of optional reading materials.

2 A list of the course's assignments.

3 A link to the course textbook.

4 A link to the homework.

Part 2C

There are 10 short reading passages below. Each passage is followed by a question. For each question, choose the best answer from among the four choices and mark your answer on your answer sheet.

Pacific University's computer science department is accepting applications for its competitive Research Experience for Undergraduates program. Participants work in teams during the 10-week summer program, conducting cutting-edge research and interacting with local scientists and engineers. Students also participate in field trips and weekly faculty-led research seminars. Student participants receive housing and a small sum of money for their work.

(31) What is one of the main benefits of the program described?

1 Students receive course credit.

2 Students earn a competitive salary.

3 Students learn by working with experts in the field.

4 Students can focus on their own research projects.

While we often think of bacteria as unhealthy, the world owes a great debt to cyanobacteria. These are the oldest of all bacteria, with fossils dating back 3.5 billion years. Commonly referred to as blue-green algae, cyanobacteria are responsible for our oxygen-rich atmosphere and the creation of plants. The ability of cyanobacteria to convert sunlight to energy may have a future application as well. Research suggests that the blue-green algae could serve as an effective source of clean energy.

(32) According to the passage, there is not yet conclusive evidence regarding

1 the actual age of cyanobacteria fossils.

2 the effectiveness of cyanobacteria as an energy source.

3 the ability of cyanobacteria to produce oxygen.

4 the role of cyanobacteria in the creation of plants.

The Campus Writers Guild is a student-led community of writers that meets weekly in the English department student lounge. Typical guild meetings are workshops in which students share copies of their current work and take turns giving and receiving feedback. Additionally, the guild holds special events several times a year, including an opportunity to hear from a published author and a spontaneous writing session, in which participants apply American author Jack Kerouac's methods.

(33) Each week, the Campus Writers Guild provides an opportunity for students to
  1 discuss their writing with a published author.
  2 get comments and advice from fellow writers.
  3 apply principles used by famous writers.
  4 submit their current work for publication.

The path to university begins in the elementary years, according to educators who have established a tutoring partnership between an elementary school in a poor neighborhood and a nearby private university. Participating university students, many of them education majors, gain confidence in their teaching skills and insights into how children learn. The elementary school students benefit from the tutoring services they receive, as well as from visits to the university library, theater, and education department.

(34) What do university students gain from the partnership described in the passage?
  1 Payment for their services.
  2 Help with their course work.
  3 Advice about child raising.
  4 Experience working with children.

On May 9th, 1950, the foreign minister of France, Robert Schuman, declared that an international European community should be created to act as a higher authority for European countries. He proposed that this community manage the production of the materials of war—coal and steel—to prevent conflicts between member countries. Schuman's declaration resulted in the creation of the European Coal and Steel Community, which later led to the foundation of the European Union.

(35) What was one reason Schuman made his proposal?
  1 To organize the production of coal and steel.
  2 To improve trade between member countries.
  3 To monitor European imports and exports.
  4 To boost the European economy.

Content marketing, also called "permission marketing," involves delivering relevant information to attract potential customers. For example, a paint company might develop a digital magazine all about the use of color in interior design. The company establishes itself as an authority among interior designers by consistently providing high-quality, informative articles. Gradually, more designers read the magazine. Designers who read the magazine become familiar with the company's products and are therefore more likely to use or recommend them.

(36) Based on the passage, what would be the ultimate goal of the magazine described?
  1 To provide relevant information.
  2 To attract a broad range of advertisers.
  3 To develop business partnerships.
  4 To promote the company's paint.

C. S. Lewis's best-known work is *The Chronicles of Narnia*, a series of seven fantasy novels. The world of magic in these stories appeals to children, but the stories also convey religious ideas. By using stories, Lewis entertains but also helps his readers grasp otherwise difficult concepts. One of the main characters in *The Chronicles of Narnia*, for example, is a lion that was described by Lewis as a representation of Christ.

(37) According to the passage, what was one intended purpose of the author's stories?
  1 To encourage adults to think like children.
  2 To help readers understand magic.
  3 To explain religious concepts.
  4 To teach children to understand literature.

In American higher education, nontraditional students are typically defined as students over the age of 25. They usually do not live on campus and are less likely to be enrolled full-time. They often have work and family responsibilities that leave them with less time to devote to studying. Currently, 38 percent of students in the United States are nontraditional students. The National Center for Education Statistics expects this number to increase in the years to come.

(38) Based on the passage, what is probably true of many nontraditional students?
  1 They take longer to finish their degree.
  2 They are less likely to be admitted to a university.
  3 Their grades are higher than traditional students.
  4 Their numbers will decrease in the future.

Author and translator Amara Lakhous writes in both Arabic and Italian. In his second novel, one of his characters is a translator who describes the work as thrilling, a view that might reflect the author's own opinion. Lakhous compares translation to a journey over the sea. He sometimes thinks of himself as a smuggler, "crossing the frontier of language" with his treasure of words, ideas, images, and metaphors.

(39) According to the passage, Amara Lakhous most likely feels that translation is
- **1** an interesting hobby.
- **2** a stressful job.
- **3** an exciting adventure.
- **4** a profitable activity.

New York City's MillionTreesNYC project was designed to help improve the quality of life for city residents. The benefits of trees in urban areas are numerous, ranging from lowered energy costs to added beauty. Trees create shade and block the wind, reducing the amounts of fossil fuels needed to heat and cool nearby buildings. Trees in cities also help improve air quality, as they capture carbon dioxide from the air and store it.

(40) Based on the passage, what is one result that New York City residents can expect from the project?
- **1** Cleaner air.
- **2** Better transportation.
- **3** Fewer windy days.
- **4** Higher heating bills.

Part 3A

There are two reading passages below. In each passage, there are four gaps. Choose the best word or phrase from among the four choices to fill each gap. Mark your answer on your answer sheet.

Emily Dickinson

Emily Dickinson is one of America's best-known poets. However, during her lifetime, people knew her for her (41) rather than her poems. Dickinson nearly always wore white clothing, and, apart from a brief time away at college, she rarely left her house. It was there that she wrote almost 2,000 poems.

Much has been made about Dickinson spending a lot of time at home. However, it is unfair to characterize her as someone who avoided (42). In fact, Dickinson wrote letters regularly to more than 100 friends and met with many more people who visited the house. Dickinson actually seemed to enjoy communicating with others, though on her own terms.

Since most of Dickinson's poems were not published until after she passed away, scholars have many questions about her work. Dickinson did not date her poems, and she wrote and rewrote them on just about anything she could find—for example, scraps of paper and the backs of envelopes. (43), many people disagree about which drafts of her poems should be considered the final versions.

Dickinson's poems are notable, in part, for their unusual punctuation and clever wordplay. After her death, her family helped to have her previously unseen work published. However, the editors who worked on these poems (44). This was to make them fit the traditional rules of punctuation. It was not until much later, in the 1950s, that a volume of her poems was released that presented them as they had been written. Now, people are even able to see the scraps of paper she wrote them on.

(41) **1** academic lectures **2** famous parents **3** nonfiction writing **4** unusual lifestyle

(42) **1** writing on her own **2** studying on her own
     3 helping other people **4** interacting with people

(43) **1** Besides **2** Recently **3** As a result **4** What is more

(44) **1** changed her work significantly **2** discussed her work with scholars
     3 published only a few poems **4** had never met Dickinson

Telerobotic Surgery

Telerobotic surgery allows doctors to help treat patients who are in hospitals far away. In the past, doctors have used this technology to observe and give advice to the surgeons who are physically present with these patients. The (45) of this technology, however, is changing. Now, remote doctors are able to directly take part in operations. This is particularly helpful if patients are in rural areas where there are few physicians.

Although the procedure is referred to as "robotic" surgery, the machines do not make any decisions on their own. All of the machines require (46). A surgeon controls the tools used to perform operations. The possibility of robots performing actual operations by themselves is still considered to be far off.

Some experts believe that robots should be used for surgeries even when the doctor is in the same room as the patient. These machines, it seems, allow surgeons to (47). For example, one study found that doctors performed surgery with greater accuracy when controlling a robot than when holding the surgical tools themselves. Accessing difficult-to-reach areas was easier when doctors used robots.

It takes a substantial amount of training for a doctor to become proficient in using these robots. When surgeons first use them on patients, they tend to complete tasks much more slowly. (48), operations using robots can take more time than traditional procedures. In some cases, this extra time leads to problems during or after surgery. However, with more training, surgeons become much more comfortable using the robots, and many experts believe that telerobotic surgery will become more common as time passes.

(45) **1** cost **2** scope **3** understanding **4** desire

(46) **1** a designer **2** human input **3** multiple operators **4** qualified patients

(47) **1** cut expenses **2** take more time off **3** reduce pain **4** be more precise

(48) **1** Equally **2** Consequently **3** Conversely **4** Finally

Part 3B

There are two long reading passages below. Each passage is followed by six questions. For each question, choose the best answer from among the four choices and mark your answer on your answer sheet.

The Photo-Secession Movement

What is the purpose of photography? Is it primarily to record reality? Or is it to create art? One could easily argue for either side and find plenty of supporting examples. Because it is a relatively new way of representing the world, at least in comparison to painting or drawing, photography has changed over time and continues to evolve. Today, professional photographers may scoff at amateurs with smartphones who consider themselves to be skilled. But the debate surrounding photography is not new. In fact, the introduction of the handheld camera near the end of the 1800s led to a similar reaction from serious photographers, giving rise to what came to be known as the Photo-Secession movement.

Photo-Secession grew out of a movement called "pictorialism," which began in the late 19th century and aimed to promote photography as a fine art. To distinguish their work from the snapshots taken with everyday handheld cameras, pictorialists used complicated photographic techniques, such as soft focus and the control of lighting and texture, to make their photos look like paintings. Sometimes they even changed the negatives by scratching or painting over them. Pictorialists were primarily interested in portrait photography and saw their work as an expression of romantic themes.

At the beginning of the 20th century, a pictorialist photographer named Alfred Stieglitz and several of his colleagues broke away from the New York Camera Club, a photography group of which they were members. They cited the club's traditional attitudes as their reason for branching out in a new, more pictorialist direction: the Photo-Secession movement. Stieglitz is quoted as saying that the name referred to "seceding from the accepted idea of what constitutes a photograph."

Stieglitz kept tight control over membership in the movement, which was by invitation only. Though it was an American group, some Europeans were included in exhibitions. And despite its exclusivity, the club was notable for its inclusion of many female artists—such as Gertrude Käsebier, who became one of the century's best-known portrait photographers—during an era when most avenues to success were closed to women. Stieglitz started a magazine called *Camera Work* and opened a gallery in New York City, both of which showcased members' work. The gallery was an important space and eventually displayed not just photos but the work of major painters, including Picasso's and Cezanne's first American exhibitions.

Eventually, the Photo-Secession movement broke up. Some members felt that altering negatives to make their work look more like paintings contradicted the art of photography itself. Though the movement was no more, the New York gallery remained open until 1917. Differences in members' aesthetic aims were not the only factor in the movement's breakup, however. There were many reports of problems relating to Stieglitz's temperament; he was seen as arrogant and overbearing.

Indeed, it is interesting that the "secession" referred to in the movement's name was meant to reject traditions and conventions, yet the pictorialists in the group actually adopted the traditions and conventions of portrait painting. They strictly enforced their own very narrow criteria for belonging to their movement. Though the group's definition may have been limiting, the movement itself was an important step in the evolution of photography as an art form, and it led to some remarkable work.

(49) What has been true since the invention of the handheld camera?
    1 Amateur photographers have been less able to afford the equipment they need.
    2 The skill of many amateur photographers has been comparable to that of professionals.
    3 Professional photographers have felt the need to distinguish themselves from amateurs.
    4 The focus of most professional photographers has been on recording reality.

(50) What do we learn about the pictorialists?
    1 They were the first photographers to attempt portraits.
    2 They encouraged everyday people to discover their artistic talent.
    3 Their views matched those of the New York Camera Club.
    4 Their aim was to promote photography as serious art.

(51) Why is Gertrude Käsebier mentioned?
    1 Her work influenced that of Alfred Stieglitz.
    2 She was refused membership at the New York Camera Club.
    3 To criticize the techniques that the pictorialists used.
    4 To emphasize the club's nontraditional view toward membership.

(52) What was the purpose of *Camera Work*?
    1 To explain pictorialist techniques.
    2 To publish pictorialist photographs.
    3 To advertise jobs relating to photography.
    4 To list art galleries displaying photographs.

(53) One factor contributing to the end of the Photo-Secession movement was

1 the lack of gallery space for exhibitions.
2 Stieglitz's difficult personality.
3 a greater demand for paintings over photographs.
4 its loose criteria for defining pictorial art.

(54) What does the author conclude about the Photo-Secession movement?

1 It placed limits on artists that aided their success.
2 It was more traditional than European movements.
3 It was unable to represent the true spirit of the times.
4 It helped the development of photography as art.

Are Vaccinations Safe?

According to the World Health Organization, vaccinations have greatly reduced the amount of infectious diseases internationally. If measles vaccinations were no longer provided, as many as 2.7 million people would likely die annually from the disease. In fact, only clean drinking water prevents more diseases worldwide than vaccines. Countries in the developing world with high poverty rates often provide fewer vaccination programs than more economically developed countries. For example, many children die from measles in African countries, while in developed countries, measles was effectively eliminated by the 1990s due to the vaccine introduced in 1967. Figure 1 shows measles cases in England. However, the rise of an anti-vaccination movement that started in England in 1998 and spread to other developed countries in Europe and North America has led to a recent rise not only in measles but also in mumps, another disease prevented by vaccines.

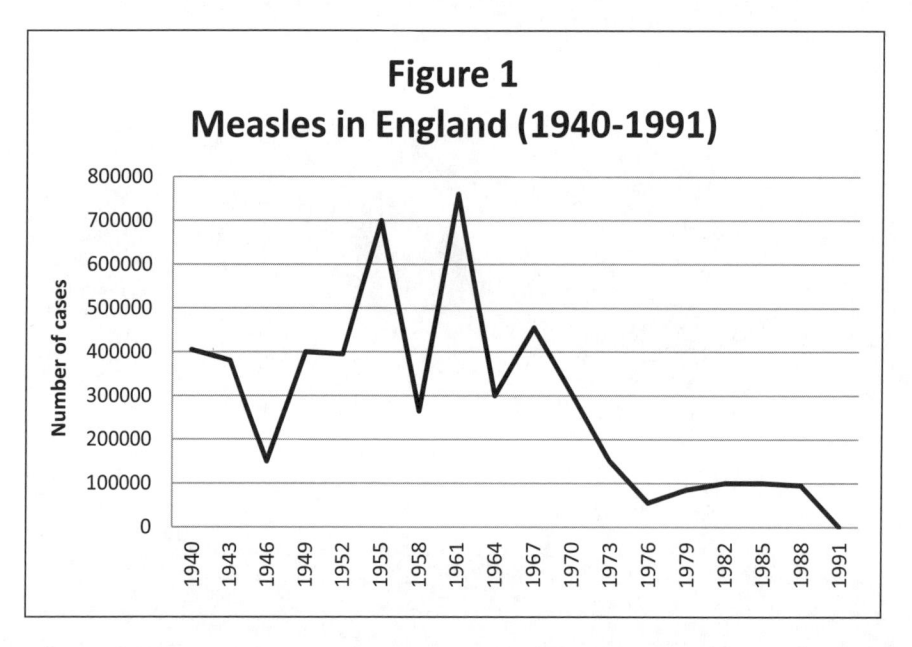

Figure 1
Measles in England (1940-1991)

In 1998, a British physician named Andrew Wakefield published a study in *The Lancet* medical journal that claimed a connection between the MMR vaccine and autism, a mental disease, in children. MMR stands for the three diseases which the vaccine was developed to prevent: measles, mumps, and rubella. This article frightened parents in Europe and North America, and many began refusing to let their children receive the MMR vaccine. Some American celebrities publicized anti-vaccination views, giving the movement popularity and visibility. As vaccination rates fell, the reported cases of measles grew; more than 30 European countries recorded an increase in 2011. In early 2014, the United States had 554 confirmed measles cases across 20 states. Between 2008 and 2014, the United States, Canada, Germany, Ireland, Spain, and Portugal experienced more mumps outbreaks than in previous periods when vaccination rates were higher.

As it turns out, parents should not have feared the MMR vaccine. Wakefield's study was filled with false data and became widely discredited. In 2010, *The Lancet* fully withdrew the study and removed it from the public record. Much research was conducted to assess the safety of the MMR vaccine, all concluding no link between the vaccine and autism. But the anti-vaccination movement had taken root. Parents choosing not to vaccinate their children often think that the diseases are rare, and that the number of vaccinated people is sufficient to prevent such diseases from affecting their children. The term "herd immunity" is used to describe how diseases can be prevented from spreading simply by enough people being vaccinated. But herd immunity requires a vaccination rate of more than 80 percent of a population. Because of the anti-vaccination movement, some American and European communities do not reach such a high rate.

When asked why preventable diseases have risen recently in Western countries, some scientists point to additional contributing factors such as increased travel between the Western world and less developed countries, crowded urban living conditions, and the fact that some people with weakened immune systems cannot tolerate or receive vaccines. But most scientists agree that the anti-vaccination movement played a major role in increasing diseases because the movement caused less children to be vaccinated.

While some children can experience minor side effects from vaccines, serious side effects are rare, and autism is not one of them. In the United States, the ratio of serious negative effects to beneficial effects of vaccinations is about one serious side effect for every 40,000 lives protected. Another study found that routine childhood vaccinations given between 1994 and 2013 in the United States will save 732,000 lives and prevent 322 million cases of illness. These numbers present a strong argument for childhood vaccinations.

(55) Which statement best summarizes the passage?

　　1 Vaccination programs are more common in developed countries than in poorer ones.
　　2 False beliefs about vaccinations have led to an increase in diseases in developed countries.
　　3 Less developed countries, where clean water access is limited, need more vaccinations.
　　4 An anti-vaccination movement has led to a reduced supply of vaccines in poorer countries.

(56) The information in Figure 1 is used to illustrate

　　1 the effects of the anti-vaccination movement.
　　2 the link between poverty and measles.
　　3 the need for further research into the use of vaccines.
　　4 the effectiveness of vaccinations.

(57) According to the passage, Andrew Wakefield is significant because of
  1 an article he wrote.
  2 a journal he founded.
  3 an illness he discovered.
  4 a vaccine he developed.

(58) The author introduces the term "herd immunity" to describe
  1 one of the reasons the study in *The Lancet* received so much attention.
  2 one way of encouraging more people to receive vaccinations.
  3 a reason some parents give for not vaccinating their children.
  4 a recent discovery about the effects of vaccinations on Western countries.

(59) Which of the following statements is best supported by the fourth paragraph?
  1 In Western countries, the vaccination rate of the population is generally rising.
  2 Travel between developed countries and poorer countries contributes to the spread of diseases.
  3 Crowded urban living conditions make it easier for vaccinations to be distributed.
  4 Most scientists agree that vaccinations alone cannot reduce the spread of preventable illnesses.

(60) In the conclusion, the author implies that
  1 more studies need to be done to determine if childhood autism might still be connected to some vaccinations.
  2 when governments make decisions about childhood vaccinations, they should give more consideration to the negative side effects than to the benefits.
  3 parents do not have enough scientific information to make informed decisions about whether to vaccinate their children.
  4 although there are some risks from receiving vaccinations, this is outweighed by the number of lives saved because of them.

STOP

This is the end of the reading section.
Do not turn this page before
the listening test begins.
You will be told when to turn the page
and start the listening test.

There are five parts to this listening test.

Part 1A	Short Conversations:	1 question each	Multiple-choice
Part 1B	Short Passages:	1 question each	Multiple-choice
Part 1C	Short Passages:	1 question each	Multiple-choice (Graphs)
Part 2A	Long Conversations:	3 questions each	Multiple-choice
Part 2B	Long Passages:	4 questions each	Multiple-choice

※ Listen carefully to the instructions.

Track 1

Part 1A   Track 2 ~ Track 12

No. 1
1 Money to pay the participants.
2 Help from people they know.
3 People willing to volunteer.
4 Approval from their professor.

No. 2
1 Sign up for a group project.
2 Contact Rachel and Alan.
3 Form a list of topics.
4 Pass around her project report.

No. 3
1 Why the woman decided to become a diplomat.
2 How to get a job as a diplomat.
3 Where he can get information about Japan.
4 How Japan's foreign policy has developed.

No. 4
1 How to register for classes.
2 The benefits of community service.
3 A special requirement for some classes.
4 One way to improve computer skills.

No. 5
1 She should not focus on a widely known issue.
2 She needs to find a more important issue.
3 It was not covered in class discussions.
4 It is too broad for the assignment.

No. 6
1 It is the professor's favorite story.
2 It is the author's best work.
3 Finding materials about it will be easy.
4 No students in the class have read it yet.

No. 7
1 She should contact the local hospital.
2 She will need to take several courses.
3 It will require more research.
4 It would be a good choice for her.

No. 8
1 It taught her new vocabulary.
2 It helped her better understand the original text.
3 She did something similar in a past assignment.
4 She was able to finish it quickly.

No. 9
1 He thinks it is an easy language to learn.
2 His friend wants a study partner.
3 Many of her classmates speak it.
4 It would go well with her major.

No. 10
1 Studying abroad in Asia.
2 Conducting field research.
3 The structure of the course.
4 The results of an interview.

Part 1B Track 13 ~ Track 23

No. 11 1 Watch a class in the lecture hall.
  2 Do research for their classwork.
  3 Print out work for classes.
  4 Buy school supplies cheaply.

No. 12 1 How coral reefs can be protected.
  2 The economic value of coral reefs.
  3 The ecological benefits of coral reefs.
  4 Why coral reefs are dying around the world.

No. 13 1 A slowing local economy.
  2 Decreases in tuition fees.
  3 New job opportunities.
  4 A growing population.

No. 14 1 Submit all stories by the early evening.
  2 Meet with the managing editor.
  3 Suggest ideas to the news editor.
  4 Prepare a final version by midnight.

No. 15 1 There is too much sunlight.
  2 The soil is heavy.
  3 The water supply is limited.
  4 There is not enough open space.

No. 16 1 How people's personalities change over time.
  2 How Adler developed his theory.
  3 The effects of birth order on personality.
  4 Ways to resolve conflicts among children.

No. 17　1　To make maps available digitally.
　　　　2　To help students plan travel routes.
　　　　3　To print campus newspapers.
　　　　4　To issue student announcements.

No. 18　1　Attend all of the lectures in the series.
　　　　2　Study the three countries equally.
　　　　3　Choose the country they know most about.
　　　　4　Prepare carefully for each lecture.

No. 19　1　There are fewer of them than first thought.
　　　　2　Collecting them may help the environment.
　　　　3　Scientists do not think they can be reached.
　　　　4　People may soon begin digging for them.

No. 20　1　They viewed gold differently than most cultures do today.
　　　　2　They became less spiritual once they discovered gold.
　　　　3　Their society used gold as the main form of money.
　　　　4　Their wealth increased after trade in gold began.

Part 1C Track 24 ~ Track 29

No. 21

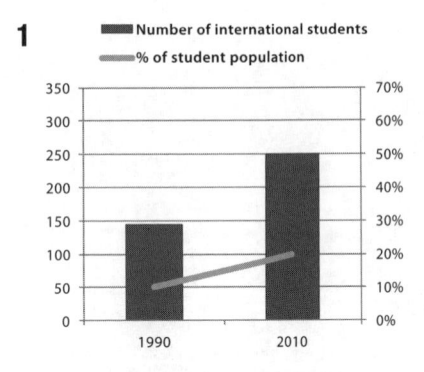

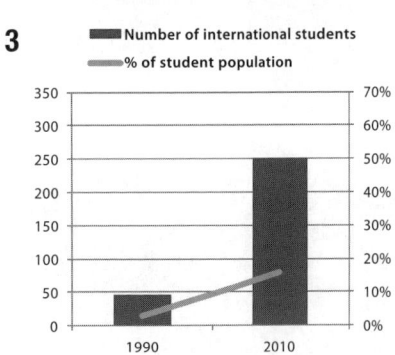

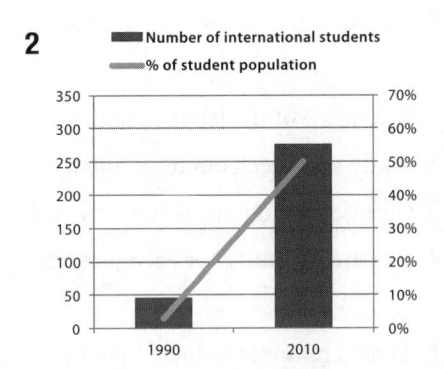

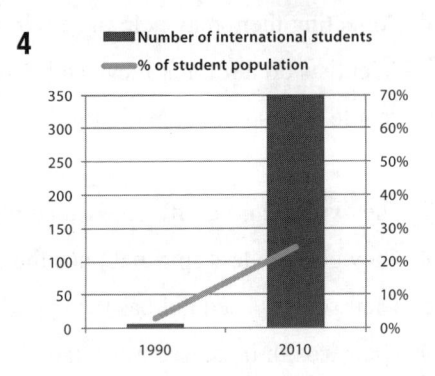

1 Number of international students / % of student population

2 Number of international students / % of student population

3 Number of international students / % of student population

4 Number of international students / % of student population

No. 22

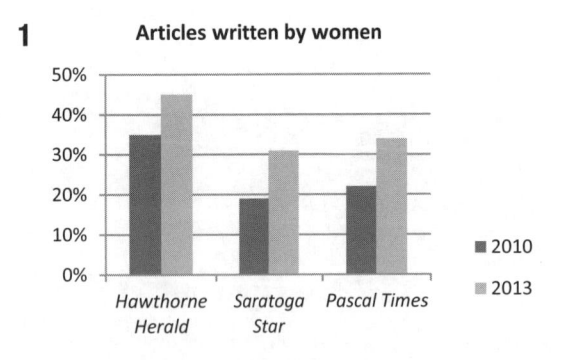

1 Articles written by women (Hawthorne Herald, Saratoga Star, Pascal Times; 2010, 2013)

2 Articles written by women (Hawthorne Herald, Saratoga Star, Pascal Times; 2010, 2013)

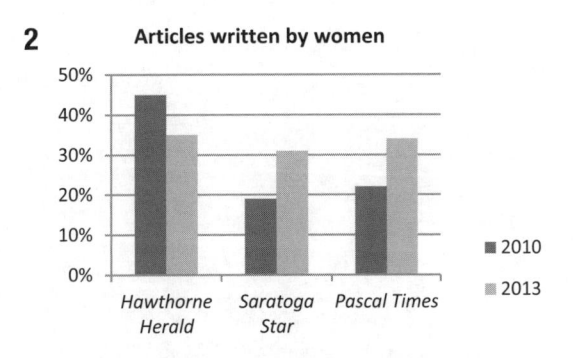

3 Articles written by women (Hawthorne Herald, Saratoga Star, Pascal Times; 2010, 2013)

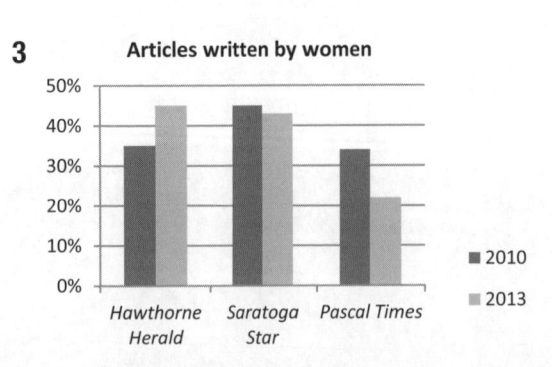

4 Articles written by women (Hawthorne Herald, Saratoga Star, Pascal Times; 2010, 2013)

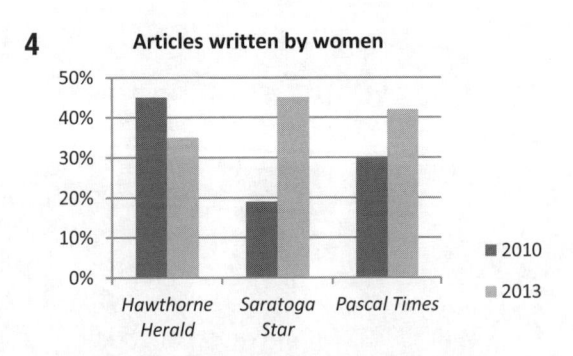

No. 23

1 Electric Vehicles in Norway

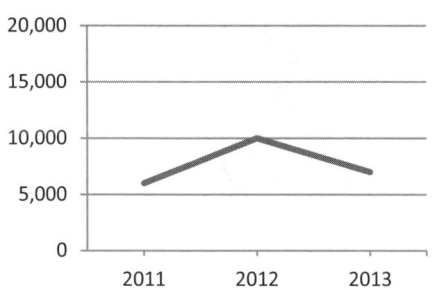

2 Electric Vehicles in Norway

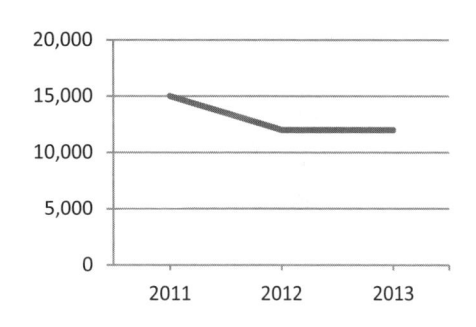

3 Electric Vehicles in Norway

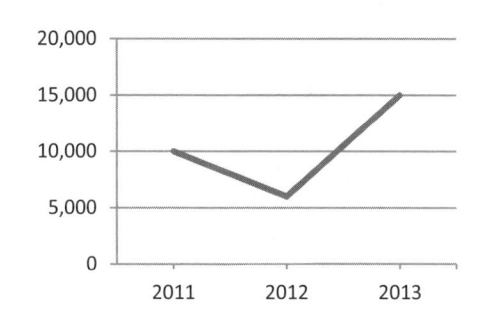

4 Electric Vehicles in Norway

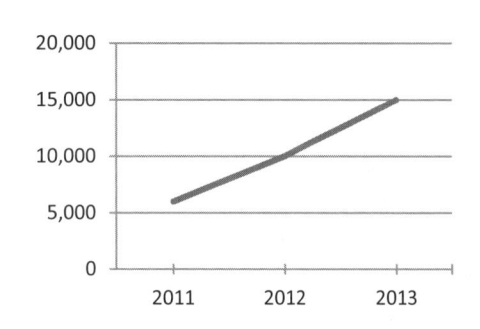

No. 24

1

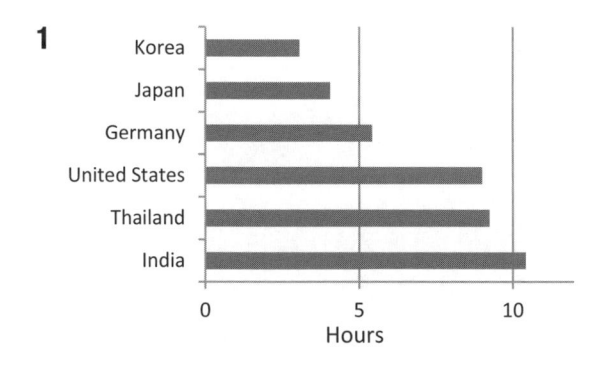

2

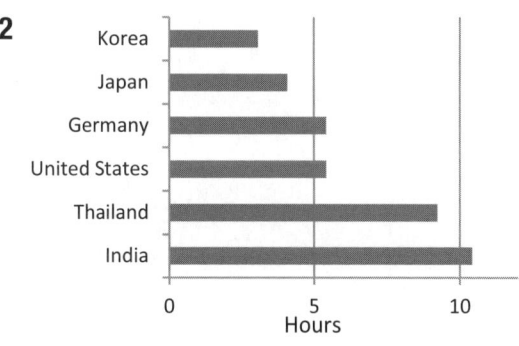

3

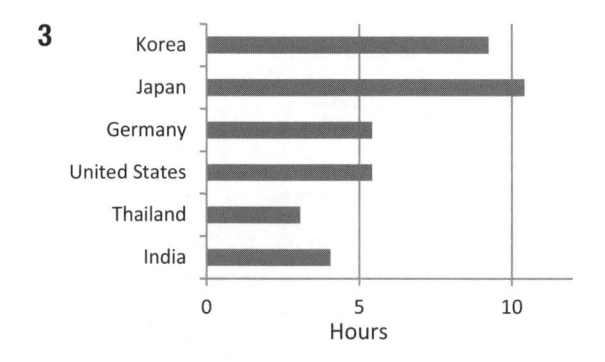

4

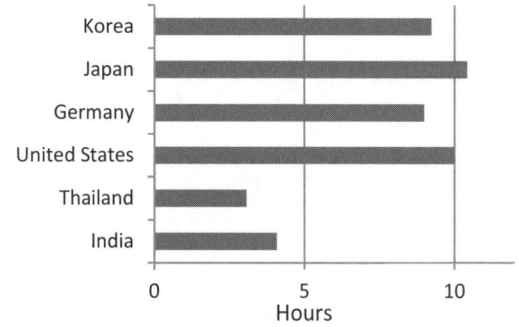

No. 25

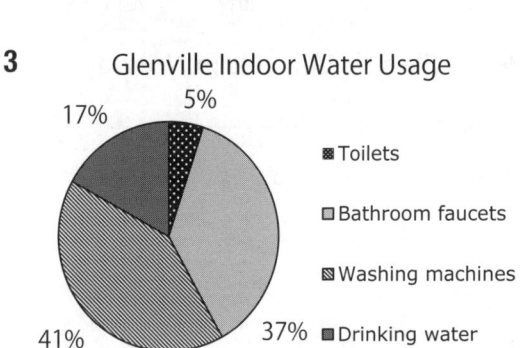

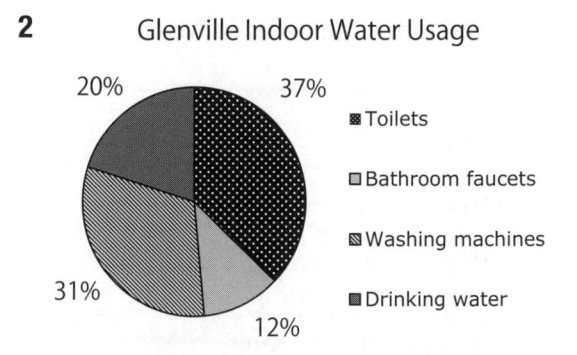

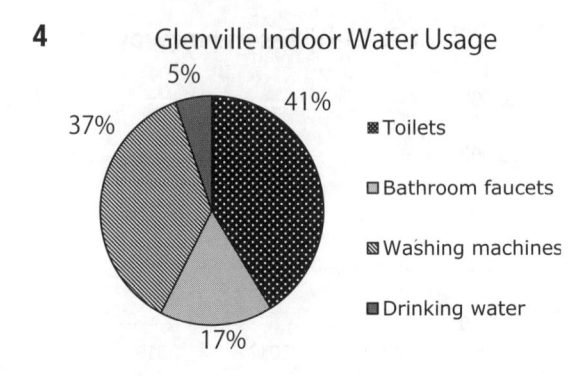

1 Glenville Indoor Water Usage
- Toilets: 41%
- Bathroom faucets: 37%
- Washing machines: 17%
- Drinking water: 5%

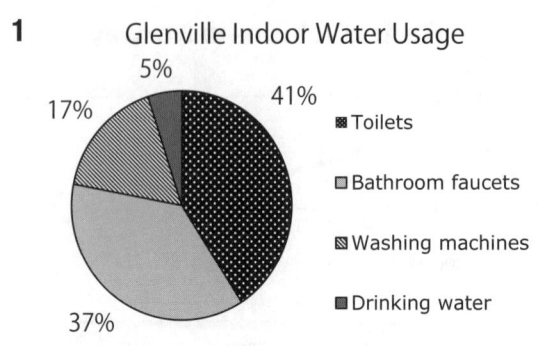

2 Glenville Indoor Water Usage
- Toilets: 37%
- Bathroom faucets: 12%
- Washing machines: 31%
- Drinking water: 20%

3 Glenville Indoor Water Usage
- Toilets: 5%
- Bathroom faucets: 37%
- Washing machines: 41%
- Drinking water: 17%

4 Glenville Indoor Water Usage
- Toilets: 41%
- Bathroom faucets: 17%
- Washing machines: 37%
- Drinking water: 5%

Part 2A Track 30 ~ Track 42

A

Situation: A student is talking to her Portuguese-language professor.

No. 26 What does the student want permission to do?
  1 Take a semester off.
  2 Join a trip to Brazil.
  3 Study in Portugal.
  4 Turn in a report late.

No. 27 What does the professor think about the student's idea?
  1 It might be possible.
  2 It might be too expensive.
  3 It would be too difficult.
  4 It would be good for all students.

No. 28 What does the professor promise that he will do?
  1 E-mail the student an application form.
  2 Discuss the student's idea with the department head.
  3 Arrange a visit to a well-known art museum.
  4 Meet with the student again next week.

MEMO

B

Situation: A student is talking to her advisor.

No. 29 How did the student hear about the scholarship?

    1 From the financial aid office.

    2 From a website.

    3 From another student.

    4 From a professor.

No. 30 What does the advisor say that the student should do?

    1 Look for a job in a school.

    2 Take more science classes.

    3 Participate in a student group.

    4 Apply as early as possible.

No. 31 Why will the student come back to see the advisor again?

    1 To participate in a club activity.

    2 To get help writing her essay.

    3 To pick up a recommendation letter.

    4 To do volunteer work in his office.

MEMO

C

Situation: Two students are talking to a professor about an upcoming event.

No. 32　What are the students interested in?

    1 An event explaining volunteer opportunities.

    2 An event for first-year university students.

    3 An event featuring scientific research.

    4 An event for students who will graduate soon.

No. 33　What will the students probably do next week?

    1 Attend a training session.

    2 Go to the professor's lecture.

    3 Apply for a summer internship.

    4 Put up posters around campus.

No. 34　According to the professor, what can the students see at the exposition?

    1 Presentations about student research.

    2 Companies hiring students.

    3 Talks by famous scientists.

    4 Some new products.

MEMO

Part 2B Track 43 ~ Track 63

D

Situation: You will listen to an instructor discuss multitasking.

No. 35 What is the main theme of this lecture?

  1 How to multitask more effectively.
  2 How multitasking became popular.
  3 The role of technology in multitasking.
  4 The pros and cons of multitasking.

No. 36 What are multitaskers good at doing?

  1 Locating new information quickly.
  2 Ignoring irrelevant information.
  3 Blending old and new information.
  4 Switching between tasks.

No. 37 What does research indicate about multitasking?

  1 It is promoted by the media.
  2 It makes people less efficient.
  3 It can lead to health problems.
  4 It encourages problem solving.

No. 38 What does the speaker propose doing for multitaskers?

  1 Helping them learn how to process information.
  2 Giving them opportunities to discuss their problems.
  3 Exposing them to a wider variety of information.
  4 Encouraging them to focus on one task at a time.

MEMO

E

Situation: You will hear part of a lecture from an English literature class.

No. 39 What is the main topic of this passage?

1 Poets influenced by E. E. Cummings.
2 Critics' opinions of E. E. Cummings.
3 The poetry of E. E. Cummings.
4 A famous poem by E. E. Cummings.

No. 40 What is one thing the speaker says about E. E. Cummings?

1 He wrote to please the critics.
2 He avoided punctuation.
3 He used a column format.
4 He used words in unusual ways.

No. 41 What does the speaker ask the students to do?

1 Compose a poem.
2 Add a verse to a poem.
3 Write a critical review of a poem.
4 Describe a poem they like.

No. 42 What contribution does the speaker think Cummings made to poetry?

1 His approach is now considered to be the standard.
2 He introduced a new style of poetry.
3 He changed the way poetry is taught.
4 His work was available for free.

MEMO

F

Situation: You will hear a professor talking about a major construction project.

No. 43 What is one thing we learn about the Channel Tunnel?
1. The British public were not told about the project.
2. It only became possible because of modern technology.
3. It was first proposed over 200 years ago.
4. The French government suggested the idea.

No. 44 Why was construction of the tunnel stopped in the 1880s?
1. There were concerns about Britain's security.
2. French workers went on strike.
3. The cost was too high.
4. Technical problems occurred after 3 kilometers.

No. 45 What does the speaker say about construction of the tunnel?
1. Engineers from all over the world were hired.
2. The first 50 meters were the most expensive.
3. It involved pumping millions of gallons of water.
4. Some of the machines were left underground.

No. 46 In what way was the tunnel a success?
1. The final cost was close to the original budget.
2. The two sides met almost exactly as planned.
3. Millions of people showed approval in a survey.
4. Most travelers to France now use the tunnel.

MEMO

G

Situation: You will hear part of a lecture on economics.

Figure 1

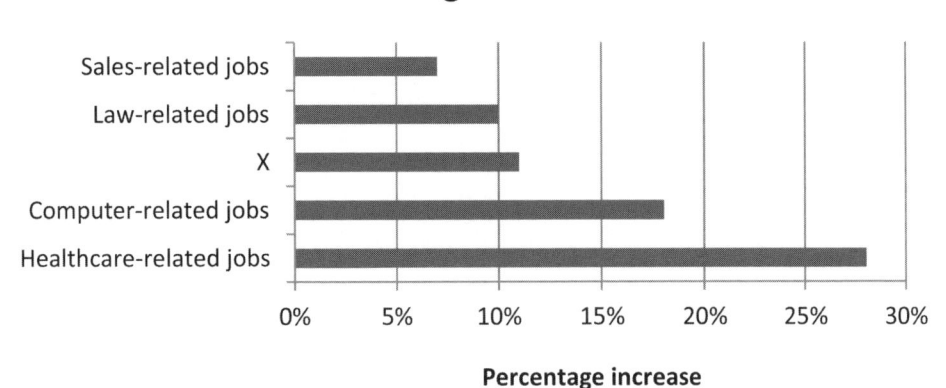

Sales-related jobs	~7%
Law-related jobs	~10%
X	~11%
Computer-related jobs	~18%
Healthcare-related jobs	~28%

Percentage increase

No. 47 What is the lecture mainly about?

  1 The most competitive job fields.
  2 A comparison of salaries in different industries.
  3 Job popularity rankings.
  4 Future job growth in different industries.

No. 48 What does the speaker say about jobs in healthcare?

  1 Their availability is affected by the aging population.
  2 The government regulates them strictly.
  3 The figures given may not be reliable.
  4 They are popular with young professionals.

No. 49 Please look at the graph. Which of the following is represented by the letter X?

  1 Farming-related jobs.
  2 Education-related jobs.
  3 Transportation-related jobs.
  4 Food-related jobs.

No. 50 What does the speaker say about sales positions?

  1 They pay low wages overall.
  2 Workers do not stay in them for long.
  3 They are quickly influenced by a poor economy.
  4 Workers from many sectors are attracted to them.

TEAP見本問題② / TEAP Sample Test ②

Writing

ライティングテスト（70分）

Task A（1問） 118
Task B（1問） 120

タスクごとの時間設定はありません。

Task A

Your teacher has asked you to read the following passage and summarize what the writer says about electronic books. Your summary should be one paragraph of about 70 words.

There are many different kinds of books. Some books give factual information about various topics, such as history or nature. Other books tell interesting stories that are fun to read and help people to relax. Traditionally, people have read books printed on paper. But this situation has started to change. Nowadays, more and more people read electronic books on e-book readers.

There are several reasons people prefer electronic books. John Wallace, for example, likes to travel. In the past, he could only take one or two books in his bag when he went on trips, as books are heavy and take up space. Now, he can take many electronic books in one e-book reader. There is another reason electronic books are popular. Many people don't have enough free time to go to bookstores. Even if they buy books online, they have to wait for them to be delivered. Electronic books can be downloaded from the Internet, which only takes a few seconds.

However, electronic books also have some disadvantages. Carol Brock used to read electronic books, but then she dropped her e-book reader and it stopped working. Even though she had bought lots of electronic books, she couldn't read them. Now, she reads paper books again. Also, some people use a pen or pencil to underline key words or sentences in a text. Jim Field is studying English literature at university. He often makes handwritten notes in his books while he reads. He wouldn't be able to do this with electronic books.

There are advantages and disadvantages for both kinds of book. People should decide for themselves which kind is better for them.

You may use the space below for notes or planning.

Task B

Your teacher has asked you to write an essay for class using the information below. Describe the situation concerning art classes at schools in Greenhill and summarize the main points about the solutions that have been suggested. In your conclusion, say which of the solutions you think would work the best based on the reasons given. You should write about 200 words.

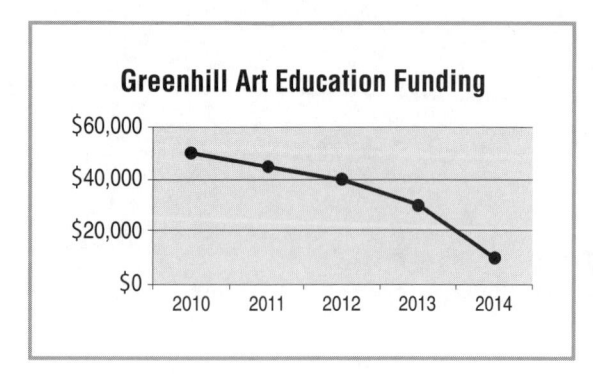

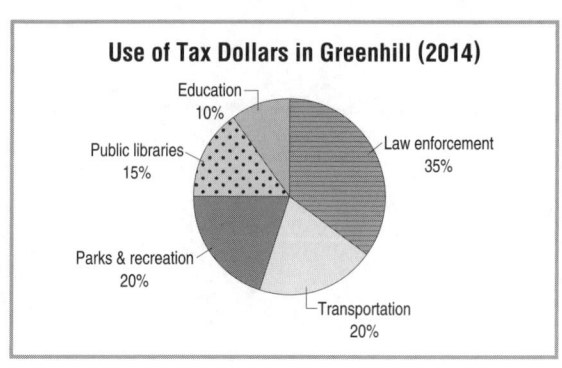

Greenhill Art Education Funding

(Line graph showing funding declining from $50,000 in 2010 to about $10,000 in 2014)

Use of Tax Dollars in Greenhill (2014)

- Education 10%
- Public libraries 15%
- Law enforcement 35%
- Parks & recreation 20%
- Transportation 20%

GREENHILL DAILY NEWS

At a recent school-board meeting, Mary Jones, Chairperson of Greenhill High School PTA, spoke about a current problem at the school. She explained that art education was important for students and that there were many ways to make the arts program a success. "Students must have access to a broad education, including art education," she said.

Specifically, Jones suggested that local businesses donate materials for art classes. She went on to explain that this would not even cost businesses much. "In fact," she said, "many of the things we could use in class, businesses simply throw away. Cardboard boxes and packing material, for example, are useful for all kinds of projects."

Jones also suggested approaching people in the local community who are artistic or have experience in the art world. She said that she had already spoken to Charles Anderson, a well-known local sculptor. Anderson is willing to visit the school and talk to the students about his work for free. "If we can't afford to pay art teachers," Jones said, "why not make use of people like Charles instead?"

The school board will consider these suggestions and report back at a future meeting.

LETTER TO THE EDITOR

Dear Editor,

My name is Frank Smith, and I am the director of the Greenhill Arts Council. I would like to suggest a number of ways to address the current problem at Greenhill schools. Most importantly, the local government needs to reconsider how our tax money is used. Greenhill has many needs, and of course it is necessary to maintain roads and take care of parks. However, education is our most important investment, so we should make sure that educational programs, including art classes, are properly funded. Then we can think about how to pay for other programs in the city.

In addition, we can invite local artists to get involved. They could volunteer to teach art classes at schools. This would give students the opportunity to meet people who have made art their career. I am sure that the artists would also enjoy the chance to share their talents with young people. As members of this community, we should not just complain about the way things are, we should take direct action to try and improve education for our youth.

Best regards,
Frank Smith

You may use the space below for notes or planning.

TEAP見本問題② / TEAP Sample Test ②

Speaking

スピーキングテスト（約10分）

Part 1（1問） ································· 124

Part 2（1問） ································· 125

Part 3（1問） ································· 126

Part 4（1問） ································· 127

問題に取り組むにはCDの音声をご利用ください。受験者が答える部分はポーズ（無音）になっていますので，実際に声に出して回答してください。

Part 1 受験者に関する質問

受験者自身についていくつか質問されます。

Track 64

Questions:

- Do you like to read books?
- When you were a junior high school student, did you do any volunteer activities?
- In the future, would you like to live in the city or in the countryside?

※実際の質問は口頭でしか行われません。

Part 2 受験者が Examiner にインタビュー

「大学の教授にインタビューをする」という設定で、受験者がトピックカードの内容に沿って Examiner に質問します。
受験者は 30 秒でインタビューの準備をします。

Track 65

トピックカード

> **Begin your interview with this sentence: "Hello, may I ask you some questions?"**
>
> Ask questions about:
> - **The number of classes he/she teaches in a week**
> - **The year he/she started teaching**
> - **The things he/she likes about his/her job**
> - **His/her most memorable experience as a professor**
> - *(If you have time, you may ask more questions.)*

Part 3　1つのテーマに沿ったスピーチ

トピックカードの内容について、自分の意見を約1分間述べます。

受験者は30秒でスピーチの準備をします。

🎧 Track 66

トピックカード

TOPIC

"There should be more security cameras in public places."

Do you agree with this statement? Why or why not?

Part 4 Q & A

Examiner からさまざま話題についていくつか質問されます。

Track 67

Questions:

- Should advertising for tobacco and alcohol products be banned?
- Are people these days too concerned about gaining material wealth?
- Should schools teach students more about the traditional culture of their country?
- Have people today forgotten the value of reading books?

※実際の質問は口頭でしか行われません。

TEAP リーディング・リスニングテスト解答用紙（A面） Test 1

注意事項
①解答にはHBの黒鉛筆（シャープペンシルも可）を使用し、解答を訂正する際には消しゴムで完全に消してください。
②黒鉛筆またはシャープペンシル以外の筆記具でのマークは、解答が無効となるので、注意してください。
③解答用紙は絶対に汚したり折り曲げたり、所定以外のところへの記入はしないでください。

マーク例

	良い例	悪い例
	●	○ ⊗ ◒

Reading Section

問題番号	1	2	3	4
(1)	①	②	③	④
(2)	①	②	③	④
(3)	①	②	③	④
(4)	①	②	③	④
(5)	①	②	③	④
(6)	①	②	③	④
(7)	①	②	③	④
(8)	①	②	③	④
(9)	①	②	③	④
(10)	①	②	③	④
(11)	①	②	③	④
(12)	①	②	③	④
(13)	①	②	③	④
(14)	①	②	③	④
(15)	①	②	③	④
(16)	①	②	③	④
(17)	①	②	③	④
(18)	①	②	③	④
(19)	①	②	③	④
(20)	①	②	③	④

Part 1: (1)–(20)

問題番号	1	2	3	4
(21)	①	②	③	④
(22)	①	②	③	④
(23)	①	②	③	④
(24)	①	②	③	④
(25)	①	②	③	④
(26)	①	②	③	④
(27)	①	②	③	④
(28)	①	②	③	④
(29)	①	②	③	④
(30)	①	②	③	④
(31)	①	②	③	④
(32)	①	②	③	④
(33)	①	②	③	④
(34)	①	②	③	④
(35)	①	②	③	④
(36)	①	②	③	④
(37)	①	②	③	④
(38)	①	②	③	④
(39)	①	②	③	④
(40)	①	②	③	④

Part 2A: (21)–(25)
Part 2B: (26)–(30)
Part 2C: (31)–(40)

問題番号	1	2	3	4
(41)	①	②	③	④
(42)	①	②	③	④
(43)	①	②	③	④
(44)	①	②	③	④
(45)	①	②	③	④
(46)	①	②	③	④
(47)	①	②	③	④
(48)	①	②	③	④
(49)	①	②	③	④
(50)	①	②	③	④
(51)	①	②	③	④
(52)	①	②	③	④
(53)	①	②	③	④
(54)	①	②	③	④
(55)	①	②	③	④
(56)	①	②	③	④
(57)	①	②	③	④
(58)	①	②	③	④
(59)	①	②	③	④
(60)	①	②	③	④

Part 3A: (41)–(53)
Part 3B: (54)–(60)

TEAP リーディング・リスニングテスト解答用紙 (B面)

Test 1

注意事項

① 解答にはHBの黒鉛筆（シャープペンシルも可）を使用し、解答を訂正する際には消しゴムで完全に消してください。
② 黒鉛筆またはシャープペンシル以外の筆記具でのマークは、解答が無効となるので、注意してください。
③ 解答用紙は絶対に汚したり折り曲げたり、所定以外のところへの記入はしないでください。

マーク例
良い例: ●
悪い例: ○ ⊗ ◐

Listening Section

問題番号	1	2	3	4
Part 1A				
No.1	①	②	③	④
No.2	①	②	③	④
No.3	①	②	③	④
No.4	①	②	③	④
No.5	①	②	③	④
No.6	①	②	③	④
No.7	①	②	③	④
No.8	①	②	③	④
No.9	①	②	③	④
No.10	①	②	③	④
No.11	①	②	③	④
No.12	①	②	③	④
Part 1B				
No.13	①	②	③	④
No.14	①	②	③	④
No.15	①	②	③	④
No.16	①	②	③	④
No.17	①	②	③	④
No.18	①	②	③	④
No.19	①	②	③	④
No.20	①	②	③	④

問題番号	1	2	3	4
Part 1C				
No.21	①	②	③	④
No.22	①	②	③	④
No.23	①	②	③	④
No.24	①	②	③	④
No.25	①	②	③	④

問題番号	1	2	3	4
Part 2A				
No.26	①	②	③	④
No.27	①	②	③	④
No.28	①	②	③	④
No.29	①	②	③	④
No.30	①	②	③	④
No.31	①	②	③	④
No.32	①	②	③	④
No.33	①	②	③	④
No.34	①	②	③	④

問題番号	1	2	3	4
Part 2B				
No.35	①	②	③	④
No.36	①	②	③	④
No.37	①	②	③	④
No.38	①	②	③	④
No.39	①	②	③	④
No.40	①	②	③	④
No.41	①	②	③	④
No.42	①	②	③	④
No.43	①	②	③	④
No.44	①	②	③	④
No.45	①	②	③	④
No.46	①	②	③	④
No.47	①	②	③	④
No.48	①	②	③	④
No.49	①	②	③	④
No.50	①	②	③	④

TEAP ライティングテスト解答用紙（A面） Test 1

注意事項
① 解答にはHBの黒鉛筆（シャープペンシルも可）を使用し、解答を訂正する際には消しゴムで完全に消してください。
② 黒鉛筆またはシャープペンシル以外の筆記具でのマークは、解答が無効となるので、注意してください。
③ 解答用紙は絶対に汚したり折り曲げたり、所定以外のところへの記入はしないでください。

Task A

Write your summary for Task A in the space below.

・文字は、はっきり分かりやすく書いてください。
・太枠に囲まれた部分のみが採点の対象です。

TEAP リーディング・リスニングテスト解答用紙（A面） Test 2

注意事項
① 解答には HB の黒鉛筆（シャープペンシルも可）を使用し、解答を訂正する際には消しゴムで完全に消してください。
② 黒鉛筆またはシャープペンシル以外の筆記具でのマークは、解答が無効となるので、注意してください。
③ 解答用紙は絶対に汚したり折り曲げたり、所定以外のところへの記入はしないでください。

マーク例
良い例: ●
悪い例: ○ ⊗ ◐

Reading Section

問題番号		1	2	3	4
Part 1	(1)	①	②	③	④
	(2)	①	②	③	④
	(3)	①	②	③	④
	(4)	①	②	③	④
	(5)	①	②	③	④
	(6)	①	②	③	④
	(7)	①	②	③	④
	(8)	①	②	③	④
	(9)	①	②	③	④
	(10)	①	②	③	④
	(11)	①	②	③	④
	(12)	①	②	③	④
	(13)	①	②	③	④
	(14)	①	②	③	④
	(15)	①	②	③	④
	(16)	①	②	③	④
	(17)	①	②	③	④
	(18)	①	②	③	④
	(19)	①	②	③	④
	(20)	①	②	③	④

問題番号		1	2	3	4
Part 2A	(21)	①	②	③	④
	(22)	①	②	③	④
	(23)	①	②	③	④
	(24)	①	②	③	④
	(25)	①	②	③	④
Part 2B	(26)	①	②	③	④
	(27)	①	②	③	④
	(28)	①	②	③	④
	(29)	①	②	③	④
	(30)	①	②	③	④
	(31)	①	②	③	④
	(32)	①	②	③	④
	(33)	①	②	③	④
	(34)	①	②	③	④
Part 2C	(35)	①	②	③	④
	(36)	①	②	③	④
	(37)	①	②	③	④
	(38)	①	②	③	④
	(39)	①	②	③	④
	(40)	①	②	③	④

問題番号		1	2	3	4
Part 3A	(41)	①	②	③	④
	(42)	①	②	③	④
	(43)	①	②	③	④
	(44)	①	②	③	④
	(45)	①	②	③	④
	(46)	①	②	③	④
	(47)	①	②	③	④
	(48)	①	②	③	④
	(49)	①	②	③	④
	(50)	①	②	③	④
	(51)	①	②	③	④
	(52)	①	②	③	④
	(53)	①	②	③	④
Part 3B	(54)	①	②	③	④
	(55)	①	②	③	④
	(56)	①	②	③	④
	(57)	①	②	③	④
	(58)	①	②	③	④
	(59)	①	②	③	④
	(60)	①	②	③	④

TEAP リーディング・リスニングテスト解答用紙（B面）

Test 2

注意事項

①解答にはHBの黒鉛筆（シャープペンシルも可）を使用し、解答を訂正する際には消しゴムで完全に消してください。
②黒鉛筆またはシャープペンシル以外の筆記具でのマークは、解答が無効となるので、注意してください。
③解答用紙は絶対に汚したり折り曲げたり、所定以外のところへの記入はしないでください。

マーク例
良い例: ●
悪い例: ○ ⊗

Listening Section

問題番号		1	2	3	4
Part 1A	No.1	①	②	③	④
	No.2	①	②	③	④
	No.3	①	②	③	④
	No.4	①	②	③	④
	No.5	①	②	③	④
	No.6	①	②	③	④
	No.7	①	②	③	④
	No.8	①	②	③	④
	No.9	①	②	③	④
	No.10	①	②	③	④
	No.11	①	②	③	④
	No.12	①	②	③	④
Part 1B	No.13	①	②	③	④
	No.14	①	②	③	④
	No.15	①	②	③	④
	No.16	①	②	③	④
	No.17	①	②	③	④
	No.18	①	②	③	④
	No.19	①	②	③	④
	No.20	①	②	③	④

問題番号		1	2	3	4
Part 1C	No.21	①	②	③	④
	No.22	①	②	③	④
	No.23	①	②	③	④
	No.24	①	②	③	④
	No.25	①	②	③	④

問題番号		1	2	3	4
Part 2A	No.26	①	②	③	④
	No.27	①	②	③	④
	No.28	①	②	③	④
	No.29	①	②	③	④
	No.30	①	②	③	④
	No.31	①	②	③	④
	No.32	①	②	③	④
	No.33	①	②	③	④
	No.34	①	②	③	④

問題番号		1	2	3	4
Part 2B	No.35	①	②	③	④
	No.36	①	②	③	④
	No.37	①	②	③	④
	No.38	①	②	③	④
	No.39	①	②	③	④
	No.40	①	②	③	④
	No.41	①	②	③	④
	No.42	①	②	③	④
	No.43	①	②	③	④
	No.44	①	②	③	④
	No.45	①	②	③	④
	No.46	①	②	③	④
	No.47	①	②	③	④
	No.48	①	②	③	④
	No.49	①	②	③	④
	No.50	①	②	③	④

TEAP ライティングテスト解答用紙（A面） Test 2

注意事項
① 解答にはHBの黒鉛筆（シャープペンシルも可）を使用し、解答を訂正する際には消しゴムで完全に消してください。
② 黒鉛筆またはシャープペンシル以外の筆記具でのマークは、解答が無効となるので、注意してください。
③ 解答用紙は絶対に汚したり折り曲げたり、所定以外のところへの記入はしないでください。

Task A Write your summary for Task A in the space below.

- 文字は、はっきり分かりやすく書いてください。
- 太枠に囲まれた部分のみが採点の対象です。

大学入試合格のための
TEAP
ティープ
実践問題集

別冊
解答・解説冊子

TEAP 見本問題1　解答・解説 …………………………… p.1
TEAP 見本問題2　解答・解説 …………………………… p.59
Reading・Listening スコア換算 …………………… p.121
Writing・Speaking 評価基準 ……………………… p.122

旺文社

TEAP見本問題① / TEAP Sample Test ①

解答・解説

Reading ········· 2   Writing ········· 53
Listening ········· 26   Speaking ········· 56

解答一覧

Reading						Listening									
(1)	2	(16)	1	(31)	2	(46)	4	No. 1	3	No. 16	2	No. 31	2	No. 46	2
(2)	3	(17)	3	(32)	2	(47)	3	No. 2	2	No. 17	2	No. 32	4	No. 47	1
(3)	3	(18)	3	(33)	1	(48)	2	No. 3	4	No. 18	2	No. 33	3	No. 48	3
(4)	4	(19)	1	(34)	4	(49)	3	No. 4	2	No. 19	1	No. 34	4	No. 49	4
(5)	2	(20)	3	(35)	1	(50)	4	No. 5	2	No. 20	4	No. 35	4	No. 50	4
(6)	2	(21)	1	(36)	2	(51)	2	No. 6	3	No. 21	1	No. 36	3		
(7)	3	(22)	4	(37)	2	(52)	4	No. 7	1	No. 22	3	No. 37	1		
(8)	2	(23)	2	(38)	3	(53)	1	No. 8	2	No. 23	4	No. 38	2		
(9)	4	(24)	1	(39)	4	(54)	2	No. 9	1	No. 24	3	No. 39	2		
(10)	3	(25)	3	(40)	3	(55)	4	No. 10	1	No. 25	4	No. 40	1		
(11)	4	(26)	1	(41)	3	(56)	2	No. 11	1	No. 26	2	No. 41	1		
(12)	4	(27)	2	(42)	4	(57)	2	No. 12	1	No. 27	1	No. 42	4		
(13)	3	(28)	4	(43)	2	(58)	3	No. 13	1	No. 28	3	No. 43	1		
(14)	2	(29)	4	(44)	1	(59)	4	No. 14	2	No. 29	1	No. 44	3		
(15)	1	(30)	3	(45)	4	(60)	4	No. 15	3	No. 30	2	No. 45	1		

Reading 正答数： ／60   Listening 正答数： ／50

ライティング・スピーキングは，解説ページの「解答例」および「対話例」を参照してください（どちらの試験の解答も B2 レベルを想定しています）。また，122 ページの評価基準も参考にしてください。

スコア換算表は 121 ページ ⇒

Reading Part 1

(1) 正解：2

問題の訳
300を超える歴史の小論文に成績をつけてから，マーティン教授は**ひどい**頭痛がしたので薬を買いにドラッグストアに行った。

1 広い　　2 ひどい　　3 固い　　4 穏やかな

解説
空所には，名詞の headache「頭痛」を修飾する形容詞が入ります。headache と結び付く形容詞は「厳しい」という意味の severe で，severe headache は「ひどい頭痛」という意味になります。

Vocabulary
- grade 動 ~に成績をつける
- essay 名 小論文
- professor 名 教授

(2) 正解：3

問題の訳
環境科学者の間では地球温暖化に取り組む最善策に関する議論が**続いている**。さまざまなアプローチにはそれぞれ長所と短所があるようだ。

1 絶対的な　　2 頭上の　　3 継続している　　4 突然の

解説
空所には，名詞の debate「議論」を修飾する形容詞が入ります。2文目にそれぞれの異なったアプローチに pros and cons「賛成と反対」があると述べていることから，ongoing「継続中の」という意味の形容詞が入ることが分かります。

Vocabulary
- debate 名 議論
- fight 動 ~と闘う，~に取り組む
- approach 名 取り組み方，アプローチ
- pros and cons 賛成と反対

(3) 正解：3

問題の訳
海外旅行の費用は近年で急騰した。**それにもかかわらず**，海外を行き先に選ぶ旅行者数には変化が見られない。

1 その上　　2 その結果　　3 それにもかかわらず　　4 同様に

解説
最初の文と次の文の論理的な関係性を問う問題です。ここでは，最初の文では，「海外旅行費用の増加」が書かれており，次の文では，「海外を行き先に選ぶ旅行者数は安定している」と書かれているため，この2つの文の関係は，逆接の関係であることが分かります。Nonetheless「それにもかかわらず」を選びましょう。

Vocabulary
- sharply 副 急激に
- destination 名 行き先
- remain 動 ~のままである
- steady 形 一定した，変わることのない

(4) 正解：4

問題の訳
ロバーツ教授は先週の月曜日，具合が悪かったので，歴史学部の大学院生に**代わり**に授業をすることを頼んだ。

1 面前　　2 半分　　3 舞台　　4 場所

解説
熟語の問題です。in ~'s place で，「~（人）の代わりに」という意味で用います。~'s の部分には，my や his などの代名詞の所有格の他，Tom's や the man's のような所有格に準じた語句を入れることができます。

Vocabulary
- graduate student 大学院生　＊undergraduate student　学部生　□ department 名学部

(5) 正解：2

問題の訳

卒業するクラスの学生たちは，卒業**を記念して**大学の正門脇に桜の木を植えた。

1（罪などを）犯す　　**2** 〜を記念する　　**3** 〜を交換する　　**4** 〜を埋め合わせる

解説

同じつづりから始まる動詞の問題です。ここでは，「卒業するクラスの学生たちは，卒業を（　　）するために桜の木を植えた」という内容ですから，commemorate「記念する」という動詞が入ることが分かります。

Vocabulary
- □ college 名大学，学寮，校舎　□ main gate 正門

(6) 正解：2

問題の訳

オンライン広告は，大学が学部や大学院のプログラムを宣伝するのに利用しているいくぶん新しい**媒体**である。

1 一部　　**2** 媒体　　**3** スローガン　　**4** エピソード

解説

名詞の語彙を問う問題です。空所の後ろの that は，関係代名詞として前の名詞を修飾しています。「オンライン上の広告は，大学が用いている（　　）だ」という関係であることが分かれば，medium「媒体」であることが分かります。

Vocabulary
- □ fairly 副 かなり，いくぶん　□ program 名プログラム，教育課程

(7) 正解：3

問題の訳

3人の生徒が新種のインフルエンザの症状を報告してくると，町内での**流行**を予防するためにその学校のすべての授業が休講になった。

1 誇張　　**2** 評価　　**3** 流行　　**4** 展示

解説

名詞の語彙を問う問題です。前半で influenza「インフルエンザ」について書かれていて，後半ではその結果として，「（　　）を避けるために，学校のすべての授業が休講になった」と書かれています。ここでは，epidemic「流行」が正解ということになります。

Vocabulary
- □ report 動 〜を報告する　□ symptom 名 症状　□ prevent 動 〜を防ぐ，予防する

(8) 正解：2

問題の訳

卒業式での講演者は興味を引き示唆に富んだ話をたくさんしてから，卒業生たちが人生のあらゆる分野で成功を収められるように激励して話**を終えた**。

1 〜を編集した　　**2** 〜を終えた　　**3** 〜を分析した　　**4** 〜を決定した

解説

動詞の意味を問う語彙の問題です。文頭の分詞構文 Having made ... points や主語の the graduation speaker から，卒業式で来賓がスピーチをしたことが分かります。ここでは，concluded「（話を）結んだ」という動詞が適切です。

Vocabulary
- [ ] entertaining 形 面白い　　[ ] thought-provoking 形 示唆に富む　　＊動 provoke ～を引き起こす，誘発する
- [ ] encourage ～ to ... ～が…するよう励ます

(9) 正解：4

問題の訳
ストラッドフォード大学は来年，科学実験室の新しい設備に 10 万ドル**を投資する**予定である。
1 ～を進める　　2 ～を思い出す　　3 ～を設立する　　**4 ～を投資する**

解説
動詞の意味を問う語彙の問題です。invest は「（お金などを）投資する」という意味で用いる動詞ですが，invest ～ in ...「～を…に投資する」という形で使うことも覚えておきましょう。

Vocabulary
- [ ] equipment 名 設備，備品　　[ ] laboratory 名 実験室

(10) 正解：3

問題の訳
昨今，大学にかかる費用がますます高くなったため，夏期休暇の間働く多くの学生はそれでも**授業料**を支払うのに十分なお金を貯めることができない。
1 手当　　2 評判　　**3 授業料**　　4 自信

解説
名詞の意味を問う語彙の問題です。文中にある high cost of college「大学の高額な費用」や，空所のすぐ前にある pay for ～「～に対する支払いをする」から，空所に入るのは tuition「授業料」であることが分かります。

Vocabulary
- [ ] due to ～ ～が原因で

(11) 正解：4

問題の訳
学生たちは講師にフランス語の能力を**評価された**後，それぞれのレベルに最も適したクラスに振り分けられる。
1 追い出される　　2 仕上げられる　　3 発生させられる　　**4 評価される**

解説
動詞の意味を問う語彙の問題です。後半の students will be ... level で「学生たちは，それぞれのレベルに最も適したクラスに振り分けられる」とあるので，講師による評価が行われることが分かります。assess「評価する」が正解です。

Vocabulary
- [ ] instructor 名 指導員，大学などでの講師　　[ ] place 動 ～を配置する　　[ ] suitable 形 適した

(12) 正解：4

問題の訳
ウォーカー教授の講義には予想を超える学生が登録したので，講義は**収容人数**がもっと多い教室に移った。
1 密度　　2 程度　　3 高度　　**4 収容人数**

解説
名詞の意味を問う語彙の問題です。前半に「予想を超える学生が登録した」ことが書かれていることから，より収容能力の高い教室に移動になったことが分かります。capacity は，「（部屋などの）収容能力」という意味を持っています。

Vocabulary
- [ ] sign up for ～ （講義登録など）の届けを出す　　[ ] more ～ than expected 予想を超えた～　　[ ] lecture 名 講義

(13) 正解：3

問題の訳
1学期に5講座を超えて登録する学生は特別**許可**を得なければなりません。申込用紙は学業相談課で入手可能です。

1 反論　　**2** 重要性　　**3** 許可　　**4** 解決

解説
名詞の意味を問う語彙の問題です。第1文で「5講座を超えて登録する学生は特別（　　）を得なければなりません」と述べています。第2文に，そのための application forms「申込用紙」がある場所が書かれています。そこから permission「許可」という意味の名詞を選びましょう。

Vocabulary
□ register for ～　～に登録する　□ semester 名 学期　□ application form 申込用紙　□ available 形 入手できる

(14) 正解：2

問題の訳
今日，天気予報は技術の進歩や気象パターンを把握する能力の向上のおかげで，以前よりも**正確**である。

1 皮肉な　　**2** 正確な　　**3** 寛大な　　**4** 欠点のある

解説
形容詞の意味を問う語彙の問題です。後半の due to 以下の部分で，「技術の進歩や気象のパターンを把握する能力の向上のおかげで」と書かれているので，accurate「正確な」が正解になることが分かります。

Vocabulary
□ understanding 名 理解，認識　□ pattern 名 様式，パターン

(15) 正解：1

問題の訳
指導教官はその学生に，専攻の選択は将来のキャリアに影響を及ぼす**重大な**決断だと言った。

1 重大な　　**2** 現実離れした　　**3** 使い捨ての　　**4** 持ち運びできる

解説
形容詞の意味を問う語彙の問題です。空所を含む箇所は「専攻の選択は将来のキャリアに影響を及ぼす（　　）決断」という意味のまとまりになるので，crucial「重大な」が入ることが分かります。

Vocabulary
□ academic advisor 指導教官　□ major 名 専攻　□ affect 動 ～に影響を及ぼす　□ future 形 将来の
□ career 名 職業，経歴，キャリア

(16) 正解：1

問題の訳
1週間にわたる実験室内での安全についての講座を受けていない学生は，化学実験室での作業を**禁ずる**。

1 禁じられる　　**2** 由来する　　**3** 孤立している　　**4** 引き出される

解説
動詞の意味を問う語彙の問題です。be prohibited from ～ing で「～することを禁じられる」という意味になります。3は実験室から隔離されていることになるので，不自然。動詞がどのような前置詞とともに使われるのかという知識も大切です。

Vocabulary
□ take a course in ～　～の講座を履修する

(17) 正解：3

問題の訳
教授は「この授業では出席が必要ですが，それはただ**姿を見せること**を意味しているのではありません。みなさんには討論に参加することを期待しています」と言った。

1 電話を切ること   **2** 持ちこたえること   **3** 現れること   **4** 手を伸ばすこと

> [解説]
> 熟語の知識を問う問題です。教授は「みなさんには討論に参加することを期待しています」と言っていますから、単に教室に姿を見せるだけではだめということ。show up「現れる」という意味を持つ熟語が適切です。

> **Vocabulary**
> ☐ attendance 图 出席　☐ be required for ~ ~に必須である　☐ expect ~ to ... ~が…することを期待する
> ☐ participate in ~ ~に参加する，加わる

(18) 正解：3

> [問題の訳]
> ミラノでの交換留学プログラムでは，最初の数週間はイタリア語でのコミュニケーションに苦労した学生もいた。彼らは言いたいこと**を伝える**ために度々身振りを使わなければならなかった。
> **1** ~を解消する   **2** ~より遅れる   **3** ~を理解させる   **4** ~を踏む

> [解説]
> 熟語の知識を問う問題です。第1文の「イタリア語でのコミュニケーションに苦労した学生もいた」という箇所から，言いたいことを伝えるためにジェスチャーを使わざるを得なかったことが分かります。

> **Vocabulary**
> ☐ exchange program 交換留学プログラム　☐ have difficulty (in) ~ing ~することが難しい

(19) 正解：1

> [問題の訳]
> オンラインで授業に登録するためには，大学のウェブサイト上にアカウント**を設定する**必要があります。
> **1** ~を設定する   **2** ~を取り上げる   **3** ~を提出する   **4** ~を提出する

> [解説]
> 熟語の知識を問う問題です。In order to register ... online で「オンライン上で登録するために」とあり，空所の後ろには，an account「アカウント」があるため，「~を設立する」という意味の set up が入ることが分かります。**3** と **4** はどちらも他動詞で「~を提出する，手渡す」という意味です。

> **Vocabulary**
> ☐ in order to ~ ~するために

(20) 正解：3

> [問題の訳]
> スピーチコンテストで，学生たちはスピーチを2分以内に収めるようにと言われた。制限時間をオーバーすると途中で**やめさせられる**ことになる。
> **1** ~を分裂させられる   **2** ~を壊される
> **3** ~をやめさせられる   **4** ~を調べられる

> [解説]
> 熟語の知識を問う問題です。学生は2分以内のスピーチを求められたわけですから，制限時間を超えると「やめさせられる」と考えるのが自然です。

> **Vocabulary**
> ☐ limit ~ to ... ~を…まで制限する

Reading Part 2A

(21) 正解：1

**アメリカ産キャノーラ油年間生産量と価格
1991-2010**

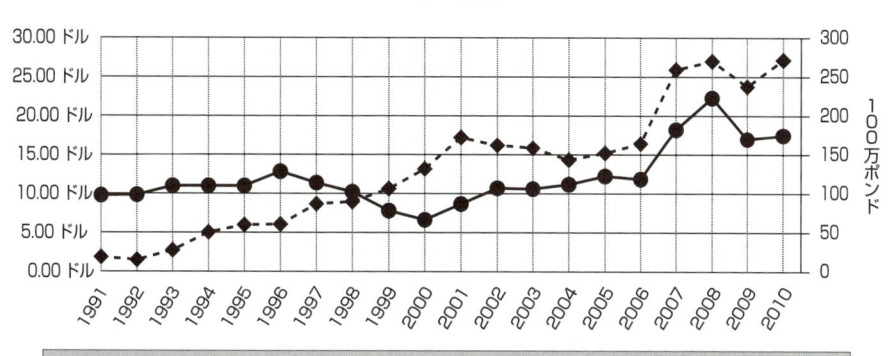

(グラフ: ●—100ポンド当たりのキャノーラ油価格（単位：米ドル）　◆---キャノーラ油生産量（単位：ポンド）)

問題の訳
あなたはキャノーラ油のようなクリーンエネルギー源の市場動向について勉強しています。上のグラフにより最も裏付けられる記述は次のどれですか。
1 キャノーラ油の需要は1990年代後半に減少し，その結果価格が下落した。
2 キャノーラ油の需要は2009年にピークに達し，その後は価格も生産量も下落した。
3 キャノーラ油の市場はずっと安定していて，価格も生産量も着実に上昇している。
4 キャノーラ油の市場は1990年代以降概して低迷し，総生産量は減少している。

解説
1 canola oil の price「価格」に関する折れ線グラフを見ると，1990年代後半は価格は下落しています。その点から，需要も低下していると考えることができます。
2 canola oil の需要を考える場合には，price「価格」に関する折れ線グラフを確認するようにしましょう。価格が最も高くなっているのは，2009年ではなく，2008年であることが読み取れるため誤りです。
3 グラフからは，price「価格」においても production「生産」においても，下降をしている年もあることが分かります。
4 1990年代から canola oil の市場は弱体化しているという部分と，後半の production「生産」が減少しているという部分の両方とも誤りです。

Vocabulary
- ☐ production 名 生産　☐ per year 年ごとの　☐ pound 名 ポンド　☐ cwt 名 ハンドレッドウェイト（質量の単位）
- ☐ market 名 市場　☐ trend 名 動向，傾向　☐ source 名 源　☐ demand 名 需要　☐ drop 名 下落
- ☐ peak 動 最も高くなる　☐ consistent 形 変わらない　☐ generally 副 概して　☐ weaken 動 弱まる
- ☐ overall 形 総合の

(22) 正解：4

ミルトン公園来園者によるアクティビティ

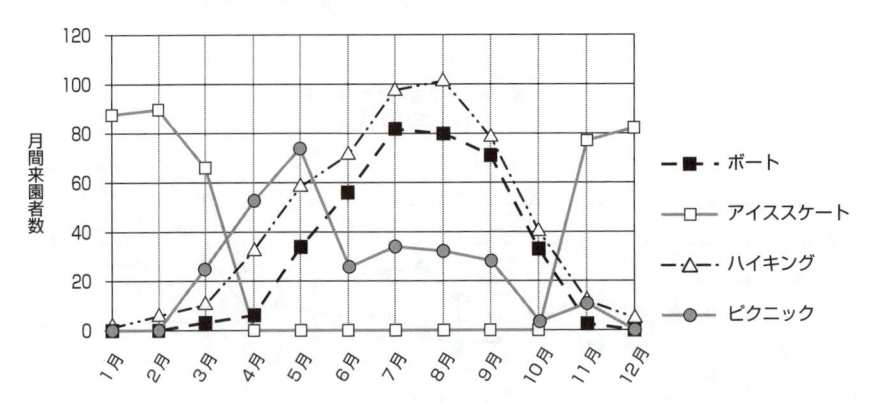

（グラフ：月間来園者数、1月〜12月、ボート・アイススケート・ハイキング・ピクニック）

[問題の訳] あなたは経済学の講義で公立公園のケーススタディを調査しています。上のグラフにより最も裏付けられる記述は次のどれですか。
1　6月と7月は強風のためにボートの使用が危険になった。
2　気温が高かったため，1月の来園者はアイススケートができなかった。
3　4月から7月の間，森の遊歩道はメンテナンスのため閉鎖されていた。
4　公園は6月からピクニック用宿泊施設に料金を課すことを始めた。

[解説]
1　Boating の折れ線グラフは，6月から7月にかけて利用者の数が上昇しています。したがって，強風があったと考えることは不自然です。
2　Ice skating の折れ線グラフでは，1月の利用者は年間でも2番目に多いので，アイススケートができなかったと考えるには不自然です。
3　Forest paths「森の遊歩道」とあるので，Hikingのグラフと照らし合わせましょう。Hikingの4月から7月は，利用者は増加の一途をたどっています。閉鎖されていたと考えるのは不自然です。
4　Picnicking の折れ線グラフを見て考えましょう。5月から6月にかけて，急激に利用者の数が減っている理由として，began charging a fee「料金を請求し始めた」可能性を考えることができます。

Vocabulary
- economics 名 経済学　　review 動 〜を調査する，再検討する　　case study ケーススタディ，事例研究
- path 名 小道，遊歩道　　maintenance 名 メンテナンス，整備　　shelter 名 避難所，小屋，住居

(23) 正解：2

フード・チャリティー基金の配分

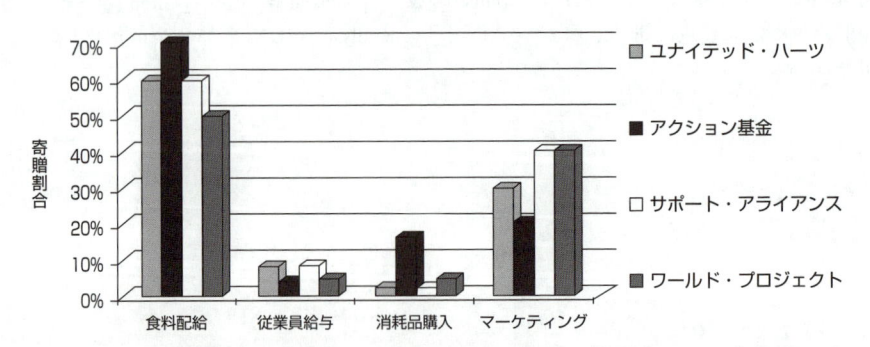

（棒グラフ：寄贈割合、食料配給・従業員給与・消耗品購入・マーケティング、ユナイテッド・ハーツ／アクション基金／サポート・アライアンス／ワールド・プロジェクト）

[問題の訳] 以下の雑誌の記事で，どれが最も内容を裏付ける証拠として上のグラフを記載していると思われますか。
1　行動する前に確認を：ボランティアに隠された費用。
2　問われるチャリティー：一体お金の行方は？
3　国際機関に求める予算戦略。

4 チャリティー団体の調査により明らかになった多様な従業員給与。

解説

1 グラフは費用ではなく，基金の配分を表しています。Look Before You Leap. は「転ばぬ先の杖」という意味のことわざです。
2 さまざまな団体のさまざまな寄付金の用途が示されているグラフであることを読み取ることができれば，正解であることが分かります。
3 グラフの United Hearts や Action Foundation が，International Organization「国際的な組織」であることは読み取れません。
4 従業員の給料の大きな格差を示した内容であることは，このグラフから読み取ることはできません。

Vocabulary
- distribution 名 配分，分布　□ charity 名 慈善事業，チャリティー　□ fund 名 基金　□ donation 名 寄贈，寄付
- employee 名 従業員　□ supply 名（通例～plies）消耗品，必需品　□ marketing 名 マーケティング
- article 名 記事　□ evidence 名 証拠　□ Look before you leap. 転ばぬ先の杖　＊動 leap 跳ぶ，素早く行動する
- in question 問題の，疑わしい　□ budget 名 予算　□ strategy 名 戦略　□ organization 名 団体
- survey 名 調査　□ reveal 動 ～を明らかにする　□ variation 名 差異，変動　□ salary 名 給料

(24) 正解：1

ミドルトンでのインターネットアクセス

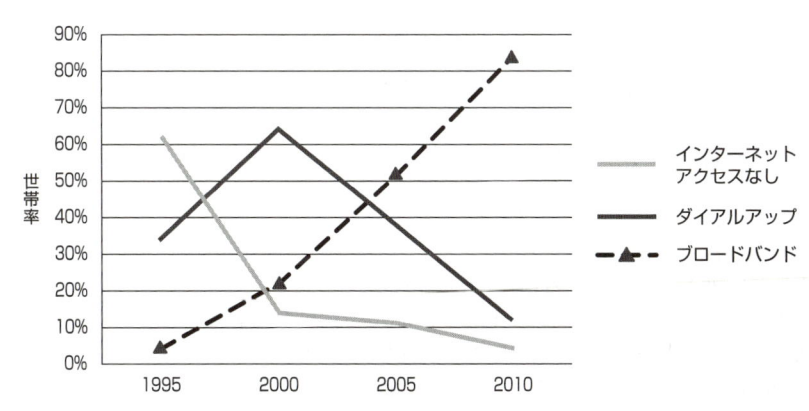

（グラフ：縦軸 世帯率 0%～90%，横軸 1995～2010，凡例：インターネットアクセスなし／ダイアルアップ／ブロードバンド）

問題の訳

あなたは先生から，あなたのレポートが上のグラフにある情報で裏付けられないため記述を修正するようにと言われました。どの記述を修正する必要がありますか。
 1 インターネットは 2005 年までは多くの世帯でアクセス不能だった。
 2 インターネットのダイアルアップ接続利用は 2000 年から 2005 年の間に急速に減少した。
 3 ブロードバンドによるインターネット接続利用は 1990 年代半ばから着実に増加した。
 4 インターネットアクセスが可能な人の数は 1995 年以降急速に増加した。

解説

1 インターネットのアクセスがほとんどの家庭でできなかった時期は，No Internet access の折れ線グラフから 1995 年以前であることが分かります。この記述を修正しなければなりません。
2 Dial-up の折れ線グラフから，2000 年から 2005 年の間に急激な低下があります。
3 Broadband の折れ線グラフから，1995 年からの着実な上昇があります。
4 No Internet access の折れ線グラフから，1995 年以降インターネットにアクセスできる人の数が急速に増加したことが分かります。

Vocabulary
- household 名 世帯，所帯　□ revise 動 ～を修正する，校訂する　□ decline 動 下がる，減る　□ mid- ～の中間

(25) 正解：3

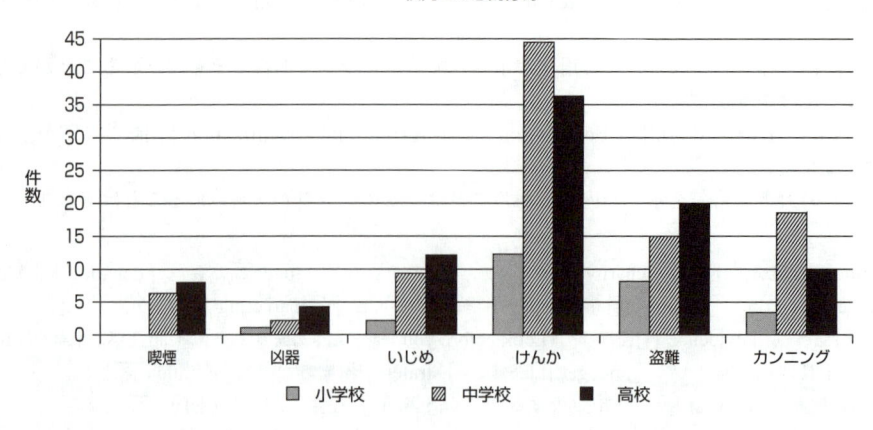

校内での懲罰行為

（グラフ：縦軸「件数」0～45、横軸の項目：喫煙、凶器、いじめ、けんか、盗難、カンニング。凡例：小学校、中学校、高校）

問題の訳
ウィンストン市の学校当局は学校内における懲罰行為数の抑制に取り組んでいます。上のグラフに基づくと、中学校ではどの方策が最も効果があるでしょうか。
1 喫煙による健康上の害について生徒に知らせる努力をさらに重ねる。
2 学習法や試験対策に関するワークショップを開く。
3 争い事を穏やかに解決する方法を指導する。
4 校内への電子機器や携帯電話のような貴重品の持ち込みを禁止する。

解説
Junior High School の部分に着目しながら，それぞれの項目の中で一番多い出来事に対して対策を取る必要があります。
1 Smoking は中学校では，5件を少し超える件数です。
2 exam-taking strategies「試験の戦略」とあることから，グラフの Cheating「カンニング」の部分に着目しましょう。中学校は20件を少し下回る件数です。
3 conflicts「衝突」とあるので，グラフの Fighting「けんか」の部分に着目しましょう。中学校は，45件を少し下回る件数です。これは件数として最大なので，最も対策の効果が期待できます。
4 Banning valuable items とあるので，グラフの Stealing「盗難」に着目しましょう。中学校は15件です。

Vocabulary
- disciplinary action 懲罰行為
- incident 名 事件
- bullying 名 いじめ ＊動 bully ～をいじめる
- cheat 動 カンニングをする
- officials 名 当局
- based on ～ ～に基づいて
- make (an) effort 努力をする
- risk 名 危険，恐れ
- workshop 名 ワークショップ，講習会
- skill 名 技術，能力
- resolve 動 ～を解決する
- conflict 名 争い，衝突
- ban 動 ～を禁止する
- valuable 形 貴重な，高価な

Reading Part 2B

(26) 正解：1

英文の訳

宛先：メリッサ・バンクス
送信者：ケリー・ネルソン
日付：2月22日
件名：Re：専攻の変更

メリッサへ

専攻を歴史学に変更する旨のEメールを受け取りました。これで私とも歴史学部の指導教官とも話が済んだので，書類の手続きを進めてください。

まず，教務課で履修変更届を入手してください。そこに経済学部長と新しい学部長のサインをもらってください。それ

から最終承認のためそれを私のところに持ってきてください。

敬具
ケリー・ネルソン
指導教官

問題の訳

メリッサが専攻の変更をするためにしなければならないことの1つは何ですか。
1 必要なサインをもらってからケリー・ネルソンに会いに行く。
2 履修変更届を前の学部から入手する。
3 記入済みの履修変更届を教務課に持って行く。
4 歴史学部の指導教官にEメールを送る。

解説

1 Eメールの最終文の Then bring it to me for ... の部分が該当箇所になります。ここでの me はこの文章を作成した人物、つまり、Kelly Nelson だと分かります。
2 from her former department が誤りです。本文2つ目のパラグラフの最初の文で、from the Registrar's Office と書かれています。
3 to the Registrar's Office が誤りです。完成した書類は、最終的に、Kelly Nelson に持って行く必要があります。
4 the academic advisor at the history department にメールを送る必要性は、本文の中に書かれていません。したがって、誤りとなります。

Vocabulary
- go ahead with ～ ～を進める
- paperwork 名 書類の手続き
- obtain 動 ～を入手する
- curriculum 名 教育課程，履修課程
- Registrar's Office 教務課
- head 名 学部長
- approval 名 承認
- necessary 形 必要な
- signature 名 署名
- former 形 以前の，元の
- completed 形 記入済みの

(27) 正解：2

英文の訳

シンクレア大学はみなさんからのご意見を求めています。新しいオンラインシステムを用いて最近履修登録を行った学生のみなさんに、短い5分ほどのアンケートにお答えいただきたいと思います。お答えいただいた方は全員、大学の書店で使える100ドルの図書券が当たる抽選に自動的にエントリーされます。アンケートは1月31日までお答えいただけます。

URL:http://www.sinclair.edu/v2/feedback

問題の訳

このアンケートが対象とした学生は
1 大学の授業料をオンラインで払った者。
2 新しいシステムで履修登録をした者。
3 大学の書店で書籍を購入した者。
4 シンクレア大学にオンラインで出願した者。

解説

1 大学の授業料をネット上で支払う学生ではありません。
2 本文の第2文目に、all students who have recently registered for classes using the new online system とあります。つまり、調査の対象は新しいオンラインシステムを用いて講座に登録した学生です。
3 第3文目に bookstore について述べられていますが、大学の書店で本を購入した学生が調査の対象になるとは書かれていません。したがって、誤りです。
4 Sinclair University にオンライン上で申し込んだ学生が調査の対象になるのではありません。第2文目に、new online system を用いて履修登録した学生が対象になると書かれています。したがって、誤りです。

Vocabulary
- invite ～ to ... ～に…するようお願いする
- survey 名 アンケート調査
- participant 名 参加者
- automatically 副 自動的に
- win 動 ～に当選する
- gift certificate 商品券
- be designed for ～ ～のために企画［設定］されている
- purchase 動 ～を購入する
- apply to ～ ～に出願する

(28) 正解：4

英文の訳

ストレスですか。私たちがお手伝いできます！

心理学部の研究チームはストレスが学生に与える影響に関する研究データを集めています。1時間いただければ，大学でのストレスレベルを検査できる十分なデータが得られます。これは学生が対処するにはどんな方策が有効なのかを判断するのに役立ちます。

ボランティアのみなさんへのお礼に，2日間の「ストレス克服のためのワークショップ」を無料で開催します。

申し込みや詳細のお問い合わせは，beatstress@psych.com までEメールを送ってください。

問題の訳

研究への参加者はどのような恩恵を受けることができますか。
1 大学で将来研究するための授業選択の補助。　2 心理学部の単位。
3 カウンセラーとの個別セラピー。　4 ストレス管理のワークショップへの無料参加。

解説

1 choosing courses for future studies「将来の研究のための授業を選ぶ」という部分が本文の内容と合致しません。
2 University credit「大学の単位」が本文の内容と合致しません。
3 A private therapy「個人的な治療」や a counselor「カウンセラー」については述べられていません。
4 本文の To thank volunteers, we ... free of charge. の文に合致します。free of charge は「無料で」という意味の熟語です。

Vocabulary
☐ research 名 研究　☐ psychology 名 心理学　☐ examine 動 〜を検査する
☐ determine 動 〜を突き止める，確定する　☐ resource 名 方策，手段　☐ cope 動 切り抜ける，耐える
☐ benefit 名 恩恵，利益　☐ credit 名 単位　☐ admission 名 入場，入会

(29) 正解：4

英文の訳

宛先：rainbow@shingo.jp
送信者：パット・マーティン <pmartin@ucl.edu>
日付：10月9日 月曜日
件名：CHEM-380A

ミホへ

私の化学380の授業へ学生を追加する件で学部から承認が下りました。あなたは順番待ちで一番でしたから，おめでとう，今でも希望しているようなら登録することができます。もうUCLのウェブサイトにある履修登録システムから科目（CHEM-380A）の追加が可能なはずです。何か問題があれば私に連絡してください。ないようなら月曜日に会いましょう。

P. マーティン

問題の訳

Eメールによると，ミホは
1 CHEM-380A の科目に合格した。　2 別のクラスに移動させられているところ。
3 月曜日に教授の研究室を訪れなければならない。　4 もうその講義に登録することができる。

解説

1 「CHEM-380A の科目に合格した」のではなく，登録の許可が下りたというのが本文の内容です。
2 クラスを移動するのではなく，追加をしているのが本文の内容です。
3 メールの最終文に Otherwise, I'll see you on Monday. とありますが，これは「問題がなければ（話し合う必要はないので）月曜日に（講義で）会いましょう」という意味であることが文脈より考えられます。研究室をわざわざ訪れなければいけないとは書かれていません。
4 本文2文目の you're able to enroll if you still wish to do so に合致します。

Vocabulary
- waiting list 順番待ち名簿，補欠名簿　□ enroll 動 登録する　□ otherwise 副 そうでなければ
- may 助 ～してもよい

(30) 正解：**3**

英文の訳

> トレド・ライティングセンター規約
> トレド・ライティングセンターの使命は，学生に学術的文章作成に関する助言を与えることです。指導員は文法的な問題を指摘し，文体に関する役立つ助言を与えます。しかし，当方の指導員が学生の課題を修正したり，広範囲の校正をしたりすることはありません。学生はその責任において自身の文章に変更を加えることになります。さらに，指導員は事実確認をいたしません。情報の確認は各学生の責任です。

問題の訳

センターの指導員は学生のために何ができますか。
1 基本的な文法に関する授業を行う。
2 課題の内容を修正する。
3 文章が上達するように提案する。
4 情報の正確さを確認する。

解説

1 指導員は「助言を与える」だけで，「基礎の授業・レッスン」をするわけではありません。
2 選択肢の edit「編集する」という部分が誤りです。本文の3文目の Our tutors do not, however, edit … の部分が根拠となります。
3 本文の2文目の provide helpful comments on writing style の部分に合致しています。
4 本文の最後から2文目に will not perform fact checking とあります。選択肢では check the accuracy「正確性をチェックする」と言い換えられています。

Vocabulary
- mission 名 使命，任務　□ tutor 名 個別指導教員　□ point out ～ ～を指摘する　□ grammatical 形 文法上の
- issue 名 問題　□ edit 動 ～を編集する　□ extensively 副 広範囲に　□ proofread 動 ～を校正する
- assignment 名 課題　□ apply ～ to … ～を…に適用する　□ furthermore 副 その上　□ fact checking 事実確認
- verification 名 確認　□ content 名 内容　□ suggestion 名 提案　□ accuracy 名 正確さ

Reading Part 2C

(31) 正解：**2**

英文の訳

> インドでは1,500を超える言語が使われている。そのうち，英語を含む29の言語を百万人以上の人が話している。多くのインド人は第二言語として英語を話すが，総数では5億5千万人を超える人が話すヒンディー語ほど多くはない。最近発表された数字によると，1億2千5百万人，つまり10億以上あるインドの人口の約13％に相当する人が英語を話している。多くの人が，将来インドは英語を話す人の数が他のどの国よりも多くなるだろうと考えている。

問題の訳

文章によると，次のどれが正しいですか。
1 将来，英語はインドで最も一般的な言語になると考えられる。
2 インドでは，英語は少なくとも百万人の人が話す29の言語のうちの1つである。
3 インドではヒンディー語を除いて，英語は少なくとも百万人が話す唯一の言語である。
4 最近の数値によると，インドでヒンディー語を話す人の数は増加した。

解説

1 English … to become India's most common language「英語はインドで最も一般的な言語となる」という記述は本文にはありません。本文の最終文では，他のどの国よりも英語人口が多くなるだろうと述べられています。
2 本文の第2文目の Twenty-nine of these … million speakers. の部分に合致します。
3 第2文目に「英語を含む29の言語を百万人以上の人が話している」とあるので，誤りです。

4 ヒンディー語を話す人々の数の増加についての記述はありません。

Vocabulary
- trail behind ~ ~の後に続く
- figure 名 (総計などの) 数
- be expected to ~ ~すると思われる
- at least 少なくとも

(32) 正解：**2**

|| 英文の訳 ||

リブラ、つまり「天秤座」と呼ばれる星の集合体である星座は数千年前にその名がついた。太陽は昼と夜の時間が同じになる秋分の日にこの星座を通過した。古代の人々がこの星座を天秤座と呼んだのは、それが均衡の取れた太陽と月を象徴していたからである。4千年後の今では、太陽がこの星座を横切るのは1年の中でずっと後だが、その名前は同じままである。

問題の訳

天秤座の名前はどのようにしてついたのですか。
- **1** 人々はその星座が天秤に似ていると考えた。
- **2** 人々はその星座を秋分の日と関連づけた。
- **3** その星座は夜空のちょうど真ん中にある。
- **4** その星座は秋にしか現れない。

解説

1 本文第3文の called the constellation Libra because it symbolized the sun and moon in balance から、誤りです。
2 第2~3文に合致します。equinox は、「昼と夜の長さが等しくなる時」つまり「昼夜平分点」という意味です。
3 本文では星座そのものの位置に関しては述べられていません。
4 この星座が秋だけに見られるとは書かれていません。

Vocabulary
- constellation 名 星座
- Libra 名 天秤座
- scale(s) 名 天秤, はかり
- fall equinox 秋分　*↔ spring equinox 春分
- ancient 形 古代の
- symbolize 動 ~を象徴する
- in balance 均衡の取れた
- associate A with B　A を B と結び付けて考える
- lie 動 横たわる
- halfway 副 中間で

(33) 正解：**1**

|| 英文の訳 ||

ジャマイカのブルーマウンテンコーヒーは世界で最も人気があり、ゆえに最も高価なコーヒーの品種の1つである。この高価な資源の質と信頼を守るため、1948年にジャマイカ政府はコーヒー産業規制法を制定し、国内の栽培地域を特定し、それ以外の地域ではブルーマウンテンの商標を使用できないようにした。このコーヒー特有の風味には高地と土壌の質が決め手になるというのが通説である。

問題の訳

文章によると、ジャマイカ政府は
- **1** ブルーマウンテンという名前の使用を特定の地域で栽培されたコーヒーに限定している。
- **2** 国の土壌の質を保護する厳格な法律を制定した。
- **3** 1948年にブルーマウンテンコーヒーの輸出を始めた。
- **4** コーヒーの価値を高めるためにコーヒーの販売量を減らしたいと考えている。

解説

1 本文の第2文目の To safeguard the quality ... may not be used. に該当します。
2 選択肢の of the country's soil の部分が誤りです。土壌の質を守るためではなく、コーヒーそのものの品質や信頼性を守ると書かれています。
3 began exporting の部分が誤りです。1948年は政府が法律を作ったときです。
4 reduce the amount of coffee の部分が誤りです。コーヒーの量の増減に関する記述は本文にはありません。

Vocabulary
- sought-after 形 需要が多い
- variety 名 種類
- safeguard 動 ~を保護する
- authenticity 名 本物であること, 真実性
- regulation 名 (通例~s) 規制
- act 名 (しばしば A~) 法令
- specify 動 ~を明細に述べる, 指定する
- label 名 商標, ラベル
- altitude 名 標高
- soil 名 土壌

(34) 正解：4

英文の訳
ハリス大学はその優れた観光学の課程だけでなく留学生へ支給する奨学金でも知られています。大学から，合格者には「フルライド」が与えられます。つまり，学生は大学に通うのにお金を全く払う必要がないのです。応募するには，学生は小論文を書き，高校の成績を添えて提出しなければなりません。詳細は大学のウェブサイトをご覧ください。

問題の訳
学生は奨学金に応募するために何をしなければなりませんか。
1 オンラインで応募書類に記入する。
2 教師から推薦状をもらう。
3 締め切りの延長を依頼する。
4 小論文を書いて提出する。

解説
1 選択肢の内容について，本文には書かれていません。application form は「申込書」という意味です。
2 選択肢の内容について，本文には書かれていません。recommendation は「推薦（書）」という意味です。
3 選択肢の内容について，本文には書かれていません。deadline は「締め切り」という意味です。
4 本文第3文の，students ... an essay and submit it の部分に該当します。

Vocabulary
- tourism 名 観光学，観光事業
- scholarship 名 奨学金
- successful applicant 合格者
- attend 動 出席する
- submit 動 〜を提出する
- along with 〜と一緒に
- recommendation 名 推薦状
- extend 動 〜を延長する
- deadline 名 締め切り

(35) 正解：1

英文の訳
1940年代に，山岳登山家は氷河を横断するのに「スキーボード」と呼ばれる短いスキーを使い始めた。普通のスキーとは異なり，初期のスキーボードは約60センチの長さしかなく，登山家のリュックサックにぴったり収まった。40年後，スキーボードはレジャー市場向けに設計が変更された。2007年に初めて開催されたスキーボード・ワールドカップをはじめとする大きな国際大会の導入，またスキーボードの手作りビデオをライダーたちが共有している活発なインターネットコミュニティが功を奏し，スキーボードは今日でも人気を博している。

問題の訳
現在もスキーボードの人気がある理由の1つとして挙げられているのは
1 スキーボーダーの大きなスポーツイベントが始まったこと。
2 スキーボードがより小さいリュックサックに収まるように設計変更されたこと。
3 スキーボードに関するビデオがインターネットで容易に購入可能なこと。
4 スキーボーダーがテレビゲームを使って競い合うこと。

解説
1 本文の第4文の，They remain popular today, thanks to ... Skiboard World Cup の部分に該当します。thanks to は「〜のおかげで」という意味のイディオムです。
2 短いスキーの板は登山者のリュックサックにうまく入ったと書かれていますが，設計変更があったのはその後です。
3 purchased の部分が誤りです。インターネットでビデオを購入できるかどうかについては書かれていません。
4 ビデオをインターネット上で共有するということが最終文に書かれていますが，ゲームでお互いに競争するとは書かれていません。

Vocabulary
- alpine 形 高山の
- mountaineer 名 登山家
- glacier 名 氷河
- backpack 名 リュックサック
- redesign 動 〜を再設計する
- recreational 形 娯楽の，リクリエーションの

(36) 正解：2

英文の訳
1960年代，アメリカ航空宇宙局（NASA）がフリーズドライフルーツを宇宙飛行士の食事に導入してから，シリアルメーカーのポスト社はそれを自社のコーンフレークに入れた。消費者は当初，その商品に熱狂したが，すぐにうんざりしてしまった。問題は，フルーツもシリアルも牛乳を加えると柔らかくなりすぎてしまうことにあった。このことから明らかになるのは，賢明なマーケティング戦略によって，消費者は一度は商品を購入しようという気持ちにさせられるものの，続けてその

商品を利用するかどうかは質次第ということである。

> 問題の訳

この文章の要点は何ですか。
1 企業は最新の科学的な発見を利用するべきだ。
2 企業は質の良い商品製造に焦点を当てるべきだ。
3 顧客が効果的なマーケティング戦略に引き付けられる。
4 顧客は商品が有名でなければ買う可能性は低い。

> 解説

1 本文の大意と合致しません。選択肢の the latest scientific discovery「最新の科学の発見」も本文中の何と合致するのかが明らかになっていません。
2 本文の最終文の their continued use … its quality までの部分に該当します。
3 顧客が効果的な販売戦略に魅了されるというのは、この文章の要点ではありません。
4 有名かどうかではなく、品質次第であるという内容なので、誤りになります。

Vocabulary
- [ ] consumer 名 消費者　　[ ] initially 副 当初は,最初は　　[ ] be enthusiastic about ～ ～に熱狂する,夢中になる
- [ ] be disgusted with ～ ～にうんざりする,嫌悪感を催す　　[ ] illustrate 動 ～を説明する,例証する
- [ ] depend on ～ ～次第である　　[ ] make use of ～ ～を利用する

(37) 正解：2

|| 英文の訳 ||

PST は大学生が授業で有益な情報を発表するのに役立つよう開発されたソフトウェアツールです。これを用いると,話し手はテキストと写真や画像,表,図表を組み合わせて質の高いプレゼンテーションをすることができます。もともとは 1990 年代に 200 ドル以上の価格で商業用ソフトウェアとして市場に出ましたが,現在は無料のオンラインツールで,学生ならだれでも無料で使用することができます。PST にはスペルチェッカー,文法チェッカー,類義語辞典が入っています。

> 問題の訳

PST について何が分かりますか。
1 商業用ソフトウェアよりも機能が優れている。
2 現在は無料で利用できる。
3 大学生によって設計された。
4 新しい種類のワードプロセッサーである。

> 解説

1 PST と commercial software「商業用のソフト」との比較は本文中にはありません。本文の第 3 文に PST はもともと商業用のソフトであったと書かれているだけで,選択肢は誤りであると分かります。
2 本文の第 3 文に it is now a complimentary online tool とあります。complimentary「無料の」はやや難しい形容詞ですが,同じ文の最後に free of charge とあるところからもはっきりします。
3 PST ソフトが「大学生によって考案された」という記述は本文にはありません。
4 a new kind of word processor の部分が誤りです。本文中には word processor に該当する言葉がありません。

Vocabulary
- [ ] informative 形 有益な　　[ ] graphics 名 画像,図形　　[ ] table 名 表　　[ ] commercial 形 市販の,商業用の
- [ ] complimentary 形 無料の　　[ ] thesaurus 名 類義語辞典　　[ ] feature 名 (商品などの) 特徴

(38) 正解：3

|| 英文の訳 ||

アレクサンダー・グラハム・ベルは生涯で 600 件近くの訴訟に直面したが,それらはいずれも彼が電話を発明したという法的な主張に異議を申し立てるものだった。中でも最も有名な原告の 1 人はイライシャ・グレイで,ベルと同じ日に特許請求を提出した人物である。ベルは特許を与えられ,後にとても裕福になったが,以後 18 年間のほとんどを裁判所で過ごした。救われるのは,彼がすべての訴訟に勝ったということである。

> 問題の訳

文章によると,次のどれが正しいですか。
1 ベルとグレイは 2 人とも電話の発明から利益を得た。
2 ベルとグレイは電話の設計に関して一緒に仕事をした。
3 ベルは電話の特許を保有している。
4 ベルは財産のほとんどを裁判に費やした。

解説

1 Bell and Gray both profited の部分が誤りです。本文の Although Bell was awarded … very wealthy の部分で，利益を得たのはベルのみと考えることができます。
2 グレイは特許をめぐってベルと争いましたが，一緒に設計をしたとは書かれていません。
3 本文第3文の Bell was awarded the patent の部分に合致します。
4 ベルが富のほとんどを legal cases「訴訟事件」に費やしたということは，本文中には書かれていません。

Vocabulary
- face 動 ～に直面する
- lawsuit 名 訴訟
- challenge 動 ～に意義を唱える，挑む
- notable 形 有名な，注目に値する
- accuser 名 原告
- patent 名 特許
- on the bright side 物事の明るい面では
- win a case 訴訟に勝つ
- profit from ～ ～より利益を得る

(39) 正解：4

英文の訳
古生物学者とは進化を研究する科学者であるが，初期の哺乳類のことは臆病で攻撃に弱く，日中は洞窟に隠れ，恐竜に見つかって食べられることがない夜になると姿を現していたとずっと考えていた。しかし，例外があったようだ。中国の科学者たちは1億3千万年前の哺乳類を発掘したが，その胃の中には小型の恐竜があったのだ。「この発見は初期の哺乳類に関する固定観念を壊すのに一役買った」とアメリカのある研究者は述べた。

問題の訳
文中の「固定観念」という言葉が示す説では，初期の哺乳類は
1 いくつかの種の恐竜よりも強かったかもしれない。
2 洞窟に住んでいたので，ほとんど天敵がいなかった。
3 恐竜の時代が終わるまで進化しなかった。
4 食べられることを恐れて恐竜との接触を避けていた。

解説
1 初期の哺乳類が恐竜より強かったかもしれないというのは，旧来の固定観念ではありません。
2 had few natural enemies の部分が誤りです。本文には，哺乳類に対する敵がどれだけいたかについては書かれていません。
3 選択肢全体の内容が誤りです。本文には，選択肢の内容のことは書かれていません。
4 本文の第1文に，初期の哺乳類は捕食されるのを恐れて恐竜との接触を避けていたという内容が書かれていますから，この選択肢が正解です。

Vocabulary
- paleobiologist 名 古生物学者
- mammal 名 哺乳類
- timid 形 臆病な
- vulnerable 形 傷つきやすい，攻撃に弱い
- exception 名 例外
- unearth 動 ～を発掘する
- stereotype 名 固定観念，定型
- natural enemy 天敵

(40) 正解：3

英文の訳
国内最高に位置づけられるウェスタン大学のリーダーシップ・リクリエーション・プログラムは他に類がありません。アウトドアでの活動の中で特別なトレーニングを提供するだけでなく，全学生には企業経営の履修を課します。確かな専門的基盤により当学生には自分の会社を経営するスキルが備わります。このように，当校がビジネスに特化していることこそが他校より秀でる点で，必ずや卒業生はキャリアで成功します。

問題の訳
この文章の主題は何ですか。
1 この大学は一流の講義を提供している。
2 このプログラムに参加するには特別なスキルを要する。
3 このプログラムのビジネス的要素がユニークである。
4 学生はアウトドアの活動について学ぶ。

解説
1 この大学の講義一般に関する内容ではなく，特定のプログラムについての説明がされているので，誤りです。
2 プログラム参加の条件として special skills「特別な技術」が必要だという記述はありません。
3 最終文の It is this business focus … in their careers. の部分が選択肢の unique に該当すると考えましょう。

4 outdoor adventure 自体は大学のプログラムの特徴の1つにすぎず，本文の主題と考えることはできません。

Vocabulary
- like no other 他に類がない
- exceptional 形 例外的な
- solid 形 確かな，信頼できる
- enterprise 名 企業，事業
- set ~ apart from ... ~を…から区別する，際立たせる
- ensure 動 …を確実なものにする
- element 名 要素

Reading Part 3A

|| 英文の訳 ||

さまざまなアプローチ

　ジェラルド・ダレルは20世紀初頭の作家，博物学者だった。彼が最初に仕事をしたのはロンドンにある動物園だったが，ダレルが本当に望んでいたのは野生生物の探検旅行に参加することだった。**残念ながら**，彼には経験がなかったため探検チームの一員として受け入れてもらえなかった。しかし，ついに21歳のとき，父親から譲り受けたお金を用いて自分で旅行の計画に着手することができた。

　ダレルは数十年にわたり旅を続けた。動物を集めるにあたり，彼は当時としてはまれな厳格な主義に従っていた。彼は貴重な動物を探すだけではなく，維持できる方法で動物をつかまえたのだ。しかし，このような主義は**彼の利益**にも影響を及ぼした。実際，3回目の探検旅行終了時には彼の資金は底をついてしまった。1956年以降，彼が旅を続け，自身の動物園と保護活動を始めることができたのは，著書の売上げによるものだった。

　ダレルの動物園運営に対する見解は物議をかもすものだった。他の動物園は主として来園者が楽しめるように設計されていた。ダレルは動物園の主な目的は絶滅危惧種の繁殖に成功することだと考えていた。**その結果**，彼は自分の動物園を来園者の見やすさではなく動物の快適さを基準に設計した。ダレルが広範囲の種類の動物を繁殖させることに成功してようやく，彼は他の動物園から尊敬を得ることになった。

　彼の動物園は英仏海峡にある小さな島にある。このような場所にあるため，ダレルがそこで達成したことを見る人はごく少数になってしまう。しかし，おそらく，これはダレルの信念に沿っている。つまり，**動物を保護すること**は動物園の最も重要な役割なのである。

(41) 正解：3

選択肢の訳
1 その上　　2 次に　　3 残念ながら　　4 例えば

解説
前後の文章の論理的関係性を問う問題です。前の文で real desire was to join wildlife expeditions とダレルの願望について述べられています。しかし，空所の後ろでは his lack of experience prevented him「彼の経験不足が妨げとなった」と書かれており，ダレルの望みが叶わなかったことが分かります。したがって，Unfortunately「不幸にも」という意味の副詞を入れましょう。

(42) 正解：3

選択肢の訳
1 彼の仕事　　2 動物たち　　3 彼の利益　　4 動物園

解説
空所のある文の主語の These principles に注目しましょう。貴重動物を無配慮には捕獲しないというダレルの主義が何に影響したのかと考えると，his profits「彼の利益」であることが分かります。また，空所の後ろの文 he had run out of money「彼はお金を切らしていた」も根拠になります。

(43) 正解：2

選択肢の訳
1 また一方では　　2 その結果　　3 他方で　　4 皮肉なことに

解説
「絶滅の危機に瀕した動物を繁殖させることが動物園の役割だと考えた」という部分と，空所の後の「動物にとって居心地の良い動物園を設計した」という2つの文の論理的関係性を考えると，As a result「結果として」が入ることが分かります。

(44) 正解：1

選択肢の訳
1 動物の保護　　2 人々の教育　　3 動物の研究　　4 希少動物の収集

解説
第2段落の「保護活動を始めることができた」や，第3段落の「動物園の主な目的は絶滅危惧種の繁殖に成功することだ」などから，ダレルの信念が動物の保護だったということが分かります。

Vocabulary
- naturalist 名 博物学者　　□ expedition 名 探検旅行　　□ prevent ~ from ...ing ~が…するのを妨げる
- eventually 副 ついには　　□ for decades 何十年の間　*decade は「十年間」の意味　　□ principle 名 主義, 原則
- for the time 当時としては　　□ sustainable 形 維持できる, 環境に配慮した　　□ run out of ~ ~を使い果たす
- it was ~ that ... …したのは~であった〈強調構文〉　　□ fund 動 資金を調達する
- conservation 名 保護　*動 conserve 保護する　　□ controversial 形 議論の余地のある
- see ~ as ... ~を…として考える　　□ breeding 名 繁殖　*動 breed 繁殖させる　　□ endangered species 絶滅危惧種
- a wide range of ~ 広い範囲の~
- did Durrell gain ~ Durrell gained ~の〈倒置〉の形で, did が主語の前に置かれている　　□ peer 名 同業者
- the English Channel 英仏海峡　　□ in line with ~ ~に一致して　　□ role 名 役割

英文の訳

概念メタファー

「思考の糧」とか「その考えを消化する時間が必要だ」のような言い回しを考えてみると，私たちは思考と食事を比較していることが容易にわかる。私たちは提案を「かみくだき」，知識に対して「空腹を感じる」のである。概念は「生焼け」，つまり**飲み込む**のが難しい場合がある。概念を食べ物として扱うとき，私たちは『概念メタファー』を用いている。概念メタファーを用いるのは，抽象的概念を何か物理的世界にあるものに例えることによって，それが理解しやすくなるからである。

メタファーを用いることは人間の脳がとても幼い頃に学ぶことだ。赤ん坊は本能的に食べ物が口を通って入ってくることを知っている。そのとき，成長過程にある子どもにとっては**頭の中に入ってくる**概念も，彼または彼女の成長の糧になるのに役立つということを理解することは，突飛な直観の飛躍ではない。

概念メタファーは2つの部分から構成される。源泉領域と標的領域である。源泉領域とはそこからメタファーが引き出される概念で，**理解しやすい**ものである場合が多い。例えば，「愛とは旅である」という表現の中で，源泉領域はある場所から別の場所へと旅をするありふれた概念を言う。一方，標的領域とはもっと抽象的な概念で，メタファーにより理解を深めることを目指している。ここでは愛である。

ジョージ・レイコフとマーク・ジョンソンは著書『レトリックと人生』の中で，このような概念メタファーは**単なる**言語の一面**ではない**と主張している。むしろ，それは私たちの人生を形作り整えるのに影響を与える不可欠な力でもあるのだ。さらなる研究が必要ではあるが，文化の差が大きくても共通の概念メタファーを持っていることを知っても驚くにはあたらない。

(45) 正解：4

選択肢の訳
1 ~を築く　　2 ~を捕まえる　　3 ~を持ち上げる　　4 ~を飲み込む

解説
前の文で，食べ物と思考には関係性があることが述べられています。空所には，half-baked に加えて，「食べる」ことに関する単語が入ります。また，空所の次の文の metaphor「比喩, メタファー」という単語をヒントにすれば，swallow「飲み込む」という単語が入ることが分かります。

(46) 正解：4

選択肢の訳
1 外国語　　2 健康的な食習慣　　3 他人との関係　　4 頭に入ってくる概念

解説
空所の前の a large intuitive leap は「大きな直観の飛躍」。自分の成長の糧である食べ物と同じように，考えや概念も自分の中に入ってきて，成長の源となってくれるということが子どもには直観で分かるという意味。

(47) 正解：3

選択肢の訳
1 しばしば見落とされる　2 知られていない　3 容易に理解される　4 神秘的な

解説
概念メタファーは，抽象的な概念を分かりやすい言葉に言い換える表現方法なので，空所には「理解しやすい」という内容が入ります。空所の後の例で，love という抽象的な内容を a journey という具体的でイメージしやすい言葉で例えていることが分かります。

(48) 正解：2

選択肢の訳
1 〜になっている　2 単に〜ではない　3 もはや〜ではない　4 ほとんど

解説
2 か 3 で迷うかもしれませんが，such conceptual metaphors are *no longer* an aspect of language「このような概念メタファーはもはや言語の一側面ではない」とすると，「これまでは言語の一側面であったが今は違う」ということになり，次の文の also が表す「〜でもある」という並列関係が成り立ちません。not only などと同じく部分否定を表す 2 の not merely が正解です。

Vocabulary

- conceptual 形 概念的な　＊名 concept 概念
- metaphor 名 隠喩，暗喩
- digest 動 〜を消化する
- chew on 〜 〜をよくかむ
- half-baked 形 生焼けの
- treat 動 〜を扱う
- employ 動 〜を使用する
- make sense of 〜 〜を理解する
- abstract 形 抽象的な
- compare 〜 to ... 〜を…に例える
- at a young age 幼少時から
- instinctively 副 本能的に
- intuitive 形 直観的な　＊名 intuition 直観
- nourish 動 〜を助長する
- be made up of 〜 〜でできている
- source domain 源泉領域
- target domain 標的領域
- tend to 〜 〜する傾向がある
- seek to 〜 〜しようとする
- aspect 名 側面

Reading Part 3B

英文の訳

変わりゆく結婚の姿

アメリカでは家族の形態がここ数十年で変貌した。結婚に対する姿勢も，ある意味大きく変化した。2010 年に有名なピュー・リサーチセンター（PRC）が行った調査によると，アメリカ人の 39％は結婚をもはや必要ないと考えていることが明らかになった。これは 1978 年に行われた同様の調査よりも 11％の増加である。「もし 10 人のうち 4 人が結婚は時代遅れになりつつあると言っているなら，その人たちはとても重大な社会変化を認識していることを示しています」と PRC のポール・テイラーは述べている。しかし，厳密には結婚はどのように変化したのだろうか。

1970 年には成人の約 72％が結婚していたのに対し，2010 年までにその割合は 54％にまで下がった。1960 年には 20 代の人たちの 3 分の 2 が結婚していた。2010 年にはかろうじて 4 分の 1 であった。しかし，数字の減少にはいくつか興味深い事実が隠れている。30 歳以下の 44％のアメリカ人は結婚が消滅するだろうと考えているが，この年齢層のうち結婚を望んでいないのは 5％にすぎない。大部分は依然としていつの日か結婚することを夢見ているのだ。さらに，アメリカでは結婚の割合が他のほとんどの西欧諸国よりずっと高い。「結婚とは家族や友人に私生活の成功を示す手段なのです」とジョンズ・ホプキンス大学の社会学者であるアンドリュー・シャーリンは語る。

おそらく，最も驚くべきことは，成人の経済的，教育的レベルに関して結婚相手の選択がいかに変わったかということだ。アメリカは機会均等な国として知られているが，アメリカ人はますます教育や経済レベルが似た人を結婚相手に選んでいる。50 年前は，会社の重役は秘書と結婚し，パイロットは客室乗務員と結婚し，医師は看護師と結婚するのがふつうだった。21 世紀のアメリカでは会社の重役は会社の重役と結婚し，医師は別の医師と結婚することが多い。結婚しない 20 代の人が増えている理由の 1 つは，大学生が結婚を卒業後に延ばしたいと考えていることだ。その方が結婚相手の候補者として自分たちの経済的価値が上がるのである。

高等教育を志していない成人では，PRC の調査報告によると 44％に結婚願望があり，これは大卒者を対象にした 46％という数字をわずかにしか下回らない。しかし，結婚をする能力には徹底的な差が出る。知識ベースの職が増加したことによる製造業の減少は，大学の学位がない人が家族を扶養するのは厳しくなるだろうということを意味する。「高卒の男性，あるいは女性は給料の良い仕事に就けないため，彼らは結婚しその状態を続けることが困難なのです」とシャーリンは述べている。

調査に答えた人の 75％以上が子どもを持ち育てるなら結婚する方がよいと言っていたのに対し，子どもが欲しいことが結婚する上で重要な理由だと感じている人はほとんどいなかった。データもこの考えを裏付けている。多くは一緒に住んでいても結婚はしていないカップルの間に生まれているのだが，今日，41％の子どもが未婚の母から生まれている。これは 1960 年の 8 倍の数字である。さらに，アメリカの 25％の子どもは一人親世帯で生活しているが，これは 1960 年からほぼ 3 倍近

く増えている。経済的に子どもを養う親が2人いなければ，子どもの生活状況はますます悪くなるばかりである。
　しかし，またPRCの調査で1つ前向きな傾向が明らかになった。結婚は衰退しているとはいえ，調査に答えた人の70％近くは結婚の将来に対して楽観的なのだ。教育制度，経済，道徳や倫理的基準のような国の問題に関して意見は分かれたが，大多数の人は今でも制度の中できわめて重要で伝統のあるものの存在を信じている。それは家族である。

(49) 正解：3

問題の訳
ピュー・リサーチセンター（PRC）のポール・テイラーが述べている意見は
1 アメリカ国民の結婚観を判断するためにはさらに調査が必要である。
2 多くのアメリカ人は結婚に関する調査に答えることを快く思わない。
3 調査結果から，アメリカ人の結婚に対する感じ方は大きく変わっていることが分かる。
4 アメリカ国民は国内で起きている変化についてほとんど気付いていない。

解説
1 more research must be done の部分が誤りです。ポール・テイラーの意見は，すでに実施された調査に対して，結婚に対する意識の変化を認めることにとどまっています。
2 多くのアメリカ人が結婚に関する意識調査を快く思っていないという記述は本文中にはありません。
3 第1段落の大意に合致します。段落の第1文目にはその段落のテーマが書かれていることが多いので，意識して読むようにしましょう。
4 第1段落の後半から，結婚に関わる変化をアメリカ人は自覚していることが分かります。

(50) 正解：4

問題の訳
第2段落によると，次のどれが正しいですか。
1 アメリカ人の大多数は結婚を時代遅れと考えているが，かつてないほど多くのアメリカ人が結婚している。
2 結婚は今でも望ましいものと考えられているが，アメリカでの婚姻率は他のほとんどの西欧諸国より低い。
3 結婚はもはや地位の象徴ではないが，ほぼ4分の3近くのアメリカ人は今でも結婚を望んでいる。
4 アメリカ人の若者の多くは結婚が消滅するだろうと考えているが，大多数はそれでも結婚を望んでいる。

解説
1 2010年の結婚しているアメリカ人の割合は54％で，1970年の72％より大幅に低下しています。
2 第2段落の最後から2文目に the rate of marriage in the United States is much higher than in most other Western countries とあり，選択肢は比較の対象が反対になっています。
3 第2段落の最終文より，結婚は現在も「成功を示す手段（地位の象徴）」として考えられていることが分かります。nearly three-fourths は，第2段落第1文の about 72％ を指していると考えることができます。この割合は，1970年において成人が結婚していた割合を示すもので，現在結婚したいと望んでいる人々の割合ではありません。
4 第2段落第5〜6文の内容と一致する選択肢です。

(51) 正解：2

問題の訳
第3段落で，著者はどんな変化が「驚くべき」だと述べていますか。
1 経済的背景が恵まれない人はますます大学入学の機会を奪われている。
2 人々は結婚相手を探す際に，ますます富と教育レベルが重要な要素だと考えている。
3 今日，人々は結婚相手をより幅広い経済的，教育的背景から選んでいる。
4 今日，人々は結婚して子どもを持つよりもキャリアを追求することを選んでいる。

解説
1 経済的なバックグラウンドがないことと，大学に通うことを拒否されることの因果関係は書かれていません。
2 第3段落第2文に partners who share similar ... education and wealth とあり，結婚相手に自分と同じような学歴や財産を望む人が増えていることが分かります。
3 第3段落第4文の，結婚相手として同じ職業の相手を選ぶことが多いという内容から，選択の幅は小さくなっていることが分かります。
4 第5段落に「子どもが欲しいことが結婚の重要な理由になると考えている人はほとんどいない」とありますが，キャリアに関連付けた記述はありません。

(52) 正解：4

問題の訳
PRC の調査によると，大卒者と学歴が少ない人の類似点の1つは
1 ほぼ同じ年齢で結婚する傾向がある。
2 いずれのグループも婚姻率はほぼ同じである。
3 いずれのグループも結婚費用についてあまり関心がない。
4 いずれのグループもほぼ同じ数の人が結婚したいと述べた。

解説
1 about the same age が誤りです。両方のグループが同じ年齢で結婚する傾向にあるという記述は本文中にはありません。
2 the rates of marriage の部分が誤りです。実際に結婚している人の割合についての記述はありません。本文の第4段落第1文に書かれている内容は，結婚に対する願望を持つ人々の割合です。
3 the costs of marriage の部分が誤りです。結婚費用についての記述はありません。
4 第4段落第1文に書かれている内容に合致します。

(53) 正解：1

問題の訳
PRC の調査に答えた人は結婚や子どもについてどのように考えていましたか。
1 結婚した両親の方が子どもを育てるにはより良い環境を提供する。
2 子どもが欲しいことが結婚の最も重要な理由である。
3 一人親世帯の数は減り続けるだろう。
4 未婚の女性は独りで子どもを持つことを考えるべきだ。

解説
1 第5段落第1文 more than ... having and raising children の部分に合致します。結婚することは，子どもを持ち，育てる上で重要だと書かれています。
2 第5段落第1文に「子どもを持ちたいと思うことが結婚する理由とはならない」と書かれているので，選択肢の the most important reason は誤りです。
3 第5段落第4文に 25% of children ... up by almost three times from ... in 1960 とあるので，選択肢の decrease は誤りです。
4 選択肢に関する記述は本文の内容にありません。

(54) 正解：2

問題の訳
この文章の結論が示唆するのは
1 調査の数値にかかわらず，ほとんどの人は倫理的基準のような重要な問題に関しての意見は一致している。
2 結婚は衰退しているが，ほとんどの人は今でも家族が大切だと考えている。
3 結婚は衰退しているが，教育や道徳的基準は向上している。
4 調査は結婚の衰退を示しているが，家族の数は増えている。

解説
1 第6段落最終文に Opinions were divided over ... ethical standards とあります。したがって，most people agree という部分が誤りです。
2 第6段落最終文の but a vast majority ... the family の部分に合致します。
3 選択肢後半の education and moral standards are improving の部分については，本文中には書かれていません。
4 選択肢の後半部分の the number of families is increasing の部分が誤りです。第6段落第2文に，optimistic about the future of marriage とありますが，これは将来のことであり，現在の家族数の増加を示すものではありません。

Vocabulary

- ☐ shape 名 形態 ☐ attitudes about ~ ～に対する姿勢，考え方 ☐ drastically 副 徹底的に
- ☐ conduct 動 ～を実施する ☐ obsolete 形 廃れた，古くなった ☐ barely 副 かろうじて，やっと
- ☐ extinct 形 廃止された ☐ tie the knot 結婚する ＊tying は tie の動名詞 ☐ sociologist 名 社会学者
- ☐ startling 形 とてもびっくりさせるような ☐ with regard to ～ ～に関しては ☐ despite 前 ～にもかかわらず
- ☐ wed 動 ～と結婚する ＊同 marry ☐ postpone 動 ～を延期する ☐ potential 形 可能性のある
- ☐ manufacturing job 製造業の仕事 ☐ decent-paying 形 給料の高い ☐ statistics 名 統計，統計資料
- ☐ uncover 動 ～を明らかにする ☐ be optimistic about ~ ～について楽観的である ☐ ethical 形 倫理の
- ☐ vital 形 重要な ☐ institution 名 制度，慣習 ☐ pursue 動 ～を追い求める
- ☐ conclusion 名 結論 ＊動 conclude …と結論を下す

英文の訳

東西が出会う場所

　東洋社会は西洋社会とは多くの点で異なっているように思われる。その違いの1つは相互依存と自立の相対的な価値観で，具体的には，集団行動を好むことと，それに相対する，個人行動の自由へのこだわりである。この違いは本当なのだろうか，あるいは単なるステレオタイプなのだろうか。オランダの社会科学者たちはこのテーマについて，異なる文化圏のビジネスパーソンたちと関連付けた場合の研究を行った。ビジネスパーソンたちは，経済的にも教育的にも同じようなレベルを共有するので，彼らの起用はきわめて適切だった。

　このオランダの研究者たちはアメリカ，カナダ，オーストラリア，スウェーデン，ベルギー，フランス，ドイツ，スペイン，日本，韓国を含む15カ国の中間管理職約15,000人に調査を行った。質問の1つは「人生の質を高める最善の方法は何ですか。個人の自由ですか，それとも集団行動ですか」だった。驚くまでもなく，アメリカの管理職ではほぼ80％が個人の自由が最善の方法だと考えていることが分かった（表1参照）。ドイツと日本では，アメリカ人管理職と同意見の管理職が60％で，ともに並んだということは注目に値する。しかし，フランスの管理職では48％しかそう思わなかったというのはなぜだろう。

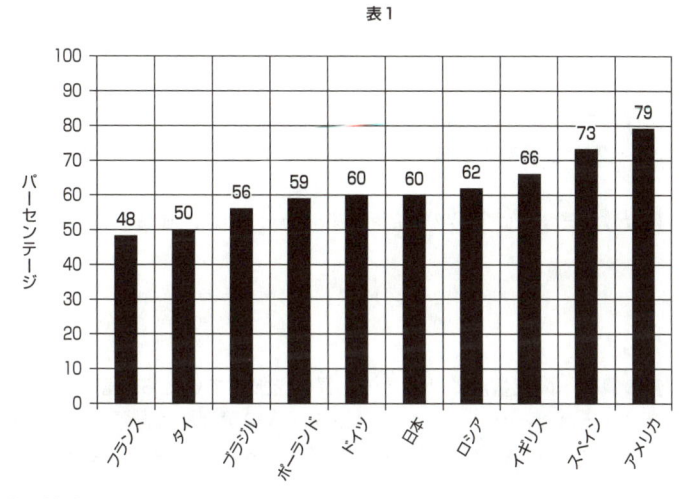

表1

[棒グラフ: フランス 48, タイ 50, ブラジル 56, ポーランド 59, ドイツ 60, 日本 60, ロシア 62, イギリス 66, スペイン 73, アメリカ 79（縦軸：パーセンテージ）]

　フランスは自由，平等，博愛を尊ぶことを非常に誇りに感じる国である。それならば，なぜ個人の自由が人生を向上させる最善策ではないのだろうか。これに答えるには，フランスはヨーロッパでも指折りの包括的な社会福祉制度を備えた国であることを頭に入れておく必要がある。この制度は，フランスに深く根づいたもう一つの価値観がベースにある。それは連帯，つまり協力しながら互いを支え合うというものだ。社会とは，ともに行動し互いに責任を担い市民全員がリスクを共有することで向上すべきだとフランス人は考えている。

　フランスはこのような協力的相互支援に対する姿勢が日本と共通している。しかし，それならなぜオランダの研究では，日本というアジアの文化が，ドイツという西洋文化に個人的自由の役割の点でそれほど似ていることを示したのだろうか。おそらく，その調査は日本の昔ながらのアジア的姿勢の一部に変化が起きていることを示しているのだろう。

　オランダの研究者が尋ねた別の質問によって，もう1つ興味深い結果が明らかになった。その質問では次のような問題を提示した。「仕事でミスが発覚しました。このミスはチーム内の一個人の不注意により起きたものでした。誰がこのミスの責任を取るべきでしょうか。個人でしょうか，それともチーム全体でしょうか」。日本人管理職ではわずか36％がその1人の人に責任があると思った。唯一，タイ人の管理職はもっと低く27％がそう考えた。フランス人とドイツ人の管理職については，43％がその個人の責任だと考えた。驚くことに，アメリカ人管理職でそう考えたのはわずか40％だった。最も厳しいのはロシア人管理職で，68％がその個人の責任にしたのだ。

　しかし，質問を少し変えていれば全く異なる結果が得られた可能性もある。例えば，「会社の社長」という3つ目の選択肢があったなら，個人の責任にしたがる日本人の管理職はおそらくロシア人よりももっと多かったかもしれない。

総じて，オランダの研究は，西に行くほど個人の重要性への支持が強まるというこの通説を裏付けている。しかしながら，自立と相互依存の関係は白黒をはっきりできるような選択ではない。どんな社会にも，そしてどんな個人にも，その2つが混在している。これはフランスとアメリカとの違いにはっきりと見ることができる。この2国には強固な自立の伝統と個人の自由への愛着がある。市民がお互いにどれくらい依存しているかという点については，この2国の西欧文化では考え方が全く異なる。

(55) 正解：4

問題の訳
オランダの研究にはなぜビジネスパーソンが選ばれましたか。
 1 彼らはみな英語を流暢に話すから。
 2 彼らはだれもが幅広い異文化経験があるから。
 3 彼らはみなグローバル志向があるから。
 4 彼らは教育的にも経済的にも似た背景を持っているから。

解説
第1段落最終文の内容に合致します。選択肢の financial backgrounds は，本文の wealth を言い換えたもの。

(56) 正解：2

問題の訳
表1の題として最も適切なのは次のどれですか。
 1 オランダの調査に答えた管理職の割合。   2 個人の自由を好む管理職の割合。
 3 集団行動を好む管理職の割合。   4 人生の質を向上させようとする管理職の割合。

解説
第2段落第3文の（see Figure 1）を手がかりにすることができます。個人の自由を最優先している割合であることが分かります。

(57) 正解：2

問題の訳
文章によると，フランスは日本とどんな共通点がありますか。
 1 個人的自由の尊重。   2 社会連帯の姿勢。   3 権威の評価。   4 伝統的価値観への敬意。

解説
第4段落第1文の内容に合致します。選択肢の social solidarity「団結，連帯」は cooperative mutual support を言い換えたもの。

(58) 正解：3

問題の訳
オランダの研究者が調査の質問への選択肢に「会社の社長」を加えていたら，著者が述べているのは
 1 ロシア人はもっと厳しかっただろう。   2 タイ人の管理職は同意しなかっただろう。
 3 日本人は最も批判的だったかもしれない。   4 フランス人の管理職は同意していただろう。

解説
第6段落第2文に，ロシア人以上に日本人が個人を責める場合があり，その際の条件が if a third choice … provided: the company president とあります。つまり，企業の社長に対しては，日本人管理職はその責任を厳しく追及すると書かれています。

(59) 正解：4

問題の訳
著者が方位の「西」と述べている理由は
 1 価値観がどのように融合するかを示すため。
 2 個人的自由の価値観の広がりを示すため。
 3 依存と自立の違いを説明するため。
 4 考え方は場所に関係があるかもしれないということを示すため。

解説
最終段落第1文に，西へ行けば行くほど個人の重要性は高まると述べられています。west を用いたのは，地理的な位置関係を用いて，自立と依存に対する考え方の違いを示すためです。

(60) 正解：4

問題の訳
結論で著者が意味しているのは
1 個人の価値観はしばしば社会の価値観と相反する。
2 東洋と西洋の文化はだんだん似通ってきている。
3 西欧の文化はすべて異なるものを信じている。
4 社会には個人と同様に異なる価値観が混在している。

解説
最終段落に Every society—and every individual—is a blend of both. とあります。この both は前の文の independence と interdependence を指しています。このことから「社会はさまざまな価値観の混合である」という内容の **4** が正解ということになります。

Vocabulary
- differ in significant ways from ~ ~といろいろな点で異なる
- interdependence 名 相互依存
- collective 形 集団の
- insistence 名 固執　*動 insist …だと強く言い張る
- relate to ~ ~に関連する
- noteworthy 形 注目に値する
- tie 動 ~と同点になる
- fraternity 名 博愛
- solidarity 名 連帯, 団結
- cooperative 形 協力的な
- pose 動 ~を提起する
- negligence 名 不注意, 怠慢　*形 negligent 不注意な, 怠慢な
- blame 動 ~のせいにする
- in general 一般に, 総じて
- reinforce 動 ~を強化する
- the farther ~, the greater ... 遠くへ~なほど, …はますます大きくなる〈the 比較級＋the 比較級〉
- black-and-white 形 善悪にはっきり分かれた
- in terms of ~ ~の観点で
- appropriate 形 適切な
- favor 動 ~を好む
- have ~ in common with ... …と共通で~を持つ
- demonstrate 動 ~を明示する
- imply 動 ~を示唆する

Listening　Part 1A

★＝男性（アメリカ英語）　☆＝女性（アメリカ英語）　★★＝男性（イギリス英語）　☆☆＝女性（イギリス英語）

No. 1　正解：3　Track 3

‖スクリプト‖

☆： You're in class early again, Pierre.
★： I like to get a head start on the reading, Professor Vincent. And I don't like spending time in my room alone. At least in here, there's something to do.
☆： Are you having trouble meeting people?
★： Yeah, I'm pretty shy. And everyone already seems to have their own circle of friends. Being an exchange student doesn't help because I always feel like an outsider. But it's OK.
☆： I have to disagree. The social aspect of college is very important. You should visit the International Student Resource Center. That's exactly the sort of thing they can help you with.
★： I didn't know they could help with my social life. Thanks, Professor Vincent.
Question： What is the student's problem?

全訳

☆： また早く授業に来たのですね、ピエール。
★： 早めに読み物をしたいのです、ヴィンセント教授。それに、部屋で1人で時間を過ごすのもいやなのです。少なくともここでは、やることがありますから。
☆： 人に会うのが苦手ですか。
★： ええ、僕は結構恥ずかしがり屋なのです。それに、みんなもう自分の友だちのグループができているようです。交換留学生であることは役に立ちません。いつも部外者のような気がするので。でも大丈夫です。
☆： そういうわけにはいきません。大学では人との付き合いもとても大切な側面です。留学生相談センターに行ってごらんなさい。そこではこういうことにこそ、手を貸してくれますよ。
★： そこで僕の社会生活の相談にのってもらえるとは知りませんでした。ありがとうございます、ヴィンセント教授。
質問： 学生の問題は何ですか。

1 自分の国が懐かしい。
2 ルームメートが好きではない。
3 友人がなかなかできない。
4 授業でうまくいっていない。

解説

女性の2回目の発言に Are you having trouble meeting people? とあり、男性は Yeah, I'm pretty shy. と答えています。そこから、友だちを作るのに苦労していることが分かります。

Vocabulary
- ☐ head start　素早い飛び出し、幸先のよい滑り出し
- ☐ reading 名 読み物
- ☐ have trouble (in) ~ing　~するのが困難である
- ☐ outsider 名 部外者、異端者
- ☐ a sort of ~　~のようなもの、~の部類のもの

No. 2　正解：2　Track 4

‖スクリプト‖

☆： Hey Mark, have you heard about the new policy?
★： You mean the study-abroad requirement?
☆： Yes. I'm surprised.
★： Surprised in a good way, I guess?
☆： Well, yes. I wanted to spend a year overseas, but my parents were kind of against it.
★： Now that it's required for graduation, they don't really have a choice.
☆： Exactly. I'm off to England next year.
★： You've already chosen a school?
☆： It's an exchange partnership, so the school has already been decided for me.
★： Well, congratulations, Ayumi! I'm happy for you.
Question： Why will the woman go to England next year?

全訳

- ☆：ねえ，マーク，新しい方針のことを聞いた？
- ★：留学必修化のこと？
- ☆：ええ。驚いたわ。
- ★：いい意味で驚いたということだよね。
- ☆：まあそうね。私は1年間海外に行きたかったのだけど，両親がちょっと反対していたの。
- ★：卒業に必要になった以上，実際選択肢はないよ。
- ☆：そうなのよ。私は来年イギリスに行くわ。
- ★：もう学校を選んだの？
- ☆：提携校への交換留学なので，私の行く学校はもう決まっているの。
- ★：それはおめでとう，アユミ！　とてもうれしいよ。

質問：女性はなぜ来年イギリスに行くのですか。

1 彼女の両親が彼女に許可を与えたから。
2 彼女の学校は今，1年間の留学を課しているから。
3 彼女は海外旅行をしたいから。
4 彼女は卒業後そこで働くつもりだから。

解説

男性の最初の発言に，新しい必修として the study-abroad requirement とあります。さらに，3回目の発言で don't really have a choice「他の選択肢がない」と言っていることから，**2** が正解です。

Vocabulary

- ☐ policy 图 方針　☐ requirement 图 必要条件，必要資格　☐ kind of いくぶん，いわば　☐ against 前 ～に反対して
- ☐ do not have a choice 選択肢がない，他に道がない　☐ partnership 图 提携，共同
- ☐ be happy for ～（人）のことを喜んでいる　☐ permission 图 許可

No. 3　正解：4　　Track 5

スクリプト

- ☆：Welcome to Career Services. I'm Laura Bennet. Please come in and have a seat.
- ★：Nice to meet you, Ms. Bennet. My name is Jeff Spencer. I'm graduating in just over six months, but I don't have any concrete plans, and there aren't many job openings for philosophy majors. I need some advice.
- ☆：OK, Jeff. First off, tell me about the courses that have interested you.
- ★：I really enjoyed composition class in my sophomore year. I think I might like to work as a writer or editor.
- ☆：Would you consider doing an unpaid summer internship at a magazine or publishing company? I think I can help you get one. It's a good way to break into the industry.
- ★：That sounds perfect.

Question: What will Jeff most likely do in the summer?

全訳

- ☆：キャリアサービス課にようこそ。私はローラ・ベネットです。どうぞ入ってお座りください。
- ★：よろしくお願いします，ベネットさん。僕はジェフ・スペンサーです。あと6カ月ほどで卒業なのですが，具体的な予定がないのです。それに，哲学専攻だとあまり就職口がありません。アドバイスが欲しいのです。
- ☆：分かりました，ジェフ。まず，興味を持った授業のことを話してください。
- ★：2年生のときの作文の授業が本当に楽しかったです。作家とか編集者の仕事ができればいいと思います。
- ☆：雑誌社か出版社で夏，無給のインターンシップをやってみますか。1つ紹介できると思います。その業界に入るにはよい方法ですよ。
- ★：それはいいですね。

質問：ジェフは夏に何をする可能性が一番高いと思われますか。

1 作文の夏期講座を受ける。
2 哲学を教える仕事を探す。
3 大学でのアルバイトを探す。
4 出版業界でインターンとして働く。

解説

女性の3回目の発言に Would you consider doing an unpaid summer internship …? とあります。それに対して，男性の最後の発言で That sounds perfect. と述べていることから，卒業後の進路に備えて，男性が出版業界でのインターンシップを考えていることが分かります。

Vocabulary

- concrete 形 具体的な，明確な
- job opening 就職口
- philosophy 名 哲学
- major 名 専攻の学生
- first off まず，始めに
- composition 名 作文，作曲，作品
- sophomore 名 2年生
- unpaid 形 無給の
- internship 名 インターンシップ
- publishing company 出版社
- break into ~ （仕事など）で世に出る，（分野など）に進出する
- intern 名 インターン生

No. 4　正解：2　　Track 6

スクリプト

☆：Nate, about the study session—are we still meeting at your dorm?
★：Actually, could we meet at the library instead?
☆：That's fine. Or we could just skip our session this week.
★：No, no. My shift at the library changed, so I have to work till seven. It's just easier if I don't need to rush back to the dorm afterwards.
☆：Oh, right. You work at the library—sure, let's meet there. Is 7:30 still OK?
★：Yes, that's perfect.
Question: What does the man want to do?

全訳

☆：ネイト，勉強会のことだけど，あなたの寮で会うということでいいのかしら。
★：やっぱり，そこじゃなくて図書館で会えるかい？
☆：いいわよ。あるいは，今週は勉強会をなしにしてもいいけれど。
★：いや，ちがうんだ。図書館の僕のシフトが変わったので，7時まで仕事をしなければならないんだよ。ただ，終わってから，急いで寮に戻らなくてもよければ楽だから。
☆：ああ，そうだったわ。図書館で働いているのよね。ええ，そこで会いましょう。7時30分のままでいいかしら。
★：いいよ，そうしよう。
質問：男性は何をしたいと思っていますか。

1　彼らの勉強会の時間を変更する。
2　彼らが勉強する場所を変更する。
3　彼らの勉強会を他の日に移す。
4　今夜1人で勉強する。

解説

男性の最初の発言で could we meet at the library instead? と述べており，dorm「寮」の代わりに library「図書館」を提案しています。次の女性の発言で，Or ... skip our session this week. とあり，中止も提案されていますが，これは次の男性の発言で，No, no. と否定されています。

Vocabulary

- session 名 集まり
- dorm 名 寮（dormitory の略）
- skip 動 （授業などを）休む，飛ばす
- shift 名 勤務時間
- rush back to ~ ~へ急いで戻る
- afterwards 副 その後，後で

No. 5　正解：2　　Track 7

スクリプト

★：Jane, how's your economics report coming along?
☆：Just finished it this morning, finally. How about you?
★：I've barely started. I can't find enough information on the topic.
☆：Did you check the links in the handout? Remember, the list of instructions we got from Dr. Palmer?
★：Oh, I forgot about that. I probably lost mine. Do you have a copy?
☆：Not with me. I can bring it to choir practice tonight, if you'll be there.
★：That would be great. Thanks.
Question: Which of the following best describes the man's situation?

全訳

★：ジェーン，経済学のレポートの進み具合はどう？
☆：ちょうど今朝やっと終わったわ。あなたはどう？
★：ようやく始めたところだよ。テーマについての情報を十分に見つけられないんだ。
☆：プリントにあったリンク先はチェックした？　覚えている？　パーマー博士からもらった説明のリストよ。
★：ああ，それは忘れていた。多分なくしたと思う。コピーを持ってる？
☆：持ち合わせてはいないけど。今晩，聖歌隊の練習に持っていけるわよ，もしあなたが来るなら。

★： そうしてくれるとうれしいよ。ありがとう。
質問：男性の状況を最もよく表しているのは次のどれですか。
  1 彼はレポートを書くのを忘れた。　　　**2** 彼は説明のコピーが必要だ。
  3 彼は違うテーマのレポートを書いた。　**4** 彼は今晩，パーマー博士に会うことに同意した。

解説

女性の2回目の発言で the list of instructions we got とあり，十分な情報がそこから得られることが分かります。その問いに対して，男性の3回目の発言で I probably lost mine. Do you have a copy?「自分のをなくした。コピーを持っている？」と発言しています。

Vocabulary
☐ come along　進む，はかどる　　☐ topic 名（論文などの）主題，テーマ　　☐ handout 名 配布資料，プリント
☐ choir 名 聖歌隊，合唱団

No. 6　正解：**3**　　Track 8

‖スクリプト‖

☆： Professor Fisher, can you give me some advice?
★： Sure, Mary. What is it?
☆： I'm doing well in my courses, but I'd like to do something extra. I want to gain experience as a journalist.
★： But Mary, you're already the editor of the student newspaper.
☆： Yes. But I mean in the real mass media. I want to do some work at the city newspaper, maybe next semester.
★： You'll be taking a lot of courses, too. Will you have time?
☆： I think I can manage. I'll have to give up the student paper position, of course.
★： I guess that sounds reasonable. Check with your advisor first, though.
Question： What does Mary want to do?

全訳

☆： フィッシャー教授，アドバイスをしていただけますか。
★： いいとも，メアリー。何ですか。
☆： 授業は順調に進んでいるのですが，何か他のこともやってみたいのです。ジャーナリストとして経験を積みたいのです。
★： でもメアリー，あなたはもう学生新聞の編集者ですよね。
☆： はい。でも，私が言っているのは本当のマスメディアなのです。できれば次の学期にでも街の新聞社で仕事をしたいと思います。
★： あなたは講義もたくさん受けるのですよね。時間はあるのですか。
☆： 何とかできると思います。もちろん，学生新聞の仕事はやめざるを得ないと思いますが。
★： それがよさそうですね。ただ，まずあなたの指導教官と相談してください。
質問：メアリーは何をしたいと思っていますか。
  1 ジャーナリズムの授業をもっと受ける。　　**2** もっと自分の勉強に集中する。
  3 もっと新聞の経験を積む。　　　　　　　　**4** 学生新聞の仕事をする。

解説

教授に対して，学生がアドバイスを求めています。学生の2回目の発言で I want to gain experience as a journalist. と言っています。さらに，学生は3回目の発言で I want to do … at the city newspaper とも述べています。

Vocabulary
☐ extra 形 特別の，追加の　　☐ position 名 地位，職，立場

No. 7　正解：**1**　　Track 9

‖スクリプト‖

★： Rachel, do you know what our statistics homework is? I don't think Professor Parker mentioned it in class.
☆： He doesn't give out assignments in class anymore. We're supposed to look at the website, remember?
★： Oh, yeah. That's right. Well, can you tell me what we're supposed to do?

☆： Sure. The questions at the end of Unit Seven. It's due at the beginning of class tomorrow.
★： OK, thanks. I'll work on it tonight.
☆： A few of the questions are pretty difficult. Give me a call if you get stuck.
Question： What did the man want to know?

全訳

★： レイチェル，統計学の提出課題が何か知っている？ パーカー教授は授業中に話さなかったと思うのだけど。
☆： 彼はもう授業中に課題は出さないわよ。ウェブサイトを見ることになっているわ，覚えている？
★： ああ，そうだった。ええと，何をすればよいのか教えてくれる？
☆： ええ。ユニット7の最後にある質問よ。明日，授業の最初に出すのよ。
★： 分かった，ありがとう。今晩やることにするよ。
☆： いくつかの質問はとても難しいわ。行き詰まったら私に電話して。
質問： 男性は何を知りたがっていましたか。

1 彼らの提出課題が何か。
2 授業のウェブサイトの見つけ方。
3 彼らの次の試験がいつ行われるか。
4 いくつかの難しい質問の答え。

解説

男性の2回目の発言に can you tell me what we're supposed to do? とあります。それに対して，女性の2回目の発言では The questions at the end of Unit Seven. と答えています。

Vocabulary
☐ statistics 名 統計学   ☐ mention 動 ～を話に出す，～に言及する   ☐ due 形 (提出などの) 期限の
☐ get stuck まごつく，詰まる

No. 8　正解：2　　Track 10

スクリプト

★： Excuse me. Are you the course professor for Spanish 301?
☆： Yes. How can I help you?
★： I'm a new student here, and I'd like to join your class.
☆： That's an advanced Spanish course. Have you completed intermediate Spanish?
★： No. But my mother is from Mexico. We speak Spanish at home all the time. I think I'd be OK in the class.
☆： Possibly, but you'll have to take a placement test so I can check your level.
★： OK. No problem.
☆： Great. Come back to my office this afternoon and I'll give you the test.
Question： Why does the student think he is qualified to take the class?

全訳

★： すみません，スペイン語301の講義の先生でいらっしゃいますか。
☆： はい。何でしょうか。
★： 僕はここの新入生なのですが，先生の授業を受けたいのです。
☆： それは上級スペイン語の講義です。中級スペイン語は終えたのですか。
★： いいえ。でも僕の母はメキシコ出身です。僕たちは家でずっとスペイン語を話しています。授業でも大丈夫だと思います。
☆： そうかもしれませんね。でもあなたのレベルをチェックできるように，あなたにはクラス分けテストを受けてもらわなければなりません。
★： 分かりました。問題ありません。
☆： 結構です。今日の午後，私の研究室にまた来てください。テストを行います。
質問： 学生がその授業を受ける資格があると考えるのはなぜですか。

1 彼は子どものころ，メキシコに住んでいたから。
2 彼は家でスペイン語を話すから。
3 彼はクラス分けテストに合格したから。
4 彼は中級スペイン語を修了したから。

解説

先生は2回目の発言で Have you completed intermediate Spanish?「スペイン語の中級レベルを終えましたか」と言っていますが，学生は No. But my mother is from Mexico. We speak Spanish at home ... と，家庭で日常的にスペイン語を使っていることを理由に，I'd be OK ... と述べています。

Vocabulary
☐ intermediate 形 中級の   ☐ placement test クラス分けテスト   ☐ qualified 形 資格のある，必要条件を満たした

No. 9　正解：**1**　　Track 11

‖ スクリプト ‖

- ★：Hi, Emiko! Are you all set for next week?
- ☆：Actually, no, Dan. I have a problem in one of my other courses.
- ★：Oh. Did you explain to your professors that the field work is a requirement for geography?
- ☆：Yes, but my English professor, Dr. Kelly, has scheduled an important quiz during that week. She says that I can miss class, but I won't be able to take the quiz later.
- ★：I see. Well, maybe that's not such a problem.
- ☆：Really? How so?
- ★：I took Dr. Kelly's class last semester, and as I recall, she lets students get extra credit at the end of the semester by writing a report on a selected topic. It's worth almost the same amount of points as one quiz.
- ☆：Oh, that's right. Thanks for reminding me, Dan.

Question：What does Dan point out to Emiko?

全訳

- ★：やあ，エミコ！　来週の準備は万全？
- ☆：実はできていないの，ダン。別の講義で問題があるの。
- ★：おや。先生たちに地理学には現地調査が必修なことは説明した？
- ☆：ええ，でも英語のケリー博士はその週に大切なテストを予定しているの。彼女からは，授業を休んでもよいけれど，後でテストを受けることはできないと言われているの。
- ★：なるほど。そうだなあ，多分それは大した問題ではないよ。
- ☆：本当？　それはどうして？
- ★：僕は前の学期にケリー博士の授業を取ったけれど，記憶によれば，選択テーマのレポートを書けば学期末に追加の単位を学生にくれるよ。試験1回分とほとんど同じ点数に値するんだ。
- ☆：あら，そうだったわ。思い出させてくれてありがとう，ダン。

質問：ダンはエミコに何を指摘していますか。

1 彼女がレポートを書けば点数を追加してもらえること。
2 彼女のレポートの締め切りが延びたこと。
3 地理学の旅行は必修ではないこと。
4 彼女のテストは予定が変更になったこと。

解説

男性の最後の発言で she lets students get extra credit at the end of the semester by writing a report と述べていることから，レポートの提出が a quiz「小テスト」の代わりになることが分かります。

Vocabulary
- ☐ be set for ~　~の準備が整っている　☐ field work　実地調査，野外作業　☐ schedule 動 ~を予定する
- ☐ quiz 名 小テスト　☐ miss class　授業を逃す　☐ recall 動 思い出す　☐ remind 動 ~に思い出させる，気付かせる
- ☐ reschedule 動 ~の予定を変更する

No. 10　正解：**1**　　Track 12

‖ スクリプト ‖

- ☆：Hello, Student Services. Lydia speaking.
- ★：Hello. I'm calling because I haven't received my student ID card in the mail yet. I thought I should make sure that you mailed it to the correct address.
- ☆：Sure. What's your name and student number?
- ★：Hiro Satsuki, 946369.
- ☆：Hmm… It says we mailed it out three weeks ago. Have you moved recently?
- ★：About two months ago, but I updated my address online. It should be 1234 Seacrest Ave., Berkeley, California.
- ☆：It seems your address hasn't been updated in our system for some reason. We'll send out a new ID card tomorrow to your current address. You should have it in a week.
- ★：Thank you.

Question：Why didn't the student receive his student ID card?

全訳

☆： はい，学生課のリディアです。
★： こんにちは。まだ学生証の郵便が届いていないので電話しています。正しい住所に送っていただいたか確認したいと思いまして。
☆： 分かりました。名前と学生番号を教えてください。
★： サツキヒロ，946369 です。
☆： ええと…3週間前に郵送しているとの記録があります。最近引っ越しましたか。
★： 2カ月ほど前に。ただ，ネット上で住所を更新しました。1234 シークレスト通り，バークレー市，カリフォルニア州です。
☆： 何らかの理由で，あなたの住所はこちらのシステム上では更新されていないようです。明日，あなたの現在の住所に新しい学生証を送ります。1週間で間違いなく届くでしょう。
★： ありがとうございます。

質問：学生はなぜ学生証を受け取っていないのですか。
1 システムにある彼の住所が正しくなかったから。　**2** 彼の郵便物は3週間遅れたから。
3 彼は新しい住所を登録し忘れたから。　**4** 彼は学生会費を払わなかったから。

解説

女性の最後の your address hasn't been updated という発言から，学生の新しい住所が更新されていないため，学生証が前の住所に届けられた可能性があるということが分かります。

Vocabulary
- move 動 引っ越す，移転する
- update 動 ～を更新する

Listening Part 1B

No. 11　正解：**1**　Track 14

スクリプト

★： The woman responsible for bringing the Red Cross medical organization to the United States was a nurse named Clara Barton. In Europe, the Red Cross was originally set up to help soldiers in wars. But Clara Barton thought that it could also be useful during natural disasters. When the American Red Cross office first opened in 1881, it helped with disasters like forest fires and hurricanes.

Question: What did Clara Barton do in 1881?

全訳

★： アメリカに赤十字の医療機関をもたらすという責任を果たした女性は，クララ・バートンという名前の看護師であった。ヨーロッパでは，赤十字はそもそも戦争中，兵士を助けるために設立された。しかし，クララ・バートンは，それが自然災害のときにも役立てられると考えたのだ。1881年にアメリカ赤十字の事務所が初めて開設されたとき，それは森林火災やハリケーンのような災害でも役立った。

質問：クララ・バートンは1881年に何をしましたか。
1 彼女はアメリカ赤十字をスタートさせた。　**2** 彼女はヨーロッパでの戦争中に看護師になった。
3 彼女は病気の治療法を発見した。　**4** 彼女は赤十字のためにヨーロッパへ行った。

解説

初めに The woman responsible ... was a nurse named Clara Barton. とあります。また，パッセージの最後で the American Red Cross office first opened in 1881 と述べられています。

Vocabulary
- bring ～ to ... …に～をもたらす，導く
- the Red Cross 赤十字
- set up ～を設立する
- natural disaster 自然災害
- forest fire 森林火災
- cure 名 治療，治療法

No. 12　正解：**1**　Track 15

スクリプト

☆☆： A kind of garden called a food forest is becoming a popular way to grow fruits and vegetables. Food forests have several layers, beginning with grains and herbs, and ending with bigger plants like berry bushes and fruit trees. Once grown, the food forest takes care of itself just like forests in nature. After a few years, the gardener has very little work to do, and a well-planned food forest can supply fruits, vegetables, and herbs for many years.

Question: What advantage of a food forest does the speaker mention?

全訳

☆☆: フードフォレストという名前の一種の菜園が果物や野菜を育てる方法として広まっている。フードフォレストはいくつか階層があり，穀草とハーブから始まり，ベリーの低木や果物の成る木などもっと大きい植物に至る。一度育つと，フードフォレストはまさに自然界の森のように森が自らを管理する。数年後には，栽培者はほとんど作業がなくなり，しっかりと計画を立てられたフードフォレストは長年にわたり果物，野菜，ハーブを提供してくれるのである。

質問：話し手はフードフォレストのどんな利点を述べていますか。

1 あまり労力をかけずに食べ物を提供してくれる。 2 草しか用いずに育つ。
3 複数の栽培者が共有できる。 4 他のフードフォレストに水を提供する。

解説

パッセージの中頃に Once grown, the food forest takes care of itself とあり，次の発話では the gardener has very little work to do とあることから，フードフォレストは，一度育てば手間がかからないことが分かります。そこから選択肢にある little effort と関連づけることができます。

Vocabulary

☐ layer 名 層 ☐ grain 名 穀草，穀物 ☐ bush 名 低木 ☐ advantage 名 利点，強み ☐ grass 名 草，芝

No. 13 正解：1 Track 16

スクリプト

★★: Western University is well known for its outstanding agriculture program. Every summer, 10 students are chosen for an internship at a local organic farm. The job requires a lot of physical work, but most students say they enjoy the opportunity to work with professional organic farmers. Although the internship doesn't pay well, it gives the students a chance to ask questions while they're working and gain valuable real-life experience.

Question: What is mentioned as a particular advantage of the program?

全訳

★★: ウェスタン大学はその優れた農業プログラムで有名です。毎年，夏に，地元の有機農場でのインターンシップに10人の学生を選抜します。この仕事は相当の肉体労働を要しますが，多くの学生が本職の有機農家と一緒に働く機会は楽しいと言います。このインターンシップの給料は高くありませんが，学生は働きながら質問をしたり，貴重な実体験をしたりする機会を得られます。

質問：プログラムの特別な長所として何が述べられていますか。

1 本職の農家から学べること。 2 勉強しながらお金を得られること。
3 特別な資格を得られること。 4 のんびりしたペースで働くこと。

解説

パッセージの中頃に they enjoy the opportunity to work with professional organic farmers とあります。

Vocabulary

☐ outstanding 形 優れた，目立った ☐ agriculture 名 農業，農学 ☐ organic 形 有機の
☐ physical work 肉体労働 ☐ opportunity 名 機会 ☐ pay well 給料が高い ☐ particular 形 特別の，特有の
☐ qualification 名 資格

No. 14 正解：2 Track 17

スクリプト

☆☆: The Erasmus Programme is a popular academic-exchange program in Europe that allows European students to study at other European universities. It also sends professors and university staff to teach and work at partner universities. However, it is not open to all European universities. Institutions have to obtain permission to join. This serves to maintain the quality of the program's education.

Question: How is the program able to maintain its quality?

全訳

☆☆: エラスムスプログラムはヨーロッパで人気のある学術交流プログラムで，ヨーロッパの学生は他のヨーロッパの大学で勉強することができます。さらに，それは提携大学で教鞭を執ったり働いたりするために，教授や大学職員も

派遣します。しかし，それはヨーロッパのすべての大学に開かれているわけではありません。大学は参加にあたり承認を得なければなりません。それにより，このプログラムの教育の質は維持できるのです。

質問：プログラムはどのようにその質を維持することができますか。
1 成績のよい学生しか参加できない。
2 承認された大学しか参加できない。
3 ヨーロッパの大学にしか開かれていない。
4 大学の教授にしか開かれていない。

解説

パッセージの最後に Institutions have to obtain permission to join. This serves to maintain the quality とあります。大学がプログラムに参加するには事前の許可が必要と述べており，これを別の表現に言い換えた選択肢 **2** が正解となります。

Vocabulary
☐ institution 名 機関，団体，学会　☐ maintain 動 ～を維持する，続ける

No. 15 正解：3　Track 18

‖スクリプト‖

★★： Good morning, class. Next Monday, instead of my usual biology lecture, we'll be having a guest speaker—a former graduate student who took this course 10 years ago. Last year she spent several months on a research ship studying coral reefs. She'll be making a 30-minute presentation about the findings for us. Afterwards, there'll be a Q-and-A session to take any questions you may have for her.

Question：What will students do in next Monday's class?

全訳

★★： みなさん，おはようございます。来週の月曜日は，通常の私の生物の講義の代わりにゲストを迎えて話をしていただきます。10年前にこの授業を取った大学院の卒業生です。去年，彼女は数カ月，サンゴ礁を研究する調査船に乗りました。彼女はその調査結果を私たちに30分間プレゼンテーションしてくれます。その後で質疑応答の時間がありますので，彼女への質問を受け付けます。

質問：来週の月曜日の講義で，学生は何をしますか。
1 プレゼンテーションをする。
2 生物の試験を受ける。
3 特別講義を受ける。
4 研究現場を訪れる。

解説

話の初めに Next Monday, instead of my usual biology lecture, we'll be having a guest speaker と述べていることから，通常の生物の講義の代わりに来賓の講演があると分かります。

Vocabulary
☐ biology 名 生物学　☐ coral reef サンゴ礁

No. 16 正解：2　Track 19

‖スクリプト‖

★★： Last year, a group of our students entered the National Engineering Competition and designed a car made from recycled plastic. We're proud to say that they won second place, with first place going to a robot designed by Farpoint University. I'm organizing our college's team for this year's contest. We're planning to develop a new system for collecting rainwater. If you'd like to participate, please see me during my office hours. We still have three openings on the team.

Question：Who should visit the speaker?

全訳

★★： 昨年，当大学の学生グループが全国エンジニアコンテストに出場し，再生プラスチックでできた車を設計しました。彼らが2位を獲得したことをお伝えできるのをうれしく思います。優勝したのはファーポイント大学が造ったロボットでした。今年のコンテストに向けて，当大学でチームを結成中です。私たちは雨水を集める新しいシステムの開発を計画しています。参加希望者はオフィスアワーに私のところに来てください。チームにはまだ3人の空きがあります。

質問：だれが話し手を訪れなければなりませんか。
1 行事のチケットを予約したい学生。
2 コンテストに参加したい学生。
3 ファーポイント大学を見学したい学生。
4 エンジニアの授業を受けたい学生。

解説

話の後半で If you'd like to participate, please see me と話し手が述べています。話の最初と2で使われてい

る enter は participate と同義の動詞です。

Vocabulary
- ☐ engineering 图 工学　☐ be proud to ~　~することをうれしく思う　☐ rainwater 图 雨水
- ☐ office hours オフィスアワー，（教員の）研究室在室時間　☐ opening 图 (地位・職などの) 空き

No. 17　正解：2　Track 20

‖ スクリプト ‖

☆： "Smart mobs" are groups of people in which those involved utilize current communication technology to come together briefly, perform some specific act, and then disperse. The acts were initially light-hearted, but they have become more and more political. In 2009, during the G20 summit, 2,000 smart mobs gathered in 100 countries to demand attention on climate change. In the 2011 Canadian election, youths organized smart mobs to signal that they were politically engaged.

Question： What does the speaker imply about smart mobs?

全訳

☆：「スマートモブズ」とは，現代のコミュニケーション技術を用いて短時間集まり，特定のパフォーマンスなどをして解散するという人たちが参加する集団である。当初，その活動は気楽なものだったが，徐々に政治的なものになった。2009年，G20サミットの期間，100カ国で2,000のスマートモブズが集まり，気候変動へ注意を向けることを要求した。2011年のカナダの選挙では，若者たちがスマートモブズを組織して，彼らが政治に参加していることを示した。

質問：話し手はスマートモブズについて何を示唆していますか。
1 カナダで発生した。
2 ますます政治的になっている。
3 人気がなくなってきている。
4 組織するのが難しい場合がある。

解説

パッセージの中程で The acts were initially light-hearted, but they have become more and more political.「…徐々に政治的なものになった」と言っていますから，選択肢 2 の内容が一致します。

Vocabulary
- ☐ involved 形 (活動などに) 参加している，関係している　☐ utilize 動 ~を利用する　☐ come together 集まる
- ☐ briefly 副 少しの間　☐ disperse 動 散らばる，分散する　☐ light-hearted 形 気楽な，のんきな
- ☐ political 形 政治的な　☐ demand 動 ~を要求する　☐ attention 图 注目　☐ climate change 気候変動
- ☐ election 图 選挙　☐ youth 图 若い人　☐ signal 動 …を示す，…を伝える　☐ engaged 形 関係している，携わる

No. 18　正解：2　Track 21

‖ スクリプト ‖

★★： A recent survey of first-year university students revealed that a large percentage of incoming freshmen had difficulty managing their budgets even before their first semester began. While most of them planned well for things like tuition and housing, many overlooked other expenses such as textbooks and lab equipment. The study also found that students usually prefer to take on a job to pay for these expenses rather than borrow money from a bank or apply for financial aid.

Question： According to the survey, how do many students prefer to handle the problem of unexpected expenses?

全訳

★★：大学1年生を対象にした最近のアンケートによって，入学する新入生の多くは，1学期さえ始まる前から経費を間に合わせるのに苦労していることが明らかになった。彼らの多くは授業料や住居費のような計画はしっかり立てているが，教科書代や実験室の設備費など他の費用を見落としている人が多い。さらに，学生はこのような費用を支払うために銀行からお金を借りたり，学資援助に申し込んだりするよりは，たいていアルバイトを始める方を好むことも判明した。

質問：アンケートによると，多くの学生は予期せぬ出費の問題に対処するにはどうすることを好みますか。
1 ローンや学資援助を得る。
2 費用を補うために仕事を探す。
3 本代や研究設備費を削る。
4 住居費や他の出費の計画をうまく立てる。

解説

パッセージの最後に students usually prefer to take on a job to pay for these expenses rather than borrow money とあり，お金を借りるよりも仕事を持つ方を選ぶという内容が述べられています。

Vocabulary
- [ ] incoming 形 入ってくる, 新入りの
- [ ] housing 名 住宅供給, 住宅計画
- [ ] overlook 動 ～を見落とす
- [ ] expense 名 費用
- [ ] financial aid 学資支援, 奨学金
- [ ] handle 動 ～を扱う, ～に対処する
- [ ] unexpected 形 予期しない, 思いがけない

No. 19　正解：1　Track 22

‖スクリプト‖

☆： I've read the majority of your papers. While there were a few good ones, frankly, I was surprised by the number of you who failed to provide enough sources for quotations and information taken from other authors. Anytime your writing mentions an idea that is not your own, you need to indicate, either in footnotes or your bibliography, where you took that idea from. You should all know this by now.

Question： What does the speaker say about the students' papers?

全訳

☆： みなさんの論文はほとんど読みました。良いものもいくつかあったのですが，正直に言えば，他の著者からの引用や情報に十分な出典を出していない人の数に驚きました。自分の文章に自分のものではない意見を出す場合は，必ずその意見の出所を脚注か参考文献目録に記載しなければなりません。みなさんはもうこれを知っていていいころです。

質問： 話し手は学生の論文について何と言っていますか。

1 出典を出していない人がたくさんいた。
2 ほとんどが驚くほどうまく書けていた。
3 ほとんどが違うテーマについて書かれていた。
4 他の学生の意見をそのまま入れて書いたものが多かった。

解説

話の初めの方で failed to provide enough sources for quotations and information と言っていますから，学生たちが出典を明記せずに引用したことが分かります。

Vocabulary
- [ ] majority 名 大多数, 過半数
- [ ] frankly 副 正直に言って
- [ ] fail to ～ ～することを怠る, ～しない
- [ ] source 名 出典
- [ ] quotation 名 引用
- [ ] indicate 動 ～を表示する, 指し示す
- [ ] footnote 名 脚注
- [ ] bibliography 名 参考文献目録
- [ ] contain 動 ～を含む

No. 20　正解：4　Track 23

‖スクリプト‖

★★： The giant Pacific octopus is the largest species of octopus in the world. Despite having a short life-span of just four years or so, these animals are intelligent and have excellent eyesight, which makes them good hunters. They catch their prey with their long arms, and inject a poison to kill it. Because these creatures do not live in groups and are hard to track, scientists are not sure how many of this species there really are.

Question： What does the speaker imply about the giant Pacific octopus?

全訳

★★： ミズダコは世界最大のタコの種である。寿命はわずか4年ほどと短いが，高い知能と優れた視力を持っているので巧みに獲物を捕らえる。長い脚で獲物を捕まえると毒を流し込み，それを殺す。この生物は群れをなして生息していないため追跡が難しく，科学者たちはこの生物が実際はどれくらい存在しているのか分かっていない。

質問： 話し手はミズダコについて何を示唆していますか。

1 最も知能が高い水中生物だ。
2 たいてい群れをなしているところを発見される。
3 数が急速に増えている。
4 実数が不明だ。

解説

パッセージの最後の scientists are not sure how many of this species there really are から，このタコの実際の生息数は不明ということになります。

Vocabulary

- □ species 名 種 □ intelligent 形 知能の高い □ eyesight 名 視力, 視界, 視野 □ prey 名 獲物
- □ inject 動 ～を注ぎ込む, 注射する □ poison 名 毒 □ creature 名 生物, 動物
- □ track 動 ～の跡を追う, ～を突き止める

Listening Part 1C

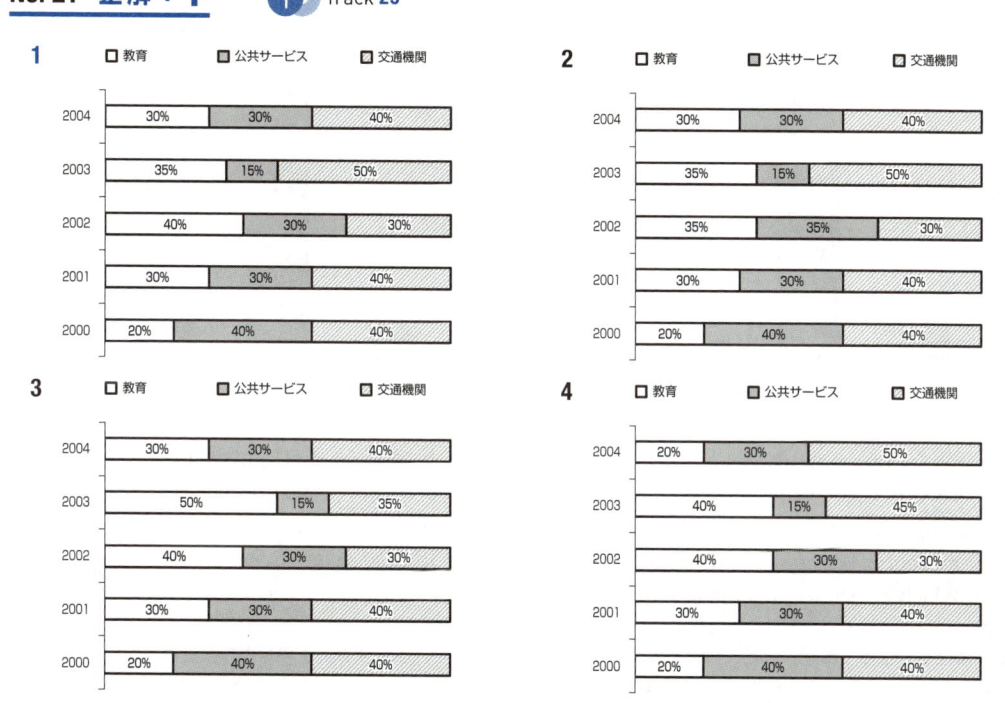

No. 21 正解：1   Track 25

1 □教育 ■公共サービス ▨交通機関

年	教育	公共サービス	交通機関
2004	30%	30%	40%
2003	35%	15%	50%
2002	40%	30%	30%
2001	30%	30%	40%
2000	20%	40%	40%

2 □教育 ■公共サービス ▨交通機関

年	教育	公共サービス	交通機関
2004	30%	30%	40%
2003	35%	15%	50%
2002	35%	35%	30%
2001	30%	30%	40%
2000	20%	40%	40%

3 □教育 ■公共サービス ▨交通機関

年	教育	公共サービス	交通機関
2004	30%	30%	40%
2003	50%	15%	35%
2002	40%	30%	30%
2001	30%	30%	40%
2000	20%	40%	40%

4 □教育 ■公共サービス ▨交通機関

年	教育	公共サービス	交通機関
2004	20%	30%	50%
2003	40%	15%	45%
2002	40%	30%	30%
2001	30%	30%	40%
2000	20%	40%	40%

‖ スクリプト ‖

☆: The city of Trentville altered its budget several times to fit the city's changing needs. As the child population grew, more money was required for education. In 2002, education accounted for 40 percent of the city's total budget. Spending on transportation peaked in 2003, when the city purchased a fleet of environmentally friendly buses. In fact, half of the entire budget for that year went towards transportation.

Question: Which graph best fits the description given?

全訳

☆: トレントヴィル市はニーズの変化に対応するよう予算を度々変更した。子どもの数が増えると教育費を増やす必要があった。2002年には, 教育費が市の総予算の40%を占めた。2003年には交通機関への支出が最大に達したが, この時は市が環境に優しいバス車両をまとめて購入したからである。実際, その年は全予算の半分が交通機関に充てられた。

質問: どのグラフがこの説明に最も対応していますか。

解説

パッセージの内容から, 2002年の教育費は予算全体の40%であったことが分かります。また後半に, in 2003, ... half of the entire budget ... went towards transportation とあります。2002年の教育費と2003年の交通機関への支出に注目して, グラフを読み取ります。

Vocabulary

- □ alter 動 ～を変える, 改める □ fit 動 ～に合う, 一致する □ need 名 (通例～s) ニーズ, 必要
- □ account for ～ ～の割合を占める □ spending 名 支出, 消費 □ transportation 名 交通機関, 乗り物の便
- □ fleet 名 (同一会社・組織の) 全船舶, 全航空機, 全車両
- □ -friendly (主に名詞・副詞に付けて) ～に害を及ぼさない, 優しい □ entire 形 全体の

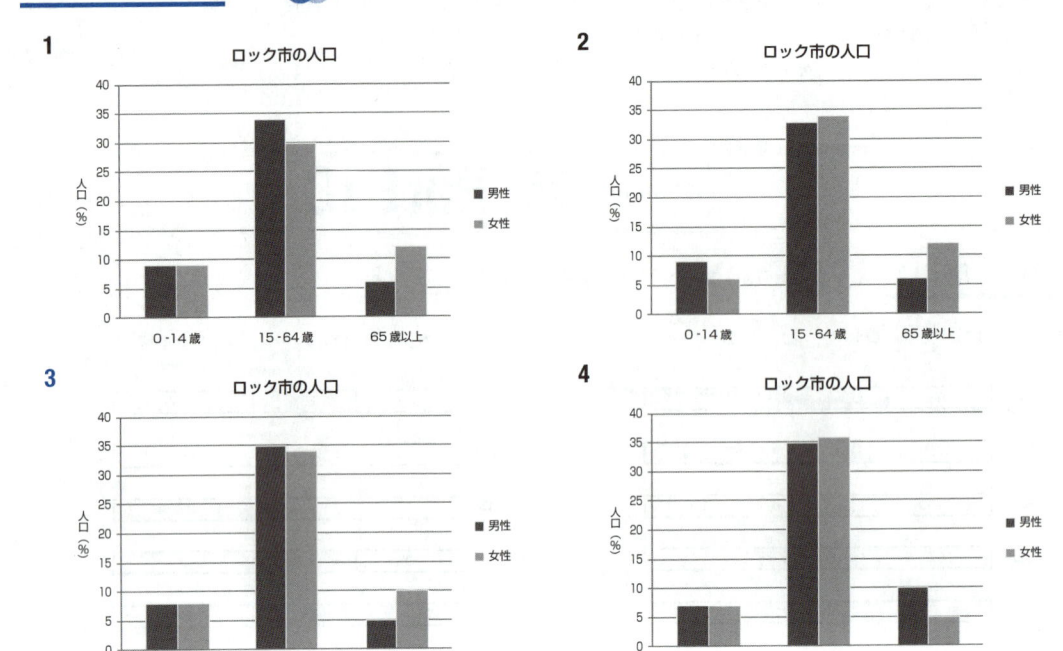

No. 22 正解：3　Track 26

1 ロック市の人口
2 ロック市の人口
3 ロック市の人口
4 ロック市の人口

(0-14歳, 15-64歳, 65歳以上; 男性/女性)

‖スクリプト‖

☆: The results of the 2010 census taken in Rock City have been a topic of conversation recently. The proportion of male children aged 14 and under is equal to the proportion of female children in that age group. However, the proportion of males 65 years and over is only half that of females in the same category. The proportion of males and females aged 15 to 64 differs by only 1 percent.

Question: Which graph best fits the description given?

全訳

☆: 2010年にロック市で実施された人口調査の結果が最近話題になっている。14歳以下の男児の割合はその年齢層の女児と同じである。ところが、65歳以上の男性の割合は同年齢層の女性のわずか半分なのである。15歳から64歳までの男性と女性の割合はたった1%しか差がない。

質問：どのグラフがこの説明に最も対応していますか。

解説

グラフの男女の比率に注目します。14歳以下では比率は同じで、65歳以上では男性が女性の半分で、15歳から64歳では1%だけ差があると述べられています。したがって、**3**が正解です。

Vocabulary
- □ census 名 国勢調査，人口調査　□ a topic of conversation 話題　□ proportion 名 割合，比率
- □ ～ and under [over] ～以下 [以上]　□ category 名 区分，部門　□ differ by ～ ～の差で異なる

No. 23 正解：4　Track 27

1, **2** （1990-2010年のグラフ：SUV車とトラック／ミニバン／「ファミリー」車／「エコ」車）

3

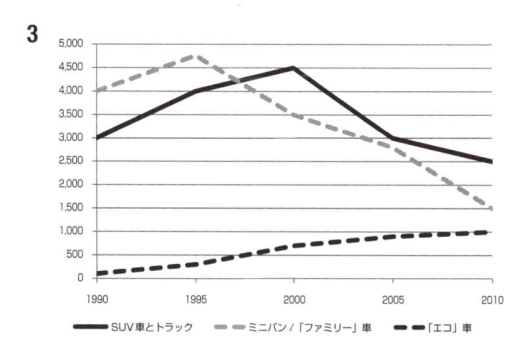

[Graph 3: Line chart 1990-2010, y-axis 0-5,000. SUV車とトラック (solid line), ミニバン/「ファミリー」車 (dashed gray), 「エコ」車 (dashed black)]

4

[Graph 4: Line chart 1990-2010, y-axis 0-5,000. SUV車とトラック (solid line), ミニバン/「ファミリー」車 (dashed gray), 「エコ」車 (dashed black)]

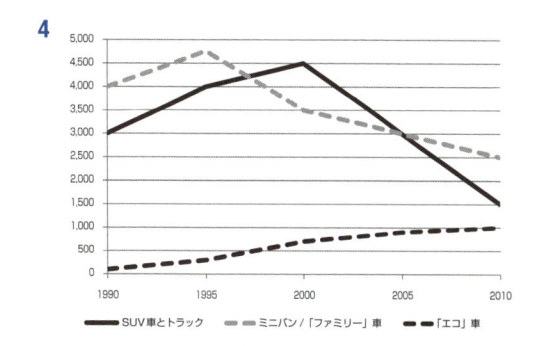

|| スクリプト ||

★★： There have been many changes over the past two decades in the types of cars people buy. For instance, sales of larger vehicles like SUVs and trucks increased throughout the 90s, but recent gas prices have caused many consumers to switch to smaller "eco" cars, like hybrid cars. Yet, although these types of cars have seen a steady increase in popularity, "family" cars still sell the most.

Question： Which graph best fits the description given?

全 訳

★★： 人々が購入する車の種類は過去20年間で大きく変わった。例えば，多目的スポーツ車（SUV）やトラックのような大型車の販売は90年代にずっと増加した。しかし，最近のガソリン価格のために多くの消費者はハイブリッド車のようなもっと小型な「エコ」車に移行している。しかし，このような車の人気が着実に高まっているものの，いまだに「ファミリー」車が最も売れている。

質問： どのグラフがこの説明に最も対応していますか。

解 説

SUVs and trucks は90年代に人気を博したが，ガソリン価格の影響で "eco" cars に乗り換えた人が多く，その人気は着実に高まっていると述べられています。また，最後に，"family" cars still sell the most とあることから，"family" cars の販売台数が一番多いことも分かります。

Vocabulary

- [ ] for instance 例えば　[ ] vehicle 名 乗り物，車　[ ] throughout 前 〜の間じゅう，〜の至る所に
- [ ] gas 名 ガソリン　[ ] switch to 〜 〜に切り替える　[ ] popularity 名 人気

No. 24　正解：**3**　Track 28

1

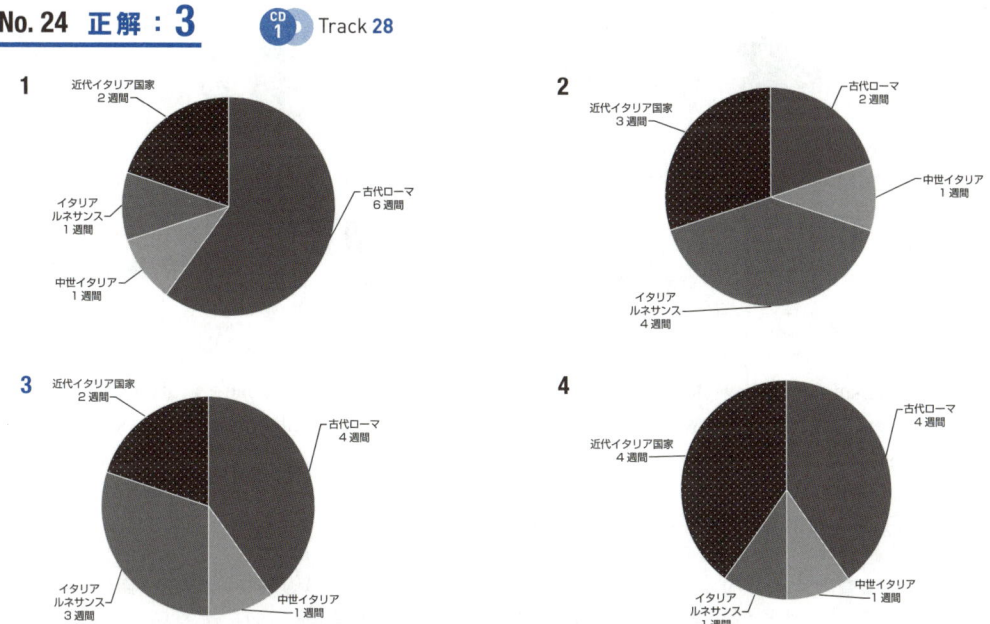

[Pie chart: 近代イタリア国家 2週間, イタリアルネサンス 1週間, 中世イタリア 1週間, 古代ローマ 6週間]

2

[Pie chart: 古代ローマ 2週間, 近代イタリア国家 3週間, 中世イタリア 1週間, イタリアルネサンス 4週間]

3

[Pie chart: 近代イタリア国家 2週間, 古代ローマ 4週間, 中世イタリア 1週間, イタリアルネサンス 3週間]

4

[Pie chart: 古代ローマ 4週間, 近代イタリア国家 4週間, 中世イタリア 1週間, イタリアルネサンス 1週間]

|| スクリプト ||

☆： Good morning, and welcome to this 10-week course on Italian history. We'll be spending nearly the entire first half of the course looking at ancient Rome. We'll then look briefly—just a week or so—at Italy during the medieval era. A large part of the second half of the term will cover the Italian

Renaissance, then we will finish with a couple of weeks on the modern Italian state.

Question: Which chart best fits the description given?

全訳

☆： おはようございます。そして，この10週間のイタリア史講座にようこそ。講座の前半のほとんどは古代ローマに目を向けます。それから1週間程度，ざっと中世のイタリアを見ます。学期後半の多くはイタリアルネサンスを扱い，その後2～3週間近代イタリア国家を扱って終了です。

質問： どの図がこの説明に最も対応していますか。

解説

this 10-week course … spending nearly the entire first half of … at ancient Rome と述べられていますので，講義開始後，前半のほとんどを古代ローマの歴史に充てることが分かります。続いて just a week or so—at Italy during the medieval era と続き，講義の後半ではイタリアルネサンスを大きく扱い，最後に2週間近代イタリア国家を扱うと語っています。

> **Vocabulary**
> □ ~ or so ~かそこら □ medieval 形 中世の □ era 名 時代 □ term 名 学期 □ cover 動 ~を含む，扱う
> □ the Renaissance ルネサンス □ modern 形 近代の

No. 25　正解：4　Track 29

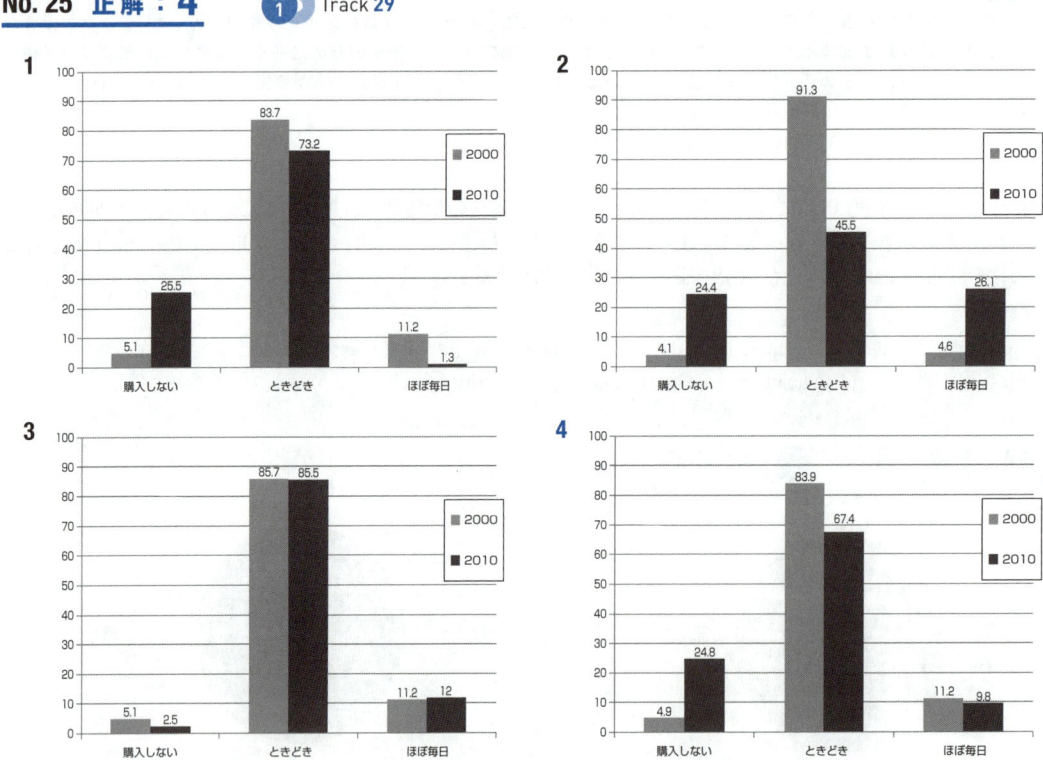

(グラフ1, 2, 3, 4：購入しない／ときどき／ほぼ毎日 の2000年と2010年の比較)

1: 購入しない 5.1／25.5，ときどき 83.7／73.2，ほぼ毎日 11.2／1.3
2: 購入しない 4.1／24.4，ときどき 91.3／45.5，ほぼ毎日 4.6／26.1
3: 購入しない 5.1／2.5，ときどき 85.7／85.5，ほぼ毎日 11.2／12
4: 購入しない 4.9／24.8，ときどき 83.9／67.4，ほぼ毎日 11.2／9.8

スクリプト

★★： A recent consumer survey shows that a major shift occurred in the public's attitude toward fast food between 2000 and 2010. While there was little change in the number of customers who report buying fast food almost every day, the number of people saying they never bought fast food increased fivefold—from around 5 percent to nearly 25 percent.

Question: Which graph best fits the description given?

全訳

★★： 最近の消費者調査により，2000年から2010年の間に人々のファストフードに対する姿勢が大きく変わったことがわかる。ファストフードをほとんど毎日買うと言う顧客数にはほとんど変化がなかったのに対し，ファストフードを全く買わなかったと言う人の数は約5%から25%弱と5倍に増えた。

質問： どのグラフがこの説明に最も対応していますか。

解説

little change in the number of customers … buying fast food almost every day と語っていますので，毎日フ

ァストフードを食べる人の数はほぼ同じです。また，the number of people saying they never bought fast food increased fivefold と言っていますから，**4** が正解です。

Vocabulary
☐ shift 名 変化　☐ occur 動 起こる，生じる　☐ attitude 名 姿勢，態度　☐ fivefold 副 5 倍に

Listening　Part 2A

A　Track 31
‖ スクリプト ‖

Situation: A student is meeting with a tutor at the university's study-skills center.
☆: Have a seat. How can I help you?
★: I'm hoping you can help me understand why I lost so many points on my history exam.
☆: OK, let me take a quick look... Hmm. It looks like you know the material, but you don't seem to know how to put it together in essay form.
★: Yeah, the professor wrote comments like "Incomplete" and "Disorganized."
☆: Lots of first-year students struggle with essay exams. It's a common problem, but fortunately it's pretty easy to fix.
★: Really? When I talked to Professor Murphy about my exam, she seemed worried that I might fail the course.
☆: I think we can stop that from happening.
★: How? What can I do?
☆: First thing to do when taking any essay exam is to read the questions carefully. Then, immediately write an outline that makes use of any key information that comes to mind.
★: An outline? That seems like a waste of time. I'm always anxious to get my answer down, so that I can move on to the next question. Later, if there's time, I go back to my answers and add information.
☆: That's why your professor wrote "Disorganized." Your answers to the essay questions don't have a beginning, middle, or end. They're just facts that haven't been connected. An outline will keep you focused.
★: Now that you mention it, my roommate showed me his exam—he's in the class, too. He wrote an outline but didn't have time to finish his essay before time was up. The professor gave him partial credit based on the information in the outline.
☆: Exactly. That's the other reason it pays to organize your ideas quickly before you start to write your essay.
★: OK, from now on I'll always write an outline.
☆: Good. It's a strategy that'll not only help you avoid forgetting important facts, but, more importantly, also help you write an organized essay.

Questions:
No. 26　What does the tutor say about the student's test answers?
No. 27　What is the tutor's opinion of the problem?
No. 28　What does the tutor suggest that the student do?

全訳
状況：学生が大学の学習スキルセンターで指導教官と会っている。
☆: お座りください。どうしましたか。
★: 歴史の試験でどうしてあれほどたくさん点数を引かれたのか，教えてもらえませんか。
☆: 分かりました，ちょっと見てみましょう…。そうですね。題材は理解しているようですが，小論文形式にまとめる方法が分かっていないようですね。
★: はい，先生のコメントには「不完全だ」とか「整理されていない」などと書かれていました。
☆: 多くの 1 年生は論述試験に苦労します。よくある問題ですが，幸い解決するのはとても簡単なのです。
★: 本当ですか。私がマーフィー教授と試験のことを話したときは，先生は私が落第するのではないかと心配しているようでした。
☆: そうならないようにできると思います。
★: どうやってですか。何をすればよいでしょうか。

☆：論述試験を受けるときにまずやることは，質問を注意深く読むことです。次に，頭に浮かんだ重要な情報をすべて使ってアウトラインをすぐに書きます。
★：アウトラインですか。それは時間の無駄のように思います。次の質問に進めるように，解答を書いておかなくてはといつも心配なのです。後で，もし時間があれば答えを見直して，情報を書き足します。
☆：だからあなたの先生が「整理されていない」と書いたのですね。論述試験のあなたの答えには前書き，本文，結論がありません。つながりのない事実だけです。アウトラインによって焦点を絞ることができます。
★：そう言われてみると，ルームメートが彼の試験を見せてくれました。彼もその授業を取っています。彼はアウトラインを書いていましたが，時間内に書き終えることができませんでした。先生はアウトラインにある情報に基づいて部分点を与えていました。
☆：そうなのです。論文を書き始める前に，素早くあなたの考えを整理することが得策だというもう1つの理由はそれです。
★：分かりました。今後は必ずアウトラインを書くようにします。
☆：結構です。それは重要な事実を忘れないようにするだけでなく，もっと重要なことに，整った小論文を書くのに役立つ対策でもあります。

No. 26 正解：2　Track 32

問題の訳
指導教官は学生の答案について何と言っていますか。
1 短すぎた。
2 きちんと整理されていなかった。
3 誤った情報が含まれていた。
4 部分点に値しなかった。

解説
指導教官の2回目の発言 but you don't seem to know how to put it together in essay form で，小論文の形式にはなっていないと言っています。また，次の発言にある教授のコメント "Incomplete" や "Disorganized" からも，学生には小論文のまとめ方が分かっていないと推測できます。

No. 27 正解：4　Track 33

問題の訳
問題について指導教官の意見は何ですか。
1 教授にも一部責任がある。
2 1年生には珍しい。
3 学生はその講義に落第するかもしれない。
4 修正するのは難しくない。

解説
学生が I might fail the course と心配している部分がありますが，指導教官はその前に it's pretty easy to fix と発言しています。選択肢2の uncommon は，common「よくある」であれば正解となります。

No. 28 正解：3　Track 34

問題の訳
指導教官は学生に何をするように提案していますか。
1 もっと注意深く文章を見直す。
2 もっと長い論文を書く練習をする。
3 論述試験を受けるときはアウトラインを書く。
4 先生にそのコメントについて説明してもらうよう頼む。

解説
指導教官の発言 First thing to do 以降に該当箇所があります。教官は write an outline that makes use of any key information「大切な情報を用いてアウトラインを書く」というアドバイスをしています。

Vocabulary
- ☐ study-skills center 学習スキルセンター　☐ disorganized 形 整理されていない
- ☐ struggle with ~ ~と格闘する，苦労して~に取り組む　☐ fail a course 授業に落第する，単位を落とす
- ☐ stop ~ from ...ing ~が...するのを阻止する　☐ come to mind 頭に浮かぶ　☐ be anxious to ~ ~するのを切望する
- ☐ move on to ~ ~に移る，進む　☐ partial credit 部分点　☐ it pays to ~ ~するのが得策だ，割に合う
- ☐ from now on 今後は　☐ deserve 動 ~に値する

B Track 35

||スクリプト||

Situation: A Japanese teacher at an American university meets one of her students in the hallway.

☆: Raymond, how are you?

★: Hello, Ms. Honda. I'm fine.

☆: I read your speech draft last night. It was so interesting! Is it a true story?

★: Yes, unfortunately. When I visited Osaka last year, I couldn't find my hotel. I got lost, and it was late, so I ended up sleeping at an Internet café. A lot of unexpected things happened that night. It was quite an experience.

☆: Well, I'm glad you survived. It's a great story. You should enter the university's Japanese speech contest.

★: Speech contest? No, I don't like speaking in front of groups.

☆: Yes, but you're going to have to memorize your speech and present it to our class anyway, so why not give it a try?

★: I don't know. How many people usually attend the speech contest?

☆: About sixty. That's only twice the size of our class. And if you win, the prize is a trip to participate in the national contest in Boston. From there, you could win a trip to Japan.

★: Do you think I would have a chance at winning?

☆: You'd have a good chance, if you practiced a lot. Your story is entertaining enough. And I was surprised—the Japanese was nearly perfect! It sounded very natural.

★: I can't take all the credit for that. I have to admit that my Japanese friend, Keisuke, helped me with it.

☆: But you still wrote it, right?

★: Yes. He just corrected my mistakes and added a few expressions to make it sound more natural.

☆: That's fine, then. Teachers edit and revise all of the students' speeches anyway. OK. I have to run. I'll see you in class on Thursday. Please think about the contest.

★: I will. Thank you.

Questions:

No. 29 What happened to Raymond in Osaka?
No. 30 According to the teacher, why should Raymond enter the speech contest?
No. 31 What does Raymond admit about his speech?

全訳

状況：アメリカの大学で，日本人の先生が廊下で彼女の学生の1人に会っている。

☆：レイモンド，元気ですか。

★：こんにちは，ホンダ先生。僕は元気です。

☆：昨日の夜，あなたのスピーチ原稿を読みました。とても面白かったです！ 実話なのですか。

★：はい，残念ながら。僕が昨年大阪を訪れたとき，ホテルを見つけることができなかったんです。道に迷い，夜も遅かったので，インターネットカフェで寝ることになってしまいました。その夜は予期しないことがたくさん起きました。なかなかの経験でした。

☆：まあ，あなたが切り抜けられてよかったです。すごい話ですね。大学の日本語スピーチコンテストに出場するべきです。

★：スピーチコンテストですか。いいえ，僕は大勢の人の前で話すのは好きではありません。

☆：そうですか。でもどちらにしても，スピーチを暗記してクラスのみんなに発表しなければならないのですよ。それならやってみたらどうですか。

★：分かりません。いつも何人くらいの人がスピーチコンテストに来るのですか。

☆：60人くらいです。私たちのクラスのたった2倍の人数ですよ。それにもし優勝すれば，賞品はボストンで行われる全国大会への出場旅行です。そこから，日本への旅行の賞品を手にできるかもしれません。

★：優勝の可能性はあると思いますか。

☆：たくさん練習すれば十分ありますよ。あなたの話は十分面白いです。それに，驚いたのですが，日本語はほとんど完璧でしたよ！ とても自然な感じがしました。

★：そんなふうに褒めていただくわけにはいきません。実は，僕の日本人の友人のケイスケが手伝ってくれたんです。

☆：でも，あなたが書いたのですよね。

★：はい。彼は間違いを直して，もっと自然になるようにいくつか言葉を加えてくれただけです。

☆：それなら大丈夫です。いずれにしても，学生のスピーチはすべて，先生が見直して修正しますから。それでは，私は急がないと。木曜日の授業で会いましょう。コンテストのことは考えておいてください。

★：そうします。ありがとうございます。

No. 29 正解：1　 Track 36

問題の訳

大阪でレイモンドに何が起きましたか。
1 ホテルを見つけることができなかった。
2 空港で荷物をなくした。
3 違う電車に乗った。
4 帰りの飛行機に乗り損ねた。

解説

レイモンドの言葉 I couldn't find my hotel. I got lost, ... sleeping at an Internet café. という部分で，大阪での体験が具体的に述べられています。その他の選択肢にある，airport, train, flight などは会話とは関係ありません。

No. 30 正解：2　 Track 37

問題の訳

先生によると，レイモンドはなぜスピーチコンテストに出場すべきなのですか。
1 彼はきっと優勝するから。
2 彼には人に聞かせたら面白い話があるから。
3 彼は人前で話すのが得意だから。
4 彼はクラスで最高得点を取るから。

解説

先生は It's a great story. You should enter the university's Japanese speech contest. と言っています。レイモンドが非常に面白い体験をしたので，その内容をコンテストで話すように勧めています。レイモンドから優勝の可能性を問われた先生は，You'd have a good chance, if you practiced a lot. と答えていますが，確実に1等になると言っているわけではありませんから，1は誤りです。

No. 31 正解：2　 Track 38

問題の訳

レイモンドは自分のスピーチについて何を認めていますか。
1 彼のアイディアは他の人のものだった。
2 彼の友人が改善するのを手伝ってくれた。
3 その一部は作り話だった。
4 すべて一夜で書き上げた。

解説

レイモンドは I have to admit that my Japanese friend, Keisuke, helped me with it. 「…日本人の友だちのケイスケにスピーチ原稿を書くのを手伝ってもらった」と会話の後半で語っています。

Vocabulary

- hallway 名 廊下
- speech draft スピーチ用の原稿
- get lost 道に迷う
- end up ~ing 結局~することになる
- survive 動 切り抜ける
- why not ~? ~したらどうですか。
- twice the size of ~ ~の2倍の大きさ
- sound natural 自然に聞こえる
- take credit for ~ （功績など）を認められる
- admit 動 …を認める

C　 Track 39

|| スクリプト ||

Situation: Two students are talking to their advisor about studying abroad.

☆： Thanks for meeting with us today, Professor Rhys.

★★： My pleasure. I'm happy to hear you two are planning to go abroad this summer. Have you decided where you'd like to apply?

☆： Well, that's what we wanted to talk to you about.

★： Yeah. Actually, we have two ideas and wanted to get your opinion.

★★： OK, what are your options?

☆： The first program is in London. We'd spend the summer taking classes at Arthur College. They offer several different courses in international business, like marketing, and they also include language classes.

★： The business classes are taught in English of course. Some of them can be counted toward our degree.

★★： I see. Well, that sounds like a good challenge. What's the other program you're thinking about?

☆： It's in Australia. But it's very different from the London program.

★: Yeah, Southern Institute, in Sydney, offers an internship program. Instead of going to class, we'd work at a company and get college credit for it.

★★: Now, that sounds interesting. Do you know what kind of company you'd work for?

☆: Actually, that's what's really exciting. There are several different types of companies participating. You can work in a law office, for a manufacturer, or even at a fashion magazine! The only problem is that the program is harder to get into.

★: Both programs require good grades, and you have to pass an English test. In London, as long as we meet the requirements, we can get in.

☆: But there are only a few openings for the Australia program, so there's a lot of competition. Last year only 10 percent of the applicants got accepted.

★★: Hmm. Well, it sounds to me like you'd prefer the Australia program. But both programs would help you, so why don't you apply for both and see where you get accepted? Then you can make a decision.

Questions:
No. 32 What is true about the program in London?
No. 33 What is the students' main concern about the program in Sydney?
No. 34 What will the students probably do next?

全訳

状況：2人の学生が留学について指導教官と話している。

☆: 今日は私たちに会っていただいてありがとうございます，リース教授。

★★: いいですよ。2人がこの夏留学する予定だと聞いてうれしいです。どこに出願するか決めましたか。

☆: ええと，その件でお話ししたいのです。

★: はい。実は，2つ考えていて，ご意見を伺いたいのです。

★★: 分かりました，候補はどこですか。

☆: 1つ目のプログラムはロンドンであります。夏，アーサー大学の授業を受けようと思います。マーケティングのようなさまざまな国際ビジネスの講座がありますし，語学の授業もあるのです。

★: ビジネスの授業はもちろん英語で行われます。私たちの学位の評価につながるものもあります。

★★: なるほど。まあ，それはなかなかの挑戦のようですね。もう1つ，考えているプログラムは何ですか。

☆: それはオーストラリアであります。ただ，それはロンドンのプログラムとは全く異なるのです。

★: はい，シドニーにあるサザン・インスティテュートではインターンシッププログラムを提供しています。授業に行く代わりに，企業で働いて大学の単位をもらうのです。

★★: おや，それは面白そうですね。どのような企業で働くのか分かりますか。

☆: 実は，それが本当にすごいところなんです。さまざまな種類の企業が参加しています。法律事務所，製造会社，さらにファッション誌でも働くことができます！　唯一の問題は，このプログラムの方が受かりにくいのです。

★: 両方のプログラムには良い成績が必要で，英語の試験に受からなくてはいけません。ロンドンの方は，私たちが条件を満たす限り入ることができます。

☆: ただ，オーストラリアのプログラムの方は数人しか空きがありませんから，競争が激しいのです。去年は応募者の10%しか受かりませんでした。

★★: うーん。そうですねえ，2人はオーストラリアのプログラムの方が気に入っているような感じですね。でも，どちらのプログラムも勉強になるでしょう。それなら，両方に応募してどちらに受かるか様子を見てはどうですか。そうすれば決めることができますよ。

No. 32　正解：4

問題の訳

ロンドンのプログラムに関して当てはまるものはどれですか。
1　学生たちは試験を受ける必要がない。
2　学生たちはビジネスの学位がなければならない。
3　授業は地元の企業で行われる。
4　ビジネスの授業は英語で行われる。

解説

女性の3回目の発言に The first program is in London. とあります。また，同じ発言の後半に they also include language classes と述べられ，これに続いて The business classes are taught in English とあるので，4のようにビジネスの授業は英語で行われることが分かります。

No. 33　正解：3

問題の訳

学生たちがシドニーのプログラムに対して抱いている主な心配事は何ですか。

1 授業が難しい。　　　**2** 費用がとても高い。　　**3** 参加するのが難しい。　**4** 不便な場所にある。

〔解　説〕

女性の5回目の発言に The only problem is that the program is harder to get into. とあり，参加することが難しいと述べられています。

No. 34　正解：**4**　　Track 42

〔問題の訳〕

学生たちは次に何をすると思われますか。

1 観光ビザを申し込む。　　　　　　**2** 夏休みのアルバイトに申し込む。
3 英語のレッスンに申し込む。　　　**4** 両方のプログラムに申し込む。

〔解　説〕

会話の最後近くに指導教官が so why don't you apply for both と言っています。ここから，ロンドンとシドニーの両方のプログラムに申し込むことをアドバイスしていることが分かります。

Vocabulary

- ☐ My pleasure. どういたしまして。（お礼に対して言う言葉）　☐ option 名 選択肢
- ☐ be counted toward ～　～の評価につながる　☐ as long as ... …である限り　☐ opening for ～　～の空き，欠員
- ☐ concern about ～　～への心配

Listening　Part 2B

D　Track 44

‖スクリプト‖

Situation: You will listen to a science professor introducing a new topic to his class.

★: All right, class. Before we get started, I want to make an announcement. The quiz I had planned for today will have to wait until next Tuesday. I didn't have time to get it ready, so you have a few extra days to study.

　　Now, let's get to today's topic. Some of you may not like science, but you should at least respect it because it adds so much to our lives. Recently, I read about a new kind of plastic that changes color when it's stretched. How did the scientists dream up this idea? They could never have done it without observing nature. While studying certain insects, the scientists found that the insects' shells changed color when looked at from different angles. They immediately thought of ways to use that science to benefit humans. The scientists plan to use this plastic on food packages to tell us when our food goes bad and on our money to make it more difficult for criminals to copy.

　　So when you're walking to class each day, try to take some time to observe the nature around you. You never know when you'll have a bright idea that can change how we live.

Questions:

No. 35　Why won't the professor give the students his quiz today?
No. 36　What does the professor say about science?
No. 37　How did scientists get the idea to make the new kind of plastic?
No. 38　What is the main point of the professor's lecture today?

〔全　訳〕

状況：学生たちに新しいテーマを紹介している科学の教授の話を聞きます。

★：それではみなさん。始める前に，お知らせをしたいと思います。今日予定していた試験ですが，今度の火曜日まで待ってもらうことになりました。準備する時間がなかったからです。ですから，みなさんはさらに数日勉強できます。

　　では，今日のテーマに話を移しましょう。みなさんの中には科学が好きではない人がいるかもしれませんが，少なくとも敬意を払うべきです。なぜなら，科学は私たちの生活に多くのことを与えてくれるからです。つい最近，私は伸ばすと色が変わる新種のプラスチックについての記事を読みました。こんなアイディアをどうやって科学者は思い付いたのでしょうか。自然を観察していなければ彼らがこれをなし得ることはできなかったでしょう。ある種の昆虫を研究している最中に，この科学者たちはその昆虫の殻が見る角度によって色を変えることに気付きました。彼らはすぐに，この科学的知識を使って人間に役立てる方法について考えました。科学者たちはこのプラスチックを食品の包装に使って食品の腐敗を知らせるように利用することや，紙幣に使って犯罪者が偽造しにくくするように利用することを考えています。

ですから，みなさんが毎日授業に歩いて来るときも，ちょっと周りの自然を観察してみてください。いつ私たちの生活を変える可能性を持つすばらしいアイディアが浮かぶか分かりませんよ。

No. 35　正解：4　　Track 45

問題の訳

教授はなぜ今日学生に試験を行わないのですか。
1 学生がもっと勉強できる時間が欲しいと頼んだから。
2 学生は新しいテーマについて話したいと思っているから。
3 彼はそれについて学生に伝えるのを忘れたから。
4 彼は忙しくて用意できなかったから。

解説

話の初めの方で，I didn't have time to get it ready と述べている部分から，the quiz「小テスト」を準備する時間がなかったことが分かります。4 では too busy to make it と言い換えられています。

No. 36　正解：3　　Track 46

問題の訳

教授は科学についてどのように言っていますか。
1 多くの人はその勉強が好きだ。
2 より多くの人が科学者になるべきだ。
3 人々はその重要性に敬意を払うべきだ。
4 それは人々の日常の生活には役に立たない。

解説

話の中頃に Some of you may not like science, but you should ... respect it と述べられています。科学は好きではないと思う人もいるかもしれないが，少なくとも科学に対して敬意を払うべきだという内容です。

No. 37　正解：1　　Track 47

問題の訳

科学者は新種のプラスチックを作るアイディアをどのように得ましたか。
1 色が変わる昆虫がいることに気付いた。
2 食品が腐ると何が起こるかを観察した。
3 食品包装に使われる方法を真似した。
4 犯罪者の行動を研究した。

解説

話の中盤で How did the scientists ... this idea? と述べていて，その直後に，never have done it without observing nature とあります。自然の観察がなければ，このアイディアは出てこなかったという内容です。

No. 38　正解：2　　Track 48

問題の訳

教授の今日の講義の要点は何ですか。
1 昆虫をもっと研究するべきだ。
2 自然は私たちにアイディアをもたらすのに役立つ。
3 みんなが彼の授業に登録する義務がある。
4 試験のために勉強することは私たちが学ぶのに役立つ。

解説

最後の部分で，You never know when you'll have a bright idea that can change how we live. とあります。生活を変えてしまうようなすばらしいアイディアに，いつ出会うか分からないという内容です。大意として，身の回りにあるものの可能性について述べていると分かります。

Vocabulary
- add so much to our lives　人の生活に大いに役立つ　　☐ dream up ~　~を思いつく
- from different angles　いろいろな角度から　　☐ benefit 動 ~のためになる　　☐ criminal 名 犯罪者
- You never know ...　…か分からない。(「未来の可能性」を述べる際に使う)

E　　Track 49

‖ スクリプト ‖

Situation: You will listen to a professor making an announcement at an event.

★★： Thank you to everyone participating in tonight's experiment. I believe that 97 of the 150 people in attendance tonight are participants in the study.

Due to the nature of the experiment, none of you know exactly why you are here. As our website indicates, all we can tell you is that the research project concerns memory.

Your instructions for the evening are simple: have a good time. Enjoy this gathering as you would any reception. Help yourselves to the delicious food, explore the botanical gardens, and dance to the music.

At the end of the evening, you will answer a series of questions. Later this week, some of you may be invited for a follow-up interview with members of the psychology department.

Since I have your attention, I would like to thank the university drama department for helping with this event. Indeed, there are some drama students among you, who have a role to play tonight. You will not be able to recognize them, however, as they are posing as participants.

Over the course of the evening, please do not concern yourselves too much with the fact that you are involved in a study. It's best to forget you are here for an experiment at all, so the results are more realistic.

Questions:
No. 39 According to the speaker, what is the main purpose of the event?
No. 40 What are all participants required to do?
No. 41 What does the speaker say about the actors?
No. 42 What does the speaker request that the participants do?

全訳

状況：イベントでの教授の挨拶を聞きます。
★★：今晩の実験に参加いただき、みなさんありがとうございます。今晩この場にいる 150 人のうち 97 人はこの研究の被験者だと思います。

実験の性質上、みなさんはだれも、なぜ今日ここにいるのかという理由をはっきりとはご存じありません。私たちのウェブサイトに書かれているように、お伝えできるのはこの研究プロジェクトが記憶に関係しているということだけです。

今晩みなさんへの指示は簡単です。楽しんでください。どんな宴会とも同じように、この集まりを楽しんでください。おいしい食事を食べ、植物園を探索し、音楽に合わせて踊ってください。

会の最後に一連の質問に答えていただきます。今週中に、みなさんの中から何人かをお呼びして、心理学部のメンバーと追跡面談を行っていただきます。

この場をお借りして、大学の演劇部には今回のイベントをお手伝いいただいたことにお礼を述べたいと思います。実は、みなさんの中には演劇部の学生が何人かいて、今晩演技をする役割を担ってもらっています。でも、彼らがどの人かは分からないでしょう。被験者として振る舞ってもらっていますから。

会の最中は、研究に参加しているということをあまり気にしすぎないでください。一番よいのは、みなさんが実験のためにここにいるということを完全に忘れていただくことで、その方が結果はより現実的なものになります。

No. 39 正解：2 Track 50

問題の訳
話し手によると、このイベントの主な目的は何ですか。
1 研究結果を祝うこと。
2 記憶に関する研究を行うこと。
3 おいしい食事や良い音楽を楽しむこと。
4 演劇部にお礼を伝えること。

解説
話の初めに I believe that 97 of the 150 people in attendance tonight are participants in the study. とあります。ここから、集まった人々の多くは、研究の被験者であることが分かります。また the research project concerns memory とあることから、研究は記憶に関するものであるということも分かります。

No. 40 正解：1 Track 51

問題の訳
被験者は全員何をしなければなりませんか。
1 会の最後に質問に答える。
2 今週中に面談に参加する。
3 どの参加者が俳優なのかを推測する。
4 心理学部に料金を支払う。

解説
話の中頃、At the end of the evening から始まる文に answer a series of questions とあり、被験者は一連の質問に答えることが分かります。よって、1 が正解です。Later this week, some of you ... a follow-up

interview とあり，一部の被験者のみに追跡面談があると述べられているので，**2** は不正解になります。

No. 41　正解：**1**　　🎧 Track 52

問題の訳
話し手は俳優たちについて何と言っていますか。
1　被験者のふりをしている。　　　　　2　余興をする。
3　彼らも心理学を勉強している。　　　4　単位をもらうためにこのイベントで働いている。

解説
Since I have your attention から始まる発話より，the university drama department が研究の協力をしていることが分かります。また，You will not … recognize them, … as they are posing as participants. と述べているので，気付かれないように被験者のふりをしていることが分かります。正解の選択肢 **1** の pretending to be participants は本文 posing as participants の言い換え表現です。

No. 42　正解：**4**　　🎧 Track 53

問題の訳
話し手は被験者に何をするように求めていますか。
1　ドラマ製作に参加していると考える。　　2　自分たちの正体を他の人には秘密にする。
3　他の参加者との交流を避ける。　　　　　4　研究に参加していることを忘れる。

解説
話の最後，It's best to forget you are here for an experiment から，話し手はイベントの被験者に，実験であることを忘れてほしいと語っていると分かります。

Vocabulary
- experiment 名 実験　　　□ concern 動 〜に関係する　　□ help oneself to 〜　〜を自由に取って食べる
- botanical garden 植物園　□ follow-up interview 追跡面談　　□ concern oneself with 〜　〜に関心を持つ

F　🎧 Track 54

‖スクリプト‖

Situation: A professor is addressing his students on the first day of class.

★: Good morning. My name is Anthony Walters. Welcome to "Foundations of Management and Entrepreneurship." This course is unique in that it is taught by a team of three professors. I'll be teaching the first unit on business management, Professor Amy Watkins the second unit on accounting, and guest lecturer Pablo Chavez the third on organizational behavior. There will be an exam at the end of each unit, in addition to a final exam at the end of the course.

　　Readings will be assigned weekly. Since this course is on several different topics, there's no course textbook. For my unit, I'll be providing photocopies of the weekly readings beforehand. However, since there are so many of you, I will require a small photocopying fee of ten dollars to pay for the copying costs. This way is much cheaper than requiring you to buy textbooks, believe me. I will let you know more about that later. Oh, and I see that many of you are sitting in the back of the lecture hall. Please sit closer to the front of the class next time. OK, now let me hand out a copy of the course outline.

Questions:
No. 43　What is unique about the course?
No. 44　Which of the following is a topic in the course?
No. 45　How will students obtain the reading material?
No. 46　What is one thing the speaker asks students to do?

問題の訳
状況：教授が授業の初日に学生たちに話をしています。
★：　おはようございます。私はアンソニー・ウォルタースです。「経営と起業家精神の基盤」へようこそ。この講義は3人の教授がチームになって指導するというユニークなものです。私は企業経営に関する第1単元を教えます。エイミー・ワトキンス教授は会計に関する第2単元，そして客員講師のパブロ・チャヴェス先生は組織行動に関する第3単元を担当します。講義の最後にある期末試験以外に，各単元の最後にも試験があります。
　　毎週，読書の課題があります。この講義はさまざまなテーマを扱うので，講義用の教科書はありません。私の単元

では，事前に毎週読んでもらうもののコピーを渡します。しかし，みなさんの数がとても多いので，コピー代に充てるため，コピー費として10ドルだけ徴収したいと思います。この方が教科書を買ってもらうよりずっと安いですよ。信じてください。それについては追って詳細を知らせます。ああ，それから，見るところ，多くの人が教室の後ろに座っていますね。次回はもっと教室の前の方に座ってください。それでは，今から講義の概要を書いたコピーを配ります。

No. 43 正解：1　Track 55

問題の訳
この講義では何がユニークなのですか。
1 3人の教授が指導する。　　2 期末試験がない。
3 オンラインによる授業である。　　4 実業家による授業である。

解説
ウォルターズ教授は話の初めで，3人の教授がチームで教えるというユニークな授業形式について述べています。

No. 44 正解：3　Track 56

問題の訳
次のどれが講義のテーマですか。
1 国際法。　　2 情報通信技術。　　3 企業経営。　　4 教授法。

解説
講義の名称とともに，3人の教授が扱う授業のテーマは business management（企業経営），accounting（会計），そして organizational behavior（組織行動）と述べられています。これらに共通しているテーマを考えると business management だと分かります。

No. 45 正解：1　Track 57

問題の訳
学生はどのように教材を手に入れますか。
1 教授がコピーを渡す。　　2 教授がウェブサイトに掲載する。
3 Eメールで受け取る。　　4 教科書を買う。

解説
話の中頃で教授は there's no course textbook「授業テキストはない」と述べています。また，少し後で I'll be providing photocopies と「コピーしたものを配布する」という内容も述べています。

No. 46 正解：2　Track 58

問題の訳
話し手が学生にしてほしいことの1つは何ですか。
1 講義の概略のコピーを印刷する。　　2 次回は教室の前の方に座る。
3 研究室にお金を持ってくる。　　4 話している間は静かにする。

解説
話の最後の Please sit closer to the front of the class next time. の部分の聞き取りが直接答えに結び付きます。次回は，教室の前の方に座るように求めていることが分かります。

Vocabulary
- [ ] address 動 ～に話しかける
- [ ] entrepreneurship 名 起業家であること
- [ ] in that ... …という点で
- [ ] organizational behavior 組織行動
- [ ] in addition to ～ ～に加えて
- [ ] hand out ～を配る

G Track 59

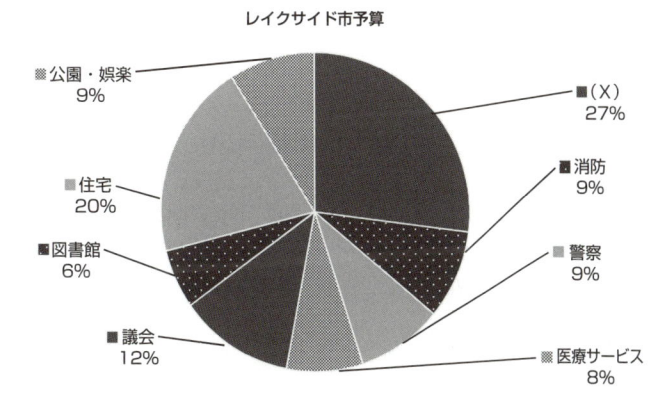

レイクサイド市予算

- ※公園・娯楽 9%
- ■(X) 27%
- ■住宅 20%
- ■消防 9%
- ■図書館 6%
- ■警察 9%
- ■議会 12%
- ※医療サービス 8%

‖ スクリプト ‖

Situation: You will hear a news report about the city of Lakeside.

★★: Today, Mayor Alison Brown announced the Lakeside city budget for the upcoming fiscal year. The budget's total spending is 80 million dollars, down from 90 million in the previous year as a result of the government's decision to lower property taxes. With less money generated from property taxes, which are the city's main source of revenue, overall spending has been reduced.

The areas most affected by the cuts are the city fire brigade and police department, where a number of layoffs can be expected. Both groups have been allocated nine percent of the city budget, down from eleven percent last year. Spending for general government and library services has also decreased slightly. The only area to receive an increase in funding is Public Works. The city has injected an additional 5 million in funding into new construction projects, most notably plans to rebuild the aging Bernier Bridge. For this reason, Public Works would receive the highest percentage of the budget, or twenty-seven percent. The Health Services and Parks & Recreation budgets remain largely unchanged from last year.

Mayor Brown believes the budget will be accepted and that the city's services will remain adequate despite the decreases in funding. Lakeside city councillors will vote on the budget on May 13th.

Questions:

No. 47 What is the city's main source of funding?
No. 48 What can the fire brigade and police department expect?
No. 49 Please look at the chart. Which of the following is represented by the letter X?
No. 50 What will city councillors do on May 13th?

全 訳

状況: レイクサイド市についてのニュース報道を聞きます。

★★: 本日，アリソン・ブラウン市長がレイクサイド市の次期会計年度予算を発表しました。予算の歳出総額は8千万ドルで，市による固定資産税引き下げの決定を受け，前年度の9千万ドルから削減されています。市にとって主要な収入源である固定資産税からの税収が減ることに伴い，歳出総額は減少しました。

この削減で最も影響を受ける部門は市の消防団と警察署で，多くの人員カットが見込まれます。この両方に市の予算の9%が充てられますが，昨年の11%からの減少です。議会費と図書館事業費もわずかに削減されました。唯一予算が増加するのは公共事業です。市は新規建設プロジェクトに5百万ドルを追加投入していますが，中でも老朽化したベルニエ橋の改築計画が目を引きます。そのため，公共事業は27%という，予算内でも最大の割合を占めることになります。医療サービスと公園・娯楽費の予算はおおむね去年と変わりません。

ブラウン市長はこの予算が承認されて，資金は減っても市のサービスは適切に維持できるだろうとの意向を示しています。レイクサイド市の市会議員は5月13日に予算案を採決する予定です。

No. 47 正解: 1 Track 60

問題の訳

市の主な資金源は何ですか。

1 固定資産税からのお金。 2 企業からの寄付。 3 医療事業費。 4 就業者の所得税。

解 説

話の初めの方で property taxes, which are the city's main source of revenue「市の主たる収入源である固定

資産税」と言っています。

No. 48　正解：3　Track 61

問題の訳
消防団と警察署は何が予想できますか。
1 来年の予算増。　　2 より厳しい訓練方法。　3 就業者の削減。　　4 事故数の減少。

解説
The areas most affected by the cuts are the city fire brigade and police department とあります。また，その直後の発話に layoffs can be expected とあることから，人員解雇の可能性があると分かります。正解の選択肢 3 は，本文中の layoffs を言い換えたものです。

No. 49　正解：4　Track 62

問題の訳
図を見てください。X が表しているのは次のどれですか。
1 教育。　　　　　2 市の職員。　　　3 病院。　　　　4 公共事業。

解説
後半の For this reason, で始まる発話で Public Works would receive the highest percentage of the budget とあることから，円グラフの最も大きな割合を占めている X の部分には，Public Works「公共事業」が入ることが分かります。

No. 50　正解：4　Track 63

問題の訳
市議会議員は 5 月 13 日に何をしますか。
1 記者会見を開く。　2 新しい市長を選ぶ。　3 予算案を提出する。　4 新しい予算を採決する。

解説
特定の日付を聞き逃さないことが重要です。最後の発話で city councillors will vote on the budget on May 13th とあることから，5 月 13 日に予算案の採決が行われることが分かります。

Vocabulary
- ☐ fiscal year　会計年度　☐ property tax　固定資産税　☐ generate ~ from ...　~を…から生み出す
- ☐ revenue　名 歳入　☐ fire brigade　消防団　☐ layoff　名 レイオフ，一時解雇　☐ allocate ~ ...　~に…を配分する
- ☐ aging　形 老朽化した　☐ city councillor　市会議員　☐ vote on ~　~について投票する

Writing Task A

次の文章を読んで，筆者が職場のペットについて述べていることを要約するよう，先生があなたに求めました。要約は1段落で70語程度でなければなりません。

問題の訳

自宅でペットと時間を過ごすことが大好きな人は多い。彼らは時間のあるときに，ペットを公園に散歩に連れて行ったり，ペットと遊んだりすることを楽しむ。もちろん，ペットを洗ったり，餌をあげたり，世話もしなければならない。以前は，彼らは職場にペットを連れて行くことは考えなかった。しかし，ここ数年の間に状況が変わった。今では，従業員がペットを職場に連れてくることができる事務所や工場，そして店舗でさえもが増えた。

もちろん，誰もがこれを良いアイディアだと考えているわけではない。例えば，もし犬や猫が走り回っていれば，人がこれにつまずいて怪我をしかねない。動物によっては人を咬むものもいるかもしれない。大型の動物であればコンピューターをひっくり返す恐れもある。さらにもう1つ問題がある。犬は，空腹になったり，放っておかれたりするとうるさく吠えることが多い。鳥だとさえずったり，大きな鳴き声をあげたりするかもしれない。これによって事務所の人々が仕事をしづらくなる可能性がある。

ペットに優しい方針を支持する人々は意見を異にするだろう。店のオーナーであるジョン・ブラウンは，ペットが周りにいる方が人のストレスが軽減されてよりよく働けると言う。弁護士のジェイミー・ホワイトは，ペットがいるとリラックスしやすいため，ペットをよく職場に連れて行く。さらに，ペットの飼い主は，ペットに餌をあげたり，散歩させたりするために，しばしば早めに職場を出なければならない。彼らが職場にペットを連れてこられるなら，それについて心配する必要はなくなるだろう。これは彼らの経営者を喜ばせると思われる。

この傾向の賛成側にも反対側にも，もっともな理由がある。将来的に何が起こるか興味深い。

|| 解答例 ||

These days, some employers allow their employees to bring pets to work. Of course, bringing pets to work can cause problems. Pets can cause accidents and can also be noisy. However, for some people, taking their pets to work helps them work better. They are more relaxed when they are with their pets, and they don't have to leave work early to look after them. (65 words)

解 説

最近，ペットを職場に連れてくる人が増えているという内容の文章です。解答ではまず，第1文でこの文章の主題を書きます。本文第1段落のトピックセンテンスは，However, ... the situation has changed. をきっかけに続く Now, in more offices, ... です。次に，本文第2段落に「ペットを職場に連れてくる」ことの問題点，第3段落にはその利点が書かれていますので，解答の第2文以降で，問題点と利点を簡潔にまとめましょう。解答例では，第2文で「職場にペットを連れてくることによって問題が起こり得る」と前置きした後，第3文で「ペットは事故を引き起こしたりうるさくしたりすることもある」と，その問題点の具体例を挙げています。本文第2段落の「ペットが職場の人に怪我をさせる」「ペットがコンピューターをひっくり返す」という具体内容を，解答例では抽象的に accidents と表しています。解答例の第4～5文では However を用いて話題転換をし，「ペットはよりよく働く手助けとなる」「ペットといるとリラックスでき，世話をするのに早めに職場を出る必要がない」という利点を述べています。他に，Some people feel less stressed with their pets, and this helps them work better.「ペットがいるとストレスが軽減される人もいて，これによって彼らはよりよく働ける」のように書くこともできます。解答例のように，本文中の語句を言い換えて，まとまりのある文章を心掛けましょう。

Vocabulary

- take ~ for a walk ～を散歩させる
- feed 動 (ペットなどに) 餌をやる
- trip over ~ ～につまずく
- hurt oneself 怪我をする
- bite 動 ～を咬む
- knock over ～をひっくり返す
- bark 動 吠える
- call out 叫ぶ
- supporter 名 支持者
- disagree 意見を異にする
- stressed 形 ストレスで緊張した
- lawyer 名 弁護士
- in addition 加えて
- please 動 ～を喜ばせる
- manager 名 経営者, 管理者

Writing — Task B

下記の情報を用いて授業に向けた小論文を書くよう、先生があなたに求めました。グリーンヒルの学校に関する状況を述べ、提案されている解決策の要点をまとめなさい。最後に、記載の根拠に基づき、解決策のどれが最も効果的かを述べなさい。200語程度で書かなければなりません。

問題の訳

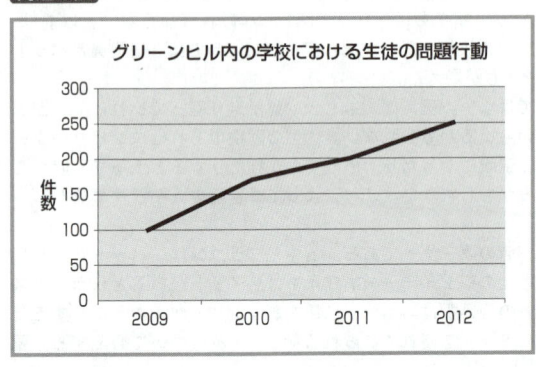

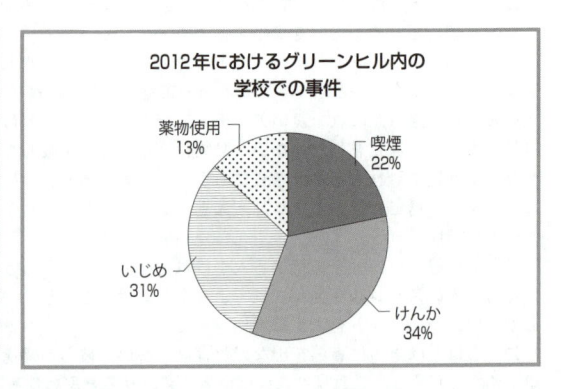

グリーンヒル内の学校における生徒の問題行動

（折れ線グラフ：2009年 約100件、2010年 約170件、2011年 約200件、2012年 約250件。縦軸：件数）

2012年におけるグリーンヒル内の学校での事件

（円グラフ）
- 喫煙 22%
- けんか 34%
- いじめ 31%
- 薬物使用 13%

教育ニュース

　グリーンヒルの学校で起きている問題に対処する方法はいくつかある。ノース・グリーンヒル高等学校の校長であるマイク・パーカーは、背景の問題について教師たちにもっと知識を与えることが最初の一歩だと考えている。パーカーは、最近の保護者との会議で自分の考えについて話した。「私たちは、薬物使用やいじめといった問題について教師をもっと教育する必要があります」とパーカーは言った。彼は、家庭でのトラブルも学校での行動上の問題につながることがあるとも指摘した。「教師たちはこれについてもっと情報が必要です」と彼は言った。パーカーは、今夏、教師を対象に特別講習を開きたいと思っている。これらの講習は、青少年が直面している問題を理解する手助けになるだろう。

　しかしパーカーは、他の措置も必要だと言った。例えば、最近の研究によると、生徒たちは教師よりカウンセラーとの方が話しやすいと感じている。生徒たちはカウンセラーとは内々に話すことができるというのが理由の1つである。これによって生徒たちは自分の気持ち、考えていること、そして個人的体験について、もっと気軽に話し合うことができる。パーカーは、「おそらく最も重要なことに、カウンセラーたちは良い聞き役になるように訓練されています」と言った。多くの学校が生徒たちに就職相談を行っているが、個人的な問題に対するアドバイスはしていない。パーカーは、彼の学校ができるだけ早くもっと多くのカウンセラーを雇用することを望んでいる。

編集者への手紙

編集者様

　グリーンヒルの学校の状況は深刻で、直ちに対策を取ることが必要です。私は長年中学校の教師をした経験から、いくつかアドバイスをしたいと思います。まず、グリーンヒルの学校の学級人数は単純に多すぎます。教師はそれほどまでに大人数の生徒を一度に対処できません。学校が学級規模を小さくすれば、生徒の成績が向上することが研究によって示されています。教師たちは一人一人の生徒により多くの時間をかけることができ、生徒は先生のことをもっとよく知ることができます。これによって現在の問題がすべて解決するわけではないかもしれませんが、良い出発点にはなります。

　また私は、多くの教師たちが、今日の生徒たちが直面している困難なことを理解していないと思っています。この問題を解決するには教師により優れた訓練をするしかありません。例えば、家庭でのストレスによって生徒の行動がどのように影響を受けるかについて学ぶための講習に出席することが考えられます。これらの講習では、新しい種類の違法薬物やその危険性についての情報を提供することもできるでしょう。教師たちがこれらの特別な訓練を受けていないと、彼らは生徒たちを助けることができません。グリーンヒルの学校の問題は悪化するだけでしょう。

　最後に、グリーンヒルの先生方全員の懸命な働きに感謝します。

敬具
サラ・ケース

解答例

　In Greenhill schools, problematic behavior among students is increasing. In 2009 there were 100 incidents, but by 2012 the number had reached 250. Of the incidents reported in 2012, 34% were fights, 31% were bullying, 22% were smoking, and 13% involved the use of drugs.

　Mike Parker, the principal at North Greenhill High School, proposed two solutions. First, Parker thinks that teachers should be trained to better understand the problems young people face both at school and at home. His second proposal is to hire more school counselors so that students can discuss their problems more easily.

　Meanwhile, Sarah Case, an experienced junior high school teacher, suggested that class sizes at Greenhill schools should be reduced. This would allow teachers to spend more time with each student. Case also thinks as Parker does that teachers do not know enough about issues like illegal drugs. Therefore, they should be given better training.

　In my opinion, giving teachers better training would work the best. Teachers must deal with various and complex issues nowadays, so they are required not only to be teachers but also to be counselors, advisors, and, especially, good listeners. Effective training would make this possible, I believe. (198 words)

解説

　冒頭の問題指示文から，解答に含めるべきポイントは，「グリーンヒルの学校に関する状況を述べる」「解決策の要点をまとめる」「最後に解決策のどれが最も効果的かについて自分の意見を述べる」の3点です。

　解答例は，第1段落：第1文で主題を述べ，第2〜3文で上の2つのグラフをそれぞれ説明，第2段落：左下の記事の要約，第3段落：左下の記事と関連づけながら右下の手紙の要約，第4段落：自分の意見，という構成で書かれています。

　左上の折れ線グラフについては，解答例のように，「○年では〜だったが，×年では…」と表現できます。グラフの「数値」は number，「上がる」は increase や rise，「下がる」は decrease や fall, drop などが使えます。右上の円グラフは，グラフ中の英語をそのまま用いて，○% was [were] A, ×% was [were] B, … のように割合を順に述べるとよいでしょう。

　次に左下の記事の要約では，まず書かれている人名と立場を明らかにして，その人物の提案（suggestion/proposal）をまとめます。解答例では，本文第1段落と第2段落の内容について，… proposed two solutions と前置きした上で，First, … His second proposal is to … と順に2つの提案を述べています。

　続いて，Meanwhile「一方で」を用いて右下の手紙についてまとめています。On the other hand「他方で」などの表現も可能です。ここでは左下の記事で書かれているパーカーと異なる提案，共通した提案を見極めることがポイントになります。解答例では，パーカーとは異なる提案を書いた後，Case also thinks as Parker does that …「パーカーと同様に，ケースは…と考えている」という表現でパーカーと共通した提案をまとめています。

　最後の段落は，In my opinion, … で始め，（提案内容）would work the best. ／（提案内容）would be the best solution. など，「解決策のどれが最も効果的か」に対する回答を書き，その根拠を1〜2文で述べましょう。解答例は，「教師をよりよく訓練すること」という，パーカーとケースの共通提案が最も効果的という意見ですが，ケースの「学級規模を縮小する」という提案を挙げて，「生徒の学業と生活の両方を指導するには生徒が多すぎる→学級規模の縮小はこれを回避する対応策の1つになるはず」などの意見も考えられます。

Vocabulary

- [ ] problematic 形 問題となる
- [ ] incident 名 事件, 出来事
- [ ] fight 名 けんか
- [ ] drug use 薬物使用
- [ ] principal 名 校長
- [ ] step 名 段階
- [ ] comfortable 形 快適な
- [ ] counselor 名 カウンセラー
- [ ] in private 内緒で, こっそり
- [ ] thought 名 考え
- [ ] train ... to 〜 …が〜するように訓練[教育]する
- [ ] job counseling 職業相談
- [ ] immediate 形 即座の
- [ ] at once 一度に
- [ ] get to know 知るようになる
- [ ] illegal 形 不法の

Speaking Part 1

★＝面接官　☆＝受験者

|| 対話例 ||　Track 68

- ★： What do you like to do in your free time?
- ☆： I like reading books.
- ★： Can you tell me more about that?
- ☆： I like reading fiction stories.
- ★： I see. I'm sure there have been many events at your high school. Which event did you enjoy the most?
- ☆： I enjoyed the school festival.
- ★： Why did you enjoy the school festival?
- ☆： Because I could see my friends' shows.
- ★： I see. What kind of job would you like to have in the future?
- ☆： I want to be a flight attendant.
- ★： I see. Why would you like to be a flight attendant?
- ☆： Because I can travel all over the world.
- ★： I see. Thank you.

解説

各質問に対して，核となる回答を短く簡潔に答えます。例えば，1つ目の質問の in one's free time，2つ目の the most，3つ目の in the future は繰り返さなくてかまいません。そして，その回答に対して面接官からもう少し詳しく話すことや理由を述べるよう求められたら，さらに1文で簡潔に答えましょう。3つ目は「将来どんな職業に就きたいか」という質問です。上の例では「客室乗務員になりたい」と答えていますが，I want to work in Information Technology.「IT業界で働きたい」，I'd like to work in sales.「営業の仕事がしたい」のように業界や職種で答えることもできます。

Vocabulary
- ☐ free time 暇なとき　☐ fiction story フィクションの話　☐ school festival（日本で言う）文化祭
- ☐ show 名 芝居，ショー　☐ flight attendant 客室乗務員

Speaking Part 2

トピックカードの訳

インタビューは，「こんにちは，いくつか質問をしてもよろしいですか」という文で始めてください。
以下について質問してください：
・教えている学年
・教えている教科
・授業中に困ること
・未来の高校教師へのアドバイス
・（時間があれば，他に質問をしてもかまいません。）

|| 対話例 ||　Track 69

- ☆： Hello, may I ask you some questions?
- ★： Yes, please.
- ☆： Which grade do you teach?
- ★： I'm teaching first-year students.
- ☆： What subject do you teach?

★: I teach English writing.
☆: Do you have any problems in your class?
★: Yes. Students get sleepy in the afternoons.
☆: I see. Do you have any advice for future high school teachers?
★: Yes. Teachers should be patient with their students but also with themselves.
☆: That's interesting. Thank you very much.

> 解説

面接官による設定についての説明の後，カードが渡され，30秒でインタビューの準備をします。そして，カードに書かれている Hello, may I ask you some questions? を用いてインタビューを始めます。カードに書かれている項目を順に尋ねますが，例えば最初の項目は「彼［彼女］（＝インタビューの相手である高校の先生＝面接官）が教えている学年」→「あなたは何年生を教えていますか」という変換が必要になります。4つ目の項目は，上の例では「将来の高校教師に対して何かアドバイスはありますか」と尋ねていますが，Could you give us some advice …?「…アドバイスをいただけますか」のように言うこともできます。また，より自然な質疑応答になるように，面接官の回答に対して I see. や That's interesting., That sounds great. などの相づちも活用し，できるだけカードを見ずに面接官の目を見て話すよう心掛けましょう。

> Vocabulary
> □ grade 名（小学校から高校までの）学年　□ be patient with ～　～に忍耐強い，根気のある

Speaking Part 3

> トピックカードの訳

> トピック
> 「日本の小学校で英語を教えることは良いことである」。あなたはこの意見に賛成ですか。なぜですか。

∥ 解答例 ∥　Track 70

☆: I agree with the statement: "it is good to teach English in Japanese elementary schools." In English lessons at elementary schools, they can learn English enjoying English books or English songs. Many children like such activities. In this way they can prepare for English class at junior high school. So I think it is good to teach English in Japanese elementary schools.

> 解説

まず，「日本の小学校で英語を教えることは良いことである」という意見に賛成か反対かを簡潔に述べます。上の例のように，トピックカードに書かれた意見 (statement) を繰り返してもよいですし，繰り返さなくてもかまいません。I (don't) think it is good to teach English in Japanese elementary schools. のように始めることもできます。次に，2文目以降でその根拠を述べますが，賛成意見としては小学校で英語を学ぶ利点，反対意見としては欠点を挙げるとよいでしょう。上の例は賛成の立場で，「子どもは英語の本を読んだり英語の歌を歌ったりする活動が好きだ」「中学校の英語の授業の準備ができる」などの利点を述べていますが，反対の立場としては，I think it is more important for children to study Japanese rather than English.「子どもにとっては英語よりもむしろ国語を勉強する方が重要だと思う」のような意見も可能です。スピーチの最後では，So「だから」や，That's why …「そういう訳で…」を用い，意見 (statement) への自分の主張を繰り返して締めくくります。

> Vocabulary
> □ statement 名 主張，意見　□ activity 名（通例～ties）活動，運動　□ prepare for ～　～のための準備をする

Speaking Part 4

対話例 Track 71

★: First, let's talk about the Internet. Should parents limit children's use of the Internet?
☆: Yes, they should. There are many kinds of information on the Internet, and some of it is inappropriate for children to see. So I think parents should limit the use of the Internet.
★: I see. Are there any advantages to studying online rather than in a classroom?
☆: Yes, there are. Some students can be distracted by their classmates, and they can concentrate on studying more online. I think it is better to study online rather than study in a classroom.
★: I see. Now let's talk about the media. Do you think reading newspapers is better than watching the news on TV?
☆: No, I don't think so. Reading newspapers takes too much time. While people watch news on TV, they can do something else. So it is convenient to watch news on TV rather than read a newspaper.
★: I see. Do you think social media such as Facebook and Twitter are changing the way people interact?
☆: Yes, I think so. Now people can communicate on Facebook with friends who live far away. They don't have to see each other face to face anymore. So I think social media are changing the way people interact.
★: I see. Thank you.

解説

Part 1や3と同様，各質問に対してまず簡潔な回答をはっきりと述べます。上の例ではYes/Noを用いて答えていますが，主語の変換（Yes, they should.のtheyなど）が必要のないI think so. / I don't think so. なども有効です。続いてその根拠を2～3文で述べます。最後にSo ... やI think ... などを用いて質問文を繰り返して結論づけてもかまいません。

1つ目の質問は，「親は子どものインターネットの使用を制限すべきか」という質問で，解答例はYesの立場で「インターネットの情報には子どもに不適切なものがある」という理由を述べています。Noの立場では，There is a lot of useful information for children.「子どもにとって役に立つ情報がたくさんある」などが考えられます。

2つ目は，「教室よりもオンラインで勉強することに利点はあるか」という質問に対し，解答例はYesの立場で，「教室では他のクラスメートに邪魔されることがある」「オンラインの方が勉強に集中できる」という根拠を述べています。Noの立場としては，In a classroom, students can do various activities face to face.「教室では，生徒は直接会ってさまざまな活動ができる」など，教室での学習の利点を述べることが可能です。

3つ目は，「テレビでニュースを見るよりも新聞を読む方がよいと思うか」という質問です。解答例はNoの立場で，「新聞を読むのは時間がかかりすぎる」「テレビは見ながら他のことができる」とテレビの利便性を述べていますが，Yesの立場としては，In newspapers, we can choose the articles we want to read.「新聞だと読みたい記事を選ぶことができる」，We can carry newspapers anywhere.「新聞はどこへでも持ち運べる」など，新聞の利点を答えることができます。

4つ目は，「フェイスブックやツイッターといったソーシャルメディアは，人々の交流のしかたに変化をもたらしていると思うか」という質問です。解答例はYesの立場で，「今では，フェイスブックで遠方の友人と意思疎通ができるようになった」と，フェイスブックにおける具体例を挙げています。Noの立場としては，Many people still think it is important to talk in person.「多くの人が今でも直接会って話すことが重要だと考えている」などが考えられます。

Vocabulary
- inappropriate 形 不適切な，ふさわしくない
- classroom 名 教室
- be distracted by ～ ～に気を取られる，～が気になる
- concentrate on ～ ～に集中する
- the media マスメディア
- take time 時間がかかる
- social media ソーシャルメディア
- interact 動 交流する，互いに影響し合う

TEAP見本問題② / TEAP Sample Test ②

解答・解説

Reading ……………… 60   Writing ……………… 114
Listening ……………… 86   Speaking ……………… 117

解答一覧

Reading						Listening									
(1)	2	(16)	2	(31)	3	(46)	2	No. 1	3	No. 16	3	No. 31	2	No. 46	2
(2)	1	(17)	3	(32)	2	(47)	4	No. 2	1	No. 17	1	No. 32	3	No. 47	4
(3)	2	(18)	2	(33)	2	(48)	2	No. 3	4	No. 18	2	No. 33	1	No. 48	1
(4)	2	(19)	3	(34)	4	(49)	3	No. 4	3	No. 19	4	No. 34	4	No. 49	2
(5)	1	(20)	2	(35)	1	(50)	4	No. 5	4	No. 20	1	No. 35	4	No. 50	3
(6)	2	(21)	2	(36)	4	(51)	4	No. 6	3	No. 21	3	No. 36	1		
(7)	4	(22)	3	(37)	3	(52)	2	No. 7	4	No. 22	1	No. 37	2		
(8)	3	(23)	3	(38)	1	(53)	2	No. 8	2	No. 23	4	No. 38	1		
(9)	4	(24)	1	(39)	3	(54)	4	No. 9	4	No. 24	2	No. 39	3		
(10)	2	(25)	4	(40)	1	(55)	2	No. 10	2	No. 25	4	No. 40	4		
(11)	3	(26)	1	(41)	4	(56)	4	No. 11	3	No. 26	3	No. 41	1		
(12)	4	(27)	4	(42)	4	(57)	1	No. 12	2	No. 27	1	No. 42	2		
(13)	1	(28)	3	(43)	3	(58)	3	No. 13	3	No. 28	2	No. 43	3		
(14)	3	(29)	2	(44)	1	(59)	2	No. 14	1	No. 29	4	No. 44	1		
(15)	3	(30)	1	(45)	2	(60)	4	No. 15	2	No. 30	3	No. 45	4		

Reading 正答数：　　／60　　　　Listening 正答数：　　／50

ライティング・スピーキングは，解説ページの「解答例」および「対話例」を参照してください（どちらの試験の解答も B2 レベルを想定しています）。また，122 ページの評価基準も参考にしてください。

スコア換算表は 121 ページ⇒

Reading Part 1

(1) 正解：2

問題の訳
幾何学の授業では，生徒は円・正方形・長方形などの**形**の大きさを，どのように測定し計算するかを学習する。

1 チャンネル　　2 形　　3 位置　　4 視点

解説
名詞の問題です。空所直後の such as ～「例えば～のような」がポイントです。「円・正方形・長方形」が何の例かを考えると，正解は shapes「形」です。

Vocabulary
☐ geometry 名 幾何学　☐ rectangle 名 長方形

(2) 正解：1

問題の訳
日本語の口語文の主語はしばしば明確に述べられないが，会話の**文脈**から理解できる。

1 文脈　　2 環境　　3 圧力　　4 韻

解説
名詞の問題です。主節の主語の it は従節の主語と同じ「日本語の口語文の主語」です。これは「会話の文脈から理解できる」と考えられます。

Vocabulary
☐ subject 名 主語　☐ state 動 ～を述べる

(3) 正解：2

問題の訳
哲学者プラトンは，民主主義を**批判的に**とらえていた。彼は，一般人が政治に参加できるほど賢いとは信じていなかった。

1 同情的な　　2 批判的な　　3 丁寧な　　4 猛烈な

解説
形容詞の問題です。プラトンが民主主義に対してどのような view「意見」を持っていたかを第2文から読み取ります。「一般人が政治に参加できるほど賢いとは信じていなかった」を表す形容詞として critical「批判的な」が正解です。～ enough to ... は「…するのに十分～な」の意味です。

Vocabulary
☐ philosopher 名 哲学者　☐ democracy 名 民主主義

(4) 正解：2

問題の訳
恐竜は約6,500万年前に絶滅したと広く**認識され**ている。しかし，その消滅の原因については，科学者たちはまだ意見が一致していない。

1 予測される　　2 認識される　　3 省略される　　4 調査される

解説
動詞の問題です。第1文は It is ～ that ...「…（that 以下のこと）が～である」の構造です。However に着目すると，第1文と第2文は相反する内容になると分かります。「恐竜は約6,500万年前に絶滅したと広く認識されているが，その原因について科学者の間でまだ意見が一致していない」とすると文意が通ります。

Vocabulary
☐ become extinct 絶滅する　☐ disappearance 名 消滅

(5) 正解：1

問題の訳
Eメールで教授に連絡を取る必要のある学生は，件名に講座名を含めるように**勧められて**いる。これによって，教授はより速く返事をしやすくなる。

1 勧められる　　**2** 評価される　　**3** 免除される　　**4** 誘惑される

解説
動詞の問題です。第1文の主語は Students ... e-mail，動詞は are で，空所には過去分詞が入ります。第2文の内容を参考に，to 以下の「（Eメールの）件名に講座名を含める」という行為は学生への助言と判断し，**1**が正解です。〈advise 人 to ～〉「人に～するように勧める」の受動態です。

Vocabulary
- □ subject 名 （Eメールの）件名

(6) 正解：2

問題の訳
その女優は**高潔な**生活を送っていることで有名だった。彼女は，貧困者を助けるために空いた時間を使う親切で思いやりのある女性だった。

1 微妙な　　**2** 高潔な　　**3** 分別のある　　**4** 贅沢な

解説
形容詞の問題です。その女優はどんな生活を送っていたかを第2文から考えます。「貧困者を助けるために空いた時間を使う」「親切で思いやりのある」という内容にふさわしい形容詞は virtuous「高潔な」です。

Vocabulary
- □ caring 形 思いやりのある

(7) 正解：4

問題の訳
データは博物館の月間来館者数の**わずかな**増加を示していたが，これは来館者数を5％増加させるという博物館の目標を下回っていた。

1 急な　　**2** 厳しい　　**3** 広大な　　**4** わずかな

解説
形容詞の問題です。an increase in ～は「～における増加」の意味で，空所には increase を修飾する形容詞が入ります。月間来館者数の増加がどの程度だったかは，第2文の「5％増加の博物館の目標に足りなかった」から，slight「わずかな」増加であったと判断できます。

Vocabulary
- □ be short of ～ ～に達しない　□ attendance 名 出席者，観客

(8) 正解：3

問題の訳
A型の人にB型の血液が輸血できないのは，これら2つの血液型に**適合性が**ないからである。

1 精通している　　**2** 明確に区別できる　　**3** 適合性のある　　**4** 首尾一貫している

解説
形容詞の問題です。because に着目し，「A型の人はB型の血液をもらえない［輸血できない］」→理由→「2つの血液型に適合性がないから」という因果関係をつかみましょう。

Vocabulary
- □ type ～ blood ～型の血液

(9) 正解：4

問題の訳
小学生の女子および男子の学業成績**を比較した**調査によって，女子が男子より国語と算数の試験で点数が高い

ことが明らかになった。
1 ～を提供した　　2 ～を形成した　　3 ～を供給した　　**4 ～を比較した**

解説
動詞の問題です。that 節が前の A study を修飾する構造です。文全体は A study ～ found that …「～の調査によって…（that 以下のこと）が分かった」の意味で，調査結果である that 以下の内容からどんな調査かを考えると，「小学生の男女の学業成績を比較した調査」が適切です。

Vocabulary
□ academic 形 学問の　□ performance 名 成績

(10) 正解：2

問題の訳
パスポートは，旅行者が身分を証明し，出身国を明らかにするために使用する公式**文書**である。
1 象徴　　**2 文書**　　3 作業　　4 模型

解説
名詞の問題です。that 節が前の an official（　　）を修飾する構造です。to show 以下の内容を踏まえると，「パスポートは旅行者が使用する公式な文書」が適切です。

Vocabulary
□ official 形 公式な

(11) 正解：3

問題の訳
ニュースをオンラインで読む方が簡単で速いことが多いものの，今でも多くの人々が紙媒体の新聞を購入する**方を好む**。
1 ～のふりをする　　2 ～を忘れる　　**3 （むしろ）～を好む**　　4 ～をためらう

解説
動詞・熟語の問題です。冒頭の Although と，比較表現 easier and faster に着目します。「～の方が簡単で速いが，今も～」となるので，prefer to ～「(むしろ) ～することを好む」という比較の意味を含む表現が文意に合います。

Vocabulary
□ print 動 ～を印刷する

(12) 正解：4

問題の訳
女性の**役割**は 1950 年代以来大きく変わった。今日では，多くの女性たちが，家にいて家族の世話をする代わりに働くことを選ぶ。
1 点　　2 期間　　3 ラベル　　**4 役割**

解説
名詞の問題です。1950 年代以来女性の何が変わったかを第 2 文から考えます。「家にいて家族の世話をする」「働く」という内容から，role「役割」が正解です。

Vocabulary
□ instead of ～　～の代わりに

(13) 正解：1

問題の訳
たばこの箱には，喫煙に伴う健康リスクを人々に**意識**させるための警告文が書かれている。
1 意識している　　2 疑っている　　3 感銘を受ける　　4 余分である

解説
形容詞・熟語の問題です。make O C「O を C にする」の C（形容詞）の部分が空所になっています。直後の of に注目して，警告文は人々に喫煙に伴う健康リスクをどうさせるためのものかを考えると，(be) aware of

～「～を知っている，～を意識している」が正解です。

Vocabulary
- cigarette 名 たばこ　　☐ warning 名 警告　　☐ health risk 健康リスク　　☐ associated with ～ ～と関係がある

(14) 正解：3

問題の訳
その政治家は，増税が必要であることを世間に納得させようとしたが，多くの人々が彼に同意しなかった。
　1 ～を取り除く　　**2** ～を非難する　　**3** ～を納得させる　　**4** ～を支援する

解説
動詞の問題です。政治家が the public「世間」に何をしようとしたかを考えると，「増税が必要であることを納得させようとした」が適切です。convince ～ that ... で「～に…（that 以下のこと）を納得させる」という意味です。

Vocabulary
- the public 世間

(15) 正解：3

問題の訳
一部の生き物は，顕微鏡でしか見えないほど小さいものである。
　1 現存する　　**2** 実用的な　　**3** 目に見える　　**4** 活動的な

解説
形容詞の問題です。so ～ that ...「とても～なので…だ」の構文で，that 節の主語の they は Some creatures を指します。「一部の生き物はとても小さい」→結果→「それらの生き物は顕微鏡でのみ見える［顕微鏡でしか見えない］」という因果関係をつかみましょう。

Vocabulary
- microscope 名 顕微鏡

(16) 正解：2

問題の訳
そのアパレル会社はマーケティング戦略の一環として，18歳から25歳の人に人気のあるウェブサイトに広告を出している。
　1 信号　　**2** 戦略　　**3** 出来事　　**4** 設立

解説
名詞の問題です。the clothing company's marketing (　　) で1つの名詞と考えます。後半の主語の it は the clothing company を指し，会社の「18歳から25歳の人に人気のあるウェブサイトに広告を出す」という行為は，会社の「マーケティング戦略」と判断できます。

Vocabulary
- clothing company アパレル会社　　☐ aged ～ 形 年齢～歳の

(17) 正解：3

問題の訳
環境対策委員会のメンバーの一部が，さらに資金を集めるための計画をまとめているところだ。この計画が完成したら，他のメンバーに提示するつもりである。
　1 ～を使い古している　　　　　　　**2** ～に出くわしている
　3 （考えなど）をまとめている　　　　**4** ～のそばに立っている

解説
熟語・句動詞の問題です。目的語の a plan に合うのは put together ～「～をまとめる」です。第2文の「彼ら（＝環境対策委員会のメンバーの一部）がこの計画を完成させたら～」にもうまくつながります。

Vocabulary
- [ ] environmental 形 環境の　　[ ] committee 名 委員会　　[ ] work on ~ （仕事など）に従事する
- [ ] present 動 ~を提示する　　[ ] the rest of ~ ~の残り

(18) 正解：2

問題の訳

災害の後，首相はテレビ放送でスピーチを行って人々に冷静さを保ち助け合うこと**を求めた**。
1 ~を上げた　　**2** ~を求めた　　**3** ~のことを話した　　**4** ~しながら話した

解説

熟語・句動詞の問題です。直前の he は the prime minister を指し，首相が災害の後にスピーチを行ったという状況です。〈call on 人 to ~〉には「人に~するように求める，要求する，頼む」という意味があり，これが文意に合います。

Vocabulary
- [ ] prime minister 首相　　[ ] televise 動 ~をテレビで放送する

(19) 正解：3

問題の訳

生物学者たちがアマゾンの熱帯雨林で調査**を実施している**。彼らはそこで発見されるさまざまな希少動物についてもっと知りたいと願っている。
1 ~を分解している　　**2** ~に寄りかかっている　　**3** ~を実施している　　**4** ~をかざしている

解説

熟語・句動詞の問題です。直後の research に合うのは carry out「~を実施する」です。「生物学者たちは調査を実施することで…（to 以下のこと）を願っている」という文脈です。

Vocabulary
- [ ] biologist 名 生物学者　　[ ] rainforest 名 熱帯雨林　　[ ] rare 形 希少な

(20) 正解：2

問題の訳

話し合いを重ねた後，市の職員たちは，古いコミュニティセンターがまだ市のニーズを満たすのに十分な規模であるため，新築**しないことを決めた**。
1 ~を降ろした　　　　　　　　　　　**2** ~しないことを決定した
3 ~を値下げした　　　　　　　　　　**4** ~を押し通した

解説

熟語・句動詞の問題です。because に着目し，「市の職員は新しいコミュニティセンターを建設しないことに決めた」→理由→「古いコミュニティセンターがまだ十分大きいから」という因果関係をつかみましょう。decide against は個々の語からも「~に反対することに決めた」と意味が取れます。

Vocabulary
- [ ] official 名 職員　　[ ] meet a need ニーズを満たす

Reading Part 2A

(21) 正解：2

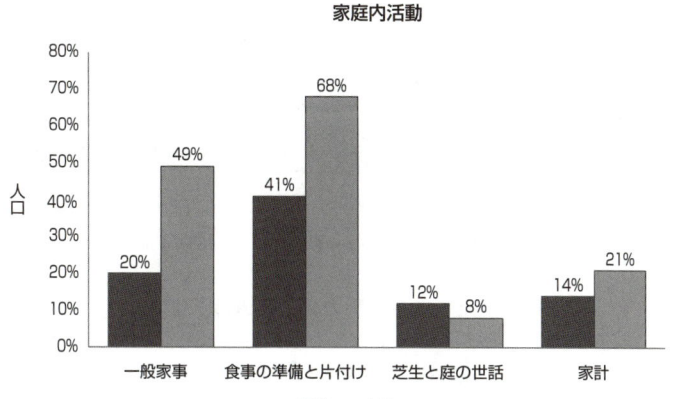

家庭内活動

活動	男性	女性
一般家事	20%	49%
食事の準備と片付け	41%	68%
芝生と庭の世話	12%	8%
家計	14%	21%

問題の訳

あなたはビジネスマーケティングの講義のケーススタディで，家庭内活動に携わる男性顧客を引き付けるための戦略を提言します。上のグラフに基づくと，最善と思われる提言は次のどれですか。

1 ガーデニングを楽しむ男性向けのウェブサイトを立ち上げる。
2 自宅で料理をする男性に向けて宣伝活動を行う。
3 男性が好む洗濯用洗剤について市場調査を実施する。
4 男性の興味を引く家庭用清掃用品の包装をデザインする。

解説

1 「ガーデニング」に関するグラフは Lawn and garden care ですが，4つの項目の中でこれが最も男性が携わっていない活動（12％）ですので，戦略として最善とは言えません。
2 「料理」に関するグラフは Food preparation and cleanup に相当し，4つの項目の中でこれが最も男性が携わっている活動（41％）です。つまり，最も多くの男性顧客を引き付けることができると考えられます。
3 「洗濯」は General housework に含まれると推測できますが，男性が実際どれほど洗濯に携わっているかはこのグラフからは不明です。
4 3と同じく，「清掃」も General housework に含まれると推測できますが，男性がどれほど清掃に携わっているかはグラフから読み取れません。

Vocabulary

- household 形 家庭の
- lawn 名 芝生
- finance 名 財務
- recommend 動 ～を提言する
- attract 動 ～を引き付ける
- engage in ～ ～に従事する
- recommendation 名 提言
- launch 動 ～を始める，起こす
- target ... at ～ ～を…の対象にする
- advertising campaign 宣伝活動
- market research 市場調査
- laundry 名 洗濯物
- detergent 名 洗剤
- packaging 名 包装
- appeal to ～ ～の興味を引く

(22) 正解：3

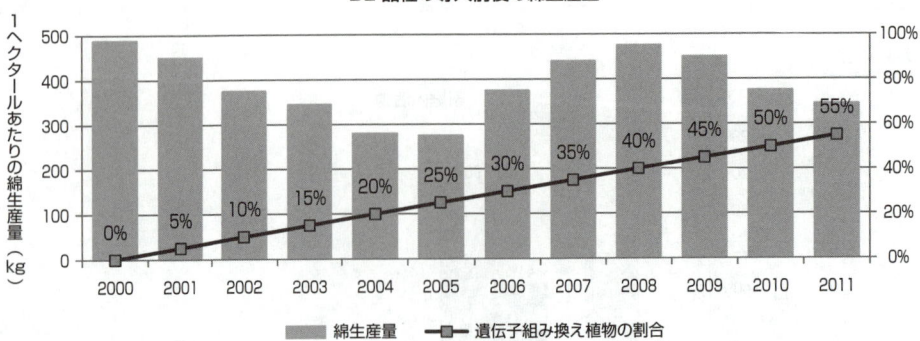

DL 品種の導入前後の綿生産量

（グラフ：2000年〜2011年の1ヘクタールあたりの綿生産量（kg）と遺伝子組み換え植物の割合（%））

- 2000: 約490kg, 0%
- 2001: 約450kg, 5%
- 2002: 約380kg, 10%
- 2003: 約350kg, 15%
- 2004: 約290kg, 20%
- 2005: 約280kg, 25%
- 2006: 約380kg, 30%
- 2007: 約450kg, 35%
- 2008: 約480kg, 40%
- 2009: 約460kg, 45%
- 2010: 約385kg, 50%
- 2011: 約355kg, 55%

■綿生産量　─■─遺伝子組み換え植物の割合

問題の訳

綿の生産量を上げる試みとして，科学者たちは特定種の綿花を遺伝子操作して，殺虫効果のある DL という化学物質を生成するようにしました。上のグラフにより最も裏付けられる記述は次のどれですか。

1 綿の DL 含有率が増加するほど，近い割合で生産量も増加する。
2 DL は綿花に被害をもたらし，生産量の減少につながる。
3 DL と綿生産量との間に直接的な関係はないように思われる。
4 遺伝子組み換え植物の割合が 40％を超えると，DL によって綿生産量は増加する。

解説

1 グラフは「（全生産における）遺伝子組み換え植物の割合」と「生産量」についてなので，「綿の DL 含有量」は関係ありません。
2 グラフからは「DL の綿花への被害」については読み取れません。また，「生産量」は増減が一定ではないため「生産量の減少につながる」とは言えません。
3 2つのグラフの増減には関連性が見られないため，これが正解です。
4 「遺伝子組み換え植物の割合」は ─■─ で示されています。これが 40％を超える 2009 年以降を見ると綿の生産量は減少していますので，increase が誤りです。

Vocabulary
- cotton 名 綿
- yield 名 生産量
- introduction 名 導入
- hectare 名 ヘクタール
- modify 動 （改良するために部分的に）修正する
- in an attempt to 〜 〜しようと試みて
- genetically 副 遺伝子学的に
- chemical 名 化学物質
- similar 形 同じような
- rate 名 率，割合
- appear to 〜 〜するように思われる
- direct 形 直接の
- relationship between A and B A と B との間の関係

(23) 正解：3

購入の場所

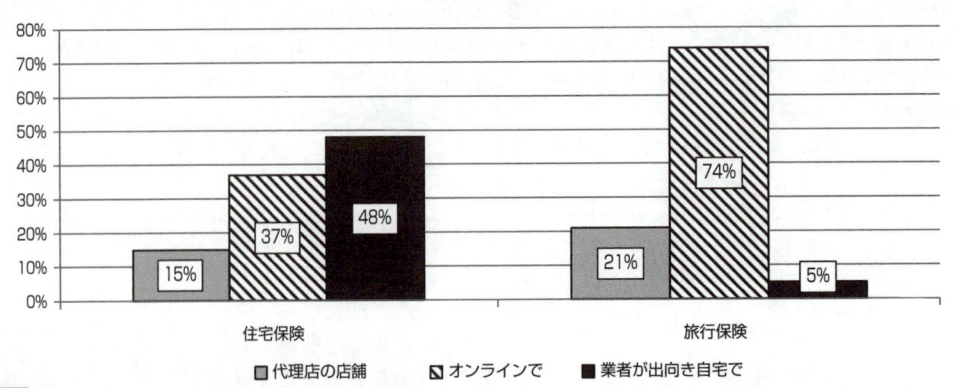

（グラフ：住宅保険と旅行保険の購入場所の割合）

住宅保険：
- 代理店の店舗：15%
- オンラインで：37%
- 業者が出向き自宅で：48%

旅行保険：
- 代理店の店舗：21%
- オンラインで：74%
- 業者が出向き自宅で：5%

■代理店の店舗　▨オンラインで　■業者が出向き自宅で

問題の訳

あなたはマーケティングの講義で消費者行動を研究しています。上のグラフにより最も裏付けられる記述は次のどれですか。

1 顧客は旅行保険の購入前に代理店と商品の詳細について話し合いたい。
2 住宅保険を探している顧客は商品を決める前に複数の代理店を訪ねる可能性が高い。

3 旅行保険を提供する予定の会社は，印刷物のデザインよりもウェブサイト開発により投資すべきである。
4 住宅保険契約を販売している代理店は，ほとんどの顧客が自宅にセールス訪問を受けたくないことを理解するべきである。

解説

1 旅行保険の購入は「オンラインで」が最も多く，代理店と話し合って購入している傾向があるとは読み取れません。

2 住宅保険の購入は「自宅で」が最も多く，代理店での購入は少ないことが分かります。したがって，これは誤りです。

3 「旅行保険」を表す右のグラフを見ると，購入先として Online が 74％ で抜き出ています。したがって，「ウェブサイト開発により投資すべき」と言えます。

4 「住宅保険」を表す左のグラフを見ると，購入先として At home during visit from agent が 48％ で最大値を示しており，「ほとんどの顧客が自宅にセールス訪問を受けたくない」と不一致です。

Vocabulary
- insurance 名 保険　　□ agent 名 代理店　　□ detail 名 詳細　　□ be likely to 〜 〜しそうである
- decide on 〜 〜を決める　　□ offer 動 〜を提供する　　□ development 名 開発　　□ material 名 資料
- policy 名 保険契約

(24) 正解：**1**

イギリス入国のために発行された観光ビザ以外のビザ

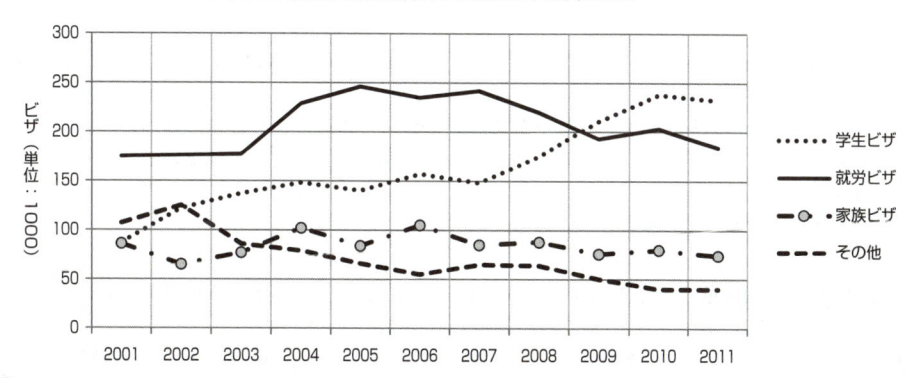

（グラフ：縦軸 ビザ（単位：1000）0〜300，横軸 2001〜2011 年）
・・・・・ 学生ビザ
―― 就労ビザ
―○― 家族ビザ
－－－ その他

問題の訳

あなたは国際関係論の講座でイギリスへの入国動機を調査しています。上のグラフに基づくと，正しい可能性が最も高い記述は次のどれですか。

1 2003 年の外国人労働者政策改定によって，他の EU 諸国の居住者がイギリスで仕事を探しやすくなった。
2 2005 年にイギリスの大学入学基準が改定され，外国人学生にとって入学が難しくなった。
3 2007 年以降，イギリスにおける失業率の着実な減少は，外国人に向けてより多くの就職口を生み出した。
4 2006 年の移民法改定によって，イギリスに居住する外国人が家族を連れて来て同居することがより容易になった。

解説

1 2003 年の外国人労働者政策改定についてはグラフから読み取れませんが，2003 年以降，Work visas の発行数が急増していることから，これが正解と判断できます。

2 2005 年以降の Student visas の発行数を見ると，増加傾向にあります。つまり，「外国人学生にとって入学が難しくなった」と矛盾します。

3 2007 年以降の Work visas の発行数は減少傾向にあります。つまり，「外国人に向けてより多くの就職口を生み出した」と矛盾します。

4 2006 年以降の Family visas の発行数は減少傾向にあります。つまり，「イギリスに居住する外国人が家族を連れて来て同居することがより容易になった」と矛盾します。

Vocabulary

- non-tourist 形 観光旅行者ではない
- visa 名 ビザ
- grant 動 (権利などを) 許諾する
- entry 名 入国
- international relations 国際関係論
- motivation 名 動機
- revision 名 改訂
- guest worker 外国人労働者
- policy 名 政策
- resident 名 居住者
- EU countries EU諸国
- standard 名 基準
- university entrance 大学入学
- admission 名 入学
- onward 副 先に, 進んで
- unemployment rate 失業率
- result in ～ (結果的に) ～をもたらす
- immigration 名 移民

(25) 正解：4

中国か米国か：世界的経済リーダーと見なされている国

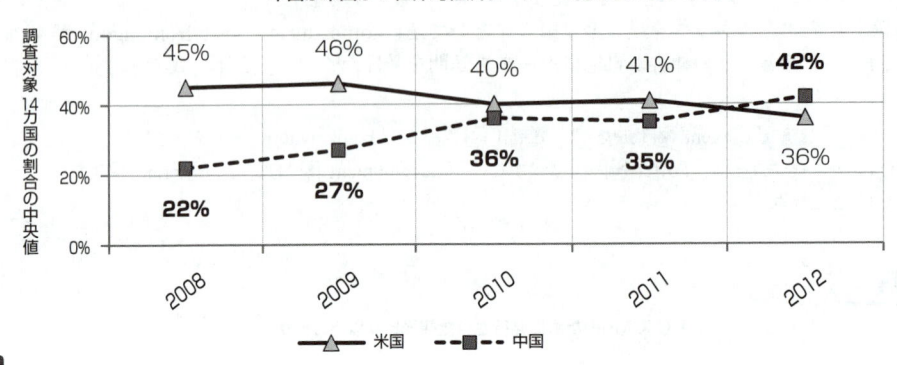

調査対象14カ国の割合の中央値

- 2008: 米国 45%, 中国 22%
- 2009: 米国 46%, 中国 27%
- 2010: 米国 40%, 中国 36%
- 2011: 米国 41%, 中国 35%
- 2012: 米国 42%, 中国 36%

― 米国　---- 中国

問題の訳

あなたは経済学の講座で米国と中国それぞれの経済力が, 各国にどのように見なされているかを研究しています。上のグラフにより最も裏付けられる記述は次のどれですか。

1 2008年の金融危機は, 米国の金融上の影響力に対する信頼を高めることにつながった。
2 2009年の中国の輸出低迷により, そのリーダーシップに対する世界的認識が下がった。
3 2010年の中国の経済成長に関するマスコミ報道によって, 中国の地位についての評価が急上昇した。
4 2011年から2012年にかけて, 米国の経済力に対する世界的な見解に変化があった。

解説

1 グラフでは2008年の金融危機を示していませんが, 米国の割合を見ると, 2008年から2009年は1%上昇し, 2010年は前年から6%減少していることから, increasedが不適です。
2 中国の割合を見ると, 2009年と2010年では9%増加しています。したがって, loweredが不適です。
3 中国の割合を見ると, 2010年と2011年では1%減少しています。したがって, boostedが不適です。
4 2011年から2012年にかけて中国と米国の割合が逆転していることが分かります。つまり,「米国よりも中国が経済の世界的リーダーと見なされた→米国の経済力に対する世界各国の見解に変化があった」と言えます。

Vocabulary

- perceive 動 ～を認識する
- global 形 世界的な
- median 形 中央値の
- strength 名 強さ, 力
- view 動 ～を見る
- economic crisis 金融危機
- confidence 名 信頼
- financial 形 金融上の
- influence 名 影響
- export 名 輸出
- lower 動 ～を低下させる
- perception 名 認識
- media coverage マスコミ報道
- boost 動 ～を増加させる, 高める
- opinion 名 評価
- status 名 地位, ステイタス
- period 名 期間
- mark a change in ～ ～に変化をもたらす
- view 名 見解

Reading Part 2B

(26) 正解：1

|| 英文の訳 ||

> **学生アルバイト**
> USC 図書館は，春学期に週2回以上夜勤（午後6時から9時半まで）できる学生を募集しています。仕事内容は主に，返却本について当館の目録データベースの貸し出し状態を更新することです。本の棚戻し作業が求められる場合もあります。応募者は，健康状態がおおむね良好な正規の学生である必要があります。応募用紙は中央受付カウンターに行ってもらってください。

問題の訳

従業員の主要な仕事は
1 本を返却済みとしてデータベースに登録すること。
2 図書館の中央受付カウンターで学生を手助けすること。
3 USC 図書館のすべての本の状態を目録に載せること。
4 本を適切な棚に戻すこと。

解説

1 問題文の Workers' main task は本文の Workers' primary responsibility と一致します。update the status of returned books in our inventory database を言い換えたこれが正解です。
2 中央受付カウンターは an application form をもらう場所なので，assist students が誤りです。
3 本文では本の貸し出し状態の記録については記述がありますが，図書館のすべての本に関する作業については述べられていません。
4 「本を適切な棚に戻すこと」は本文中の Some shelving work に該当しそうですが，あくまで作業が発生する可能性を述べているのであって，main task として不適です。

Vocabulary

- [ ] a minimum of ～ 最低でも～の
- [ ] spring semester 春学期
- [ ] primary 形 主な
- [ ] responsibility 名 責任，責務
- [ ] status 名 状況
- [ ] inventory 名 目録
- [ ] database 名 データベース
- [ ] shelving work 棚作業
- [ ] physical condition 健康状態
- [ ] reception desk 受付

(27) 正解：4

|| 英文の訳 ||

> **比較教育学（EDUC 220）受講の学生へのお知らせ**
>
> 初回講義の前に：
> 1) 学生用 E メールアドレスから私にメールを送ってください。件名にはフルネームに続けて学生番号を記入してください。
> 2) 指導スケジュールから，プレゼンテーションをしようと思うトピックを3つ選択してください。選択したトピックは私にメールせず，初回講義に持ってきてください。
> 3) 本講義のテキストを入手してください（『比較教育学』，クブン著，初版）。
>
> R. ジョンソン

問題の訳

学生は講義開始前に
1 講義用テキストの第1章を読まなければならない。
2 選択したプレゼンテーションのトピックを講師に送らなければならない。
3 教育に関連するテーマについてプレゼンテーションを準備する必要がある。
4 プレゼンテーションをしたいトピックを3つ選ばなければならない。

解説

1 講義用テキストについては項目 3) に記述がありますが，事前入手を指示しているのであって，中身を読む

必要はありません。
2 項目 2) の第 2 文に，選択したプレゼンテーションのトピックは講師にメールしないようにとの指示があります。
3 プレゼンテーションのトピックについては具体的な記述がありませんので，related to education が誤りです。
4 項目 2) の第 1 文と合致します。文中の choose が pick に言い換えられています。また，present は本文中の presentation「プレゼンテーション」の動詞形です。

Vocabulary
- ☐ comparative education 比較教育学　☐ followed by ～ 続いて～がある，後に～が続く
- ☐ tutorial 形 (大学の) 個人指導の　☐ give a presentation プレゼンテーションを行う　☐ selection 名 選択
- ☐ ～ edition 名 第～版　☐ chapter 名 章　☐ prepare 動 ～を準備する　☐ subject 名 テーマ，主題
- ☐ be related to ～ ～に関連している　☐ pick 動 ～を選ぶ　☐ be willing to ～ ～する意思がある，進んで～する

(28) 正解：3

英文の訳

学部生および大学院生のみなさん

表彰に値する非常に優れた教授を知っていますか。ユーイング・エクセレンス賞 (EEA) は現在推薦を受け付けています。この賞は，大学院または学部の講義において指導への献身と優秀さを示した教授を表彰するものです。推薦の期限は 3 月 2 日です。用紙は http://www.ewingcollege.edu/faculty/learn/eea にあります。

問題の訳

学生は用紙に記入して
1 奨学金を申請することができる。
2 講義に対するフィードバックをすることができる。
3 教授を賞に推薦することができる。
4 クラスメートの多大な努力を評価することができる。

解説
1 用紙については本文の最後に記述があります。scholarship「奨学金」については本文に記述がありません。
2 give feedback は「フィードバックをする，感想 [意見] を伝える」という意味です。講義に対する意見や感想に関する記述はありません。
3 用紙には賞に推薦したい教授を記入すると考えられますので，これが正解です。本文の nomination「推薦」を動詞 recommend で表しています。
4 recognize には「(尽力・功労などを) (感謝・表彰などによって) 認める」という意味があります。多大な努力を評価する対象は教授ですので，classmate が不適です。

Vocabulary
- ☐ exceptional 形 非常に優れた　☐ be worthy of ～ ～に値する　☐ recognition 名 表彰　☐ nomination 名 推薦
- ☐ recognize 動 ～を表彰する，(業績などを) 評価する　☐ exhibit 動 ～を示す　☐ commitment to ～ ～への献身
- ☐ fill out a form 用紙に記入する　☐ apply for ～ ～を申請する　☐ feedback 名 意見，感想

(29) 正解：2

英文の訳

ジェファーソン環境委員会 (JEC) は，ジェファーソン環境保全基金の使用を管理する学生主導の組織です。JEC は毎月 2 回集まって，キャンパス内の環境の保護に関係するプロジェクトの提案を聴取します。学生は，会議への出席および意見を表明することが奨励されています。初回会議は 2 月 10 日に開催されます。詳しくは，http://www.jec.jefferson.edu をご覧ください。

問題の訳

学生は会議で何をすることを求められていますか。
1 環境保全に関係するプロジェクトに寄付する。　2 プロジェクトに提案する。

3 大学のために資金を集める方法を考える。　**4** 環境保全に関する新しいデータを提示する。

解説

1 JECは環境保全基金の使用を管理する組織ですが，本文中には学生（＝読み手）にその寄付を求めている文言はありません。
2 学生が求められていることは本文のStudents are encouraged to … の部分に書かれており，合致します。contribute their ideas を make suggestions と表しています。
3 学生の意見が求められるという記述はありますが，これはプロジェクトの提案などのことを指しています。また冒頭に，組織は「基金の使用を管理する」と述べられているので，これは誤りです。
4 JECの活動内容の一環として可能性がありますが，そのような記述はありません。

Vocabulary
- council 名 委員会　　□ student-led 形 学生主導の　　□ manage 動 〜を管理する
- sustainability 名 環境保全，持続可能性　　□ proposal 名 提案　　□ contribute 動 （意見などを）与える
- donate to 〜 〜に寄付する　　□ -related （主に名詞に付けて）〜関係［関連］の　　□ make a suggestion 提案する

(30) 正解：1

英文の訳

送信者：ナンシー・ライト nwright@kenbridge.edu
宛先：神学講義 250
日付：2月13日　土曜日
件名：更新

学生のみなさん，講義のウェブサイトを更新しましたのでお知らせします。「役に立つリンク」のセクションに，この講義で取り扱う各テーマに関連する追加読本のリストを載せました。みなさんが有益と感じるかもしれませんので，見ておいてください。また，宿題として次回の授業までにテキストのユニット1を読んでおくことを忘れないでください。

ナンシー・ライト

問題の訳

教授がオンラインで利用可能にしたものは何ですか。
1 任意の読本リスト。　　**2** 講義の課題リスト。
3 講義用テキストへのリンク。　　**4** 宿題へのリンク。

解説

1 教授（＝送信者）がウェブサイトに掲載したものとして，本文のa list of additional readings … course を言い換えています。続くYou might find … から，この読本は任意のものと分かります。
2 assignment「課題」については最終文に記載がありますが，オンライン（ウェブサイト）上で利用可能になった情報として不適です。
3 ウェブサイトのリンク（Helpful Links）から得られる情報は講義に関わる追加読本のリストであって，テキストではありません。
4 2と3と同様の理由で，homework「宿題」はオンライン上で得られる情報として不適です。

Vocabulary
- additional 形 追加の　　□ available 形 利用可能な　　□ optional 形 任意の

Reading　Part 2C

(31) 正解：3

英文の訳

パシフィック大学のコンピューターサイエンス学部では，競争力のある学部生対象研究体験プログラムへの応募を受け付けています。参加者は10週間の夏期プログラムの間，チームで最先端の研究に取り組み，地元の科学者や技術者と交流します。さらに学生は校外学習や毎週行われる学部主導の研究セミナーに参加します。学生参加者は，その仕事に対して宿舎と少額の謝礼が受けられます。

> **問題の訳**
>
> 上述のプログラムの主な利点の1つは何ですか。
> 1 学生は講義の単位を取得する。
> 2 学生は他に負けない給与を得る。
> 3 学生はその分野の専門家と一緒に取り組むことによって学習する。
> 4 学生は自分の研究プロジェクトに集中できる。

> **解説**

1 プログラムの参加者が得られるものとして記述があるのは宿舎と謝礼です。
2 「給与」に関する記述はありません（salary は「固定給」を意味するので「謝礼」とは異なります）。なお，competitive は「競争力のある」「他に勝る」という意味です。
3 本文中の interacting with local ... engineers と合致します。本文の interact with 〜「〜と相互に関わる，〜と交流する」を work with 〜に，scientists and engineers を experts に言い換えています。
4 プログラム中はチームで研究に取り組むことや，毎週セミナーに参加することなどから自分の研究に集中できるとは言えません。

> **Vocabulary**
> ☐ competitive 形 競争力のある ☐ cutting-edge 形 最先端の ☐ interact with 〜 〜と交流する
> ☐ field trip 校外学習 ☐ faculty-led 形 学部主導の ☐ seminar 名 セミナー ☐ a small sum of 〜 少しの〜
> ☐ earn 動 (報酬を)得る ☐ expert 名 専門家 ☐ field 名 分野 ☐ focus on 〜 〜に集中する

(32) 正解：2

> **英文の訳**
>
> われわれは細菌を不健康なものととらえがちだが，世界はシアノバクテリアに大きな借りがある。シアノバクテリアはすべての細菌の中でも最も古く，その化石は35億年前までさかのぼる。一般的に藍藻と呼ばれるこのシアノバクテリアは，酸素の豊富な空気と植物を生み出すことに貢献している。日光をエネルギーに変換するシアノバクテリアの能力もまた将来的な活用方法があるかもしれない。研究によって，藍藻が効果的なクリーンエネルギー源になり得ることが示されている。

> **問題の訳**
>
> 文章によると，決定的な証拠がまだないのは
> 1 シアノバクテリアの化石の実際の年代。
> 2 エネルギー源としてのシアノバクテリアの有効性。
> 3 シアノバクテリアの酸素生成能力。
> 4 植物生成におけるシアノバクテリアの役割。

> **解説**

1 シアノバクテリアの化石の年代は，本文中に dating back 3.5 billion years と具体的な数が示されています。
2 may や could を用いてシアノバクテリアの可能性について書かれた第4〜5文の内容と合致します。「可能性がある」＝「決定的な証拠がまだない」という論理です。
3 第3文から，シアノバクテリアが酸素の豊富な空気を生成していることは事実と分かります。
4 同じく第3文から，シアノバクテリアの事実として，植物の発生にかかわっていることが分かります。

> **Vocabulary**
> ☐ bacteria 名 細菌，バクテリア ☐ owe a debt to 〜 〜に借りがある ☐ cyanobacteria 名 シアノバクテリア
> ☐ fossil 名 化石 ☐ dating back (to) 〜 〜までさかのぼる ☐ commonly 副 一般的に ☐ refer to 〜 〜に言及する
> ☐ blue-green algae 藍藻 ☐ be responsible for 〜 〜の原因である，〜に貢献している
> ☐ oxygen-rich 形 酸素が豊富な ☐ atmosphere 名 空気, 大気 ☐ creation 名 創造, 創作 ☐ ability 名 能力
> ☐ convert A to B AをBに変換する ☐ application 名 応用, 使用 ☐ suggest 動 …を示す
> ☐ serve as 〜 〜として役立つ ☐ effective 形 効果的な ☐ clean energy クリーンエネルギー
> ☐ according to 〜 〜によると ☐ conclusive 形 決定的な ☐ regarding 前 〜に関する ☐ effectiveness 名 有効性

(33) 正解：2

> **英文の訳**
>
> キャンパス作家組合は，英文学科の学生ラウンジで毎週集会する学生主導の作家コミュニティである。組合の集会は大概ワークショップで，学生たちは自分の最近の作品を何部か持って見せ合い，交代でフィードバックし合う。さらに，組合では年に数回特別な行事を開催し，それには職業作家の話を聞く機会や，参加者たちが米国人作家ジャック・ケルアックの手法を応用する自由執筆セッションなどがある。

> **問題の訳**
>
> 毎週，キャンパス作家組合が学生たちに与えているのは

1 自分の作品について職業作家と話し合う機会。
2 仲間の書き手からコメントやアドバイスをもらう機会。
3 有名作家が用いている方針を応用する機会。
4 最近の作品を出版に向けて提出する機会。

> 解説

1 published author は第3文に出てきます。職業作家の話を聞く機会はありますが，これは年に数回のイベントでのことで，毎週ではありません。
2 第2文の内容と合致します。本文の feedback を comments and advice と表しています。
3 famous writers は本文中の American author Jack Kerouac とも考えられますが，**1** と同様に誤りです。
4 学生の作品について，publication「出版」に関する記述はありません。

> **Vocabulary**
> ☐ guild 图 同業組合, 団体, 会　☐ English department 英文学科　☐ lounge 图 ラウンジ, 談話室　☐ work 图 作品
> ☐ take turns 〜ing 交代で〜する　☐ additionally 副 さらに　☐ including 前 〜を含めて
> ☐ hear from 〜 〜の話を聞く　☐ author 图 作家　☐ spontaneous 形 自然発生的な, 自発的な
> ☐ apply 動 〜を適用する, 応用する　☐ method 图 手法　☐ provide A for B A を B に与える
> ☐ writing 图 書き物, 著作　☐ fellow 形 仲間同士である　☐ principle 图 方針　☐ publication 图 出版

(34) 正解：**4**

> ∥ 英文の訳 ∥

大学への道は小学校時代に始まる。貧しい地域にある小学校と近隣の私立大学との間に家庭教師のパートナーシップを構築した教育者たちはそう語る。参加している大学生たちはその多くが教育学専攻であり，教えるスキルに自信を得て，子どもたちの学び方についての洞察も得る。小学生たちは，彼らが受ける家庭教師サービスの他，大学の図書館や劇場，教育学部への訪問からも恩恵を受ける。

> 問題の訳

この文章で述べられている，大学生がパートナーシップから得られるものは何ですか。
1 彼らのサービスに対する対価。　　　　**2** 講義の取り組みに対する手助け。
3 子育てに関するアドバイス。　　　　**4** 子どもを扱う仕事の経験。

> 解説

1 質問文の partnership とは第1文の a tutoring partnership between ... のことです。参加した大学生が得られるものは第2文に書かれていますが，payment については記述がありません。
2 大学の講義に関する記述はありません。
3 第2文に gain ... insights into how children learn とありますが，「子どもたちの学び方への洞察」と「子育て」は別の話です。
4 第2文の gain confidence ... children learn の部分を端的に表したこれが正解です。

> **Vocabulary**
> ☐ path 图 道　☐ establish 動 〜を構築する　☐ tutor 動 〜の家庭教師をする　☐ nearby 形 近くの
> ☐ private 形 私学の　☐ insight 图 洞察　☐ benefit from 〜 〜から恩恵を受ける
> ☐ education department 教育学部　☐ child raising 子育て

(35) 正解：**1**

> ∥ 英文の訳 ∥

1950年5月9日に，フランス外相ロベール・シューマンが，欧州諸国の高等権力当局として活動する国際的な欧州共同体を構築すべきと宣言した。彼はこの共同体が戦争の原材料，すなわち石炭と鉄鋼の生産を管理して，加盟国間の紛争を防止することを提言した。シューマン宣言は欧州石炭鉄鋼共同体の構築に結び付き，これが後に欧州連合の創設につながった。

> 問題の訳

シューマンが提言を行った1つの理由は何ですか。
1 石炭と鉄鋼の生産を管理するため。　　　**2** 加盟国間の貿易を向上させるため。
3 欧州の輸出入を監視するため。　　　　**4** 欧州経済を盛り上げるため。

> 解説

1 質問文の proposal「提言」の動詞形である propose(d) が第2文にあり，この that 以下の内容から正解と分かります。本文中の manage を organize と言い換えています。

2 between member countries「加盟国間での」という語句は第2文に含まれていますが，to prevent conflicts「紛争を防止すること」と合いません。
3 欧州の輸出入に関する記述はありません。
4 シューマンが提言を行ったその目的は，「戦争の原料（石炭と鉄鋼）の生産を管理することで加盟国間の紛争を防止すること」です。economy「経済」の話はありません。

Vocabulary
- ☐ foreign minister　外相，外務大臣　　☐ declare　動…を宣言する　　☐ high authority　高等権力当局
- ☐ propose　動…を提言する　　☐ material　名原材料　　☐ coal　名石炭　　☐ steel　名鉄鋼
- ☐ member countries　諸加盟国　　☐ declaration　名宣言　　☐ foundation　名創設　　☐ the European Union　欧州連合
- ☐ trade　名貿易　　☐ monitor　動～を監視する

(36) 正解：4

|| 英文の訳 ||

パーミッションマーケティングとも呼ばれるコンテンツマーケティングは，潜在的な顧客を引き付けるために関連性のある情報を届けることを必要とする。例えば，塗料会社であればインテリアデザインにおける色使いに特化したデジタル雑誌を作るかもしれない。そのような会社は，高品質かつ有益な記事を常に提供することで，インテリアデザイナーたちの間で専門雑誌としての位置付けを確立する。次第により多くのデザイナーがその雑誌を読むようになる。その雑誌を読んでいるデザイナーはその会社の製品に慣れ親しむため，それらを使用したり薦めたりする可能性が高まる。

問題の訳

文章に基づくと，上述の雑誌の最終的な目的は何ですか。
1 関連性のある情報を提供すること。　　2 幅広く広告主を引き付けること。
3 事業提携を生み出すこと。　　4 その会社の塗料を販売促進すること。

解説

1 質問文の the magazine とは，ある塗料会社の a digital magazine all about … のことです。relevant information は雑誌に載せる会社の製品に関する情報と考えられますが，最終的な目的としては不十分です。
2 本文中に advertisers「広告主」に関する記述はありません。
3 本文中に business partnerships「事業提携」に関する記述はありません。
4 最終的な目的は明確に書かれていませんが，塗料会社が製品（塗料）に関する雑誌を作り，読者がその製品を使用したり薦めたりする可能性が高まるという内容から判断できます。

Vocabulary
- ☐ content marketing　コンテンツマーケティング　　☐ permission marketing　パーミッションマーケティング
- ☐ involve　動～を含有する，必要とする　　☐ relevant　形関連のある　　☐ potential　形潜在的な　　☐ paint　名塗料
- ☐ interior　名インテリア，室内　　☐ establish oneself as ～　～としての地位を確立する
- ☐ consistently　副一貫して，常に　　☐ high-quality　形高品質の　　☐ become familiar with ～　～に慣れ親しむ
- ☐ ultimate　形最後の，究極の　　☐ broad　形広い　　☐ range　名範囲　　☐ advertiser　名広告主
- ☐ promote　動～を販売促進する

(37) 正解：3

|| 英文の訳 ||

C.S.ルイスの最もよく知られた著作は，ファンタジー7部作である『ナルニア国物語』である。これらの話の中の魔法の世界は子どもたちを魅了するが，この物語は宗教的な考えをも伝えている。物語を使って，ルイスは読者を楽しませる以外にも，本来なら難しい概念を読者に理解しやすくしている。例えば『ナルニア国物語』の主要登場人物の1人であるライオンを，ルイスはキリストの表象として描写している。

問題の訳

文章によると，この作家の物語の意図された1つの目的は何ですか。
1 大人が子どものように考えることを促すこと。　　2 読者が魔法を理解しやすくすること。
3 宗教的な概念を説明すること。　　4 文学を理解できるように子どもに教えること。

解説

1 質問文の the author とは『ナルニア国物語』の著者ルイスのことです。物語に「大人が子どものように考えるよう促す」という意図はありません。
2 『ナルニア国物語』には魔法の世界が描かれていることが推測できますが，読者に魔法を理解してもらう意図はありません。

3 第2文の the stories also convey religious ideas と合致します。convey を explain に，ideas を concepts に言い換えています。
4 literature「文学」に関する記述はありません。

Vocabulary
- [ ] best-known 形 最もよく知られた　[ ] a series of ～ 一連の～　[ ] convey 動 ～を伝える　[ ] religious 形 宗教的な
- [ ] entertain 動 ～を楽しませる　[ ] grasp 動 ～を理解する　[ ] otherwise 副 そうでなければ　[ ] concept 名 概念
- [ ] representation 名 表象　[ ] Christ 名 キリスト　[ ] intended 形 意図した　[ ] literature 名 文学

(38) 正解：1

英文の訳
　米国の高等教育では，通例外の学生とは一般的に 25 歳超の学生と定義されている。これらの学生は通常キャンパス内に住んでおらず，正規の学生として登録されていない傾向がある。彼らにはほとんどの場合仕事や家族的責任があり，勉強にかけられる時間が少なくなっている。現在では，米国の学生の 38％が通例外の学生である。全国教育統計センターは，今後もこの数字は増加すると予測している。

問題の訳
文章に基づくと，多くの通例外の学生について正しいと考えられることは何ですか。
1 学位課程を修了するのに時間が長くかかる。　2 大学に入学する可能性が低い。
3 成績が通例の学生より良い。　4 将来的に学生数が減少する。

解説
1 第3文の less time to devote to studying「勉強にかけられる時間が少ない」という状況から，「学位課程を修了するのに時間がかかる」可能性が考えられます。
2 大学入学に関する記述はありません。
3 成績に関する記述はなく，通例の学生との比較もなされていません。
4 最終文に，今後も通例外の学生が増えるとの予測が書かれていますので，decrease が不適です。

Vocabulary
- [ ] higher education 高等教育　[ ] nontraditional 形 非伝統的な，通例と異なる　[ ] full-time 副 常勤で，正規で
- [ ] devote ... to ～ …を～に充てる　[ ] in (the) years to come 今後（数年間）　[ ] degree 名（大学の）学位
- [ ] admit 動（入場や入学などを）～に許す

(39) 正解：3

英文の訳
　作家であり翻訳家であるアマラ・ラコースは，アラビア語とイタリア語で執筆している。彼の2作目の小説の中の登場人物の1人が翻訳家で，翻訳の仕事をわくわくするものであると説明しており，これは著者自身の意見を反映しているかもしれない。ラコースは翻訳を航海になぞらえている。彼はときどき自分を，言葉や考え，イメージ，比喩という宝物を持って「言語の国境を越える」密輸人のようだと思っている。

問題の訳
文章によると，アマラ・ラコースがおそらく感じている翻訳とは
1 興味深い趣味である。　2 ストレスの多い仕事である。
3 わくわくする冒険である。　4 もうかる活動である。

解説
1 本文全体から翻訳を interesting と感じている可能性はありますが，hobby が不適です。
2 翻訳の仕事について，stressful という描写はありません。
3 第2文の describes the work as thrilling と合います。この the work は翻訳の仕事のことで，thrilling を exciting に言い換えています。実際，これはラコースの小説内の登場人物の意見ですが，ラコース自身の意見を反映しているのではないかと書かれていることから判断します。
4 profitable は「利益をもたらす，もうかる」という意味ですが，翻訳家としての報酬の話はありません。

Vocabulary
- [ ] translator 名 翻訳家　[ ] Arabic 名 アラビア語　[ ] thrilling 形 わくわくさせる　[ ] reflect 動 ～を反映する
- [ ] journey 名 旅　[ ] smuggler 名 密輸入[出]者　[ ] cross a frontier 国境を越える　[ ] translation 名 翻訳
- [ ] stressful 形 ストレスの多い　[ ] profitable 形 もうけのある

(40) 正解：1

英文の訳
　ニューヨーク市のミリオンツリーズ NYC プロジェクトは，市内住民の生活の質の向上を助長するために企画された。都市部において木々の恩恵は数多く，エネルギー費節減から美観にまで至る。木々は日陰を作るほか風除けにもなり，付近の建物の冷暖房に必要な化石燃料の量を減少させる。都市部の木々はまた，空気中から二酸化炭素を回収し貯留するため，大気質の改善にも寄与する。

問題の訳
文章に基づくと，ニューヨーク市の住民がこのプロジェクトから期待できる 1 つの結果は何ですか。
1 よりきれいな空気。　2 交通機関の改善。　3 風の強い日の減少。　4 暖房費の上昇。

解説
1 プロジェクトの活動の説明として，都市部の木々の恩恵などについて書かれています。住民が期待できることとして，最終文の Trees … help improve air quality と合致します。
2 第 2 文でエネルギー費節減について書かれていますが，続く第 3 文から，冷暖房に必要な化石燃料の話であり，交通機関に関する記述はありません。
3 第 3 文から，木々が風除けになることはあっても，風の強い日自体が減るわけではありません。
4 第 3 文から，木々が付近の建物の冷暖房に必要な化石燃料の（消費）量を減少させることが分かります。したがって，Higher ではなく Lower であれば正解となり得ます。

Vocabulary
- [ ] urban 形 都市の
- [ ] numerous 形 きわめて多数の
- [ ] range from A to B A から B に及ぶ
- [ ] shade 名 陰
- [ ] block 動 ～を妨げる
- [ ] fossil fuel 化石燃料
- [ ] capture 動 ～を捕える
- [ ] carbon dioxide 二酸化炭素
- [ ] store 動 ～を貯える
- [ ] heating bill 暖房費

Reading　Part 3A

英文の訳

エミリー・ディキンソン

　エミリー・ディキンソンは最もよく知られた米国の詩人の 1 人である。しかし，生前ディキンソンは詩よりも彼女の変わった生活で人々に知られていた。ディキンソンは，ほとんどいつも白い服を着て，大学でのわずかな期間以外ではまれにしか家から出なかった。彼女が 2,000 篇近い詩を書いたのは自宅でのことだった。

　ディキンソンの自宅籠りについては大きく取り沙汰されてきたが，彼女を人と交流することを避けていた人と見なすのは不公平である。それどころか，ディキンソンは 100 人以上の友人たちに定期的に手紙を書き，家を訪れたそれ以上の数の人々と会った。自分のしたいようにではあるが，ディキンソンはむしろ他者とのコミュニケーションを楽しんでいたようである。

　ディキンソンの詩のほとんどが彼女の死後まで出版されなかったため，学者たちは彼女の作品について多くの疑問を抱いている。ディキンソンは自分の詩に日付を書かず，自分の目に入ったもの何にでも，例えば紙くずや封筒の裏などに書いたり書き直したりした。その結果，彼女の詩の草稿のうちどれが最終版と見なされるべきかについて意見の食い違いが多く生じている。

　ディキンソンの詩は，1 つにはその変わった句読法と巧みな言葉遊びで有名である。ディキンソンの死後，彼女の家族は彼女の未発表作品の出版に協力した。しかし，これらの詩に取り組んだ編集者たちが彼女の作品を大幅に変えてしまった。この変更は，伝統的な句読法に合わせることだった。ディキンソンによって書かれた通りに詩を発表した巻が出版されたのは 1950 年代と，かなり後のことだった。今では，ディキンソンが詩を書いた紙くずさえ見ることができる。

(41) 正解：4

選択肢の訳
1 学術講演　　2 著名な両親　　3 ノンフィクションの著作　4 変わった生活

解説
ディキンソンは詩人というよりもむしろ何で知られていたのか。直後の文にヒントがあります。彼女はいつも白い服を着てめったに家から出なかったという様子から，unusual lifestyle「変わった生活」をしていたことが分かります。

(42) 正解：4

選択肢の訳
1 1人で執筆すること　2 1人で研究すること　3 他の人々を助けること　4 人と交流すること

解説
「ディキンソンは自宅で多くの時間を費やしていた」→「しかし，〜を避けていた人扱いするのは不公平だ」という文脈です。続く In fact, ... の文から彼女は多くの人と交流していたことが分かりますので，4 が適切です。In fact には前述を補足した「実際は，事実上は」の意味以外に，「それどころか，（〜と言ったが）いや実際は」という意味があります。

(43) 正解：3

選択肢の訳
1 その上　2 最近　3 結果として　4 さらには

解説
前後の論理的関連性を問う問題です。空所の前の「ディキンソンは詩を紙くずや封筒の裏など目に入る何にでも書いた」は，空所の後の「どの詩が最終版かの意見が分かれる」の原因であることが分かります。したがって，因果関係を表す As a result「その結果，結果として」が正解です。

(44) 正解：1

選択肢の訳
1 彼女の作品を大幅に変えた　2 彼女の作品について学者たちと議論した
3 わずかな数の詩しか出版しなかった　4 ディキンソンに会ったことがなかった

解説
「ディキンソンの死後，未発表作品が出版された」→「しかし，編集者たちは〜した」という文脈です。続く文の主語 This はこの編集者のしたことを受けています。つまり，「彼女の作品を大幅に変えた」= This =「彼女の詩を伝統的な句読法に合わせた」という等位関係です。万一 punctuation の意味が分からなくても，unusual punctuation（同段落1文目）→ make them fit the traditional rules of punctuation の流れから文脈をとらえてみましょう。

Vocabulary
- poet 名 詩人　□ lifetime 名 一生　□ poem 名 詩　□ apart from 〜 〜を除いて　□ brief 形 短時間の
- rarely 副 めったに〜ない　□ unfair 形 不公平な　□ characterize A as B A を B と見なす
- regularly 副 定期的に　□ on 〜's own terms 〜のやりたいように　□ pass away 亡くなる　□ scholar 名 学者
- date 動 〜に日付を付ける　□ scrap 名 一片，破片　□ draft 名 草稿　□ consider A (to be) B A を B と見なす
- version 名 版　□ be notable for 〜 〜で有名である　□ in part 一部分において，1つには
- punctuation 名 句読法　□ clever 形 巧妙な　□ wordplay 名 言葉遊び　□ previously 副 （〜よりも）前に
- unseen 形 未見の　□ editor 名 編集者　□ volume 名 （著作・刊行物の）巻　□ release 動 〜を出版する

英文の訳

遠隔ロボット手術

　遠隔ロボット手術によって医者は遠隔地の病院にいる患者の治療ができる。従来，医者はこの技術を使って，実際にこれらの患者といる外科医を観察しアドバイスしていた。しかし，この技術の**適用範囲**が変わりつつある。今では遠隔地の医者が直接手術に参加することができる。これは，医者の少ない田舎にいる患者の場合には特に役に立つ。

　この手術は「ロボット」手術と呼ばれてはいるが，機械自身は一切判断を行わない。機械はすべて**人間からの入力情報**を必要とする。外科医が，手術に使用する道具を操作する。ロボットがひとりでに実際の手術を行う可能性は，今でもはるか先のことと考えられている。

　専門家の中には，医者が患者と同室にいる場合でもロボットを手術に使うべきだと考える者もいる。これらの機械によって，外科医が**より正確である**ことが可能になりそうである。例として，医者自身が手術用具を持っているときよりも，ロボットを操作しているときの方がより高い正確さで手術が実施できたことを示す研究がある。ロボットを使用することにより，医者は手の届きにくいところにもより簡単に届くことができた。

　これらのロボットの使用に熟練するには，医者は相当な訓練を積まなければならない。外科医がこれらのロボットを初めて患者に使うとき，よりゆっくり作業を完了させる傾向にある。**その結果として**，ロボットを使う手術は従来の手術よりも時間がかかることがある。場合によっては，この余分にかかった時間が手術中または手術後に問題に発展することがある。しかし，もっと訓練を積めば，外科医たちはロボットをより楽に扱えるようになるため，多くの専門家が時間の経過とともに遠隔ロボット手術はより一般的になっていくと考えている。

(45) 正解：2

選択肢の訳
1 費用　　　2 適用範囲　　　3 理解　　　4 望み

解説
空所の後の this technology は前述の「遠隔ロボット手術の技術」のことです。この技術の何が変わりつつあるのか。前後の In the past と Now に着目して，「従来はロボットが遠隔地から患者を治療している外科医を観察しアドバイスした」→「今では遠隔地の医者が直接手術に参加できる」という変化から，遠隔ロボット手術の技術の「適用範囲」が変わりつつあると言えます。

(46) 正解：2

選択肢の訳
1 設計者　　　2 人間による入力　　　3 複数の操作者　　　4 要件を満たす患者

解説
空所を含む文と続く A surgeon controls ... の文は前の文の主節（the machines do not make any decisions on their own）の言い換えと考えます。「機械自身は一切判断を行わない」→言い換え→「機械はすべて人間からの入力情報を必要とする」「（機械ではなく人間である）外科医が手術に使用する道具を操作する」という流れです。

(47) 正解：4

選択肢の訳
1 費用を削減する　　　2 より多く休みを取る　　　3 痛みを軽減する　　　4 より正確になる

解説
allow ~ to ... は「（主語）は~が…することを可能にする，（主語）によって~は…できる」という意味です。遠隔ロボットによって外科医は何ができるようになるのか。以降の具体例から考えて be more precise「より正確である」が適切です。直後の文中にある accuracy「正確さ」の形容詞形 accurate が precise の同意語であることに気づくとよいでしょう。

(48) 正解：2

選択肢の訳
1 同じように　　　2 その結果として　　　3 逆に　　　4 最後に

解説
前後の論理的関連性を問う問題です。空所の前の「外科医がロボットを初めて患者に使うとき作業が遅くなる」と，空所の後の「ロボットを使う手術は従来の手術よりも時間がかかる」の関係から判断して，因果関係を表す Consequently「その結果として，したがって」が正解です。consequently は副詞で，therefore や as a result と同意です。

Vocabulary
- [ ] telerobotic 形 遠隔操作型ロボットの
- [ ] surgery 名 手術
- [ ] treat 動 ~を治療する
- [ ] patient 名 患者
- [ ] in the past （完了形の文で）従来
- [ ] observe 動 ~を観察する
- [ ] surgeon 名 外科医
- [ ] physically 副 物理的に
- [ ] present 形 （人が）居合わせている
- [ ] remote 形 遠く離れた
- [ ] take part in ~ ~に参加する
- [ ] operation 名 手術
- [ ] particularly 副 特に
- [ ] rural 形 田舎の
- [ ] physician 名 医師
- [ ] procedure 名 行動，処置
- [ ] refer to A as B A を B と呼ぶ
- [ ] perform 動 ~を行う
- [ ] far off ずっと遠くに
- [ ] surgical 形 手術の
- [ ] access 動 ~に近づく
- [ ] difficult-to-reach 形 届きにくい
- [ ] substantial 形 相当な
- [ ] proficient 形 熟練した

Reading Part 3B

英文の訳

フォトセセッション（写真分離）運動

写真撮影の目的は何だろうか。主として現実を記録するためだろうか。それとも芸術作品を制作するためであろうか。どちらの側面も主張することが容易であり，裏付ける例もたくさん見つけることができる。少なくとも絵画や素描と比べて，

写真は世界を描写する比較的新しい方法であるため，写真技術は時代とともに変化し，進化し続けている。今日では，プロの写真家は，スマートフォンを持ったアマチュアで自分は腕がいいと思っている者をあざ笑うかもしれない。しかし，写真を取り巻く議論は新しいものではない。実は，1800年代末期の手持ちカメラの導入により，本格的な写真家から似たような反応があり，フォトセッション（写真分離）運動として知られるようになる流れを引き起こした。

フォトセッションは，19世紀末期に始まり写真を美術として振興することを目指した「ピクトリアリズム」と呼ばれる運動から生まれた。日常的な手持ちカメラで撮影されたスナップ写真から彼らの作品を区別するため，ピクトリアリストたちは軟焦点（ソフトフォーカス）や照明および質感の操作などの複雑な写真技術を使い，写真を絵画のように見せた。時にはネガを引っかいたり上に塗ったりして変えることさえあった。ピクトリアリストたちは主に肖像写真に興味を持ち，自らの作品をロマン主義的テーマの表現と見なしていた。

20世紀初頭に，アルフレッド・スティーグリッツというピクトリアリストの写真家とその同僚数人が，メンバーであった写真組織であるニューヨーク・カメラ・クラブから離脱した。彼らは，新しくてよりピクトリアリズムに即した方向性，つまりフォトセッション運動に分岐した理由として，上記クラブの因習的な姿勢を挙げた。スティーグリッツは，この運動の名称は「写真とは何かという既成観念から離反する」ことを表すと述べたと伝えられている。

スティーグリッツはこの運動の会員を厳しく管理しており，会員になれるのは招待を通じてのみであった。これは米国の組織であったが，展示会にはヨーロッパ人も何人か含まれていた。そしてその排他性にもかかわらず，成功への道のほとんどが女性には閉ざされていた時代において，このクラブは20世紀で最も著名な肖像写真家の1人となったガートルード・ケーゼビアなど，多くの女性芸術家を迎えていたことで知られていた。スティーグリッツは，『カメラワーク』という雑誌を創刊し，ニューヨーク市に画廊を開いた。どちらも会員の作品を紹介するものだった。この画廊は重要な場であり，そのうち写真だけではなく，ピカソやセザンヌの米国初の展示品を含む一流の画家の作品も展示するようになった。

結局，フォトセッション運動は瓦解した。会員の中には，ネガに手を加えて作品をむしろ絵画のように見せるのは，写真芸術そのものと相反すると感じた者もいた。フォトセッション運動はなくなったが，ニューヨークの画廊は1917年まで開館していた。ただし，フォトセッション運動の瓦解の要因となったのは，会員たちの美学的方向性の違いだけではなかった。スティーグリッツの気性に関する問題も多く報告されていた。彼は尊大で高圧的と見なされていたのである。

まさに，フォトセッション運動の名称にもある「セセッション（分離）」が伝統と慣習をはねつけることを意味するにもかかわらず，この組織のピクトリアリストたちが実際には肖像画の伝統と慣習を採用したのは興味深い。彼らは，フォトセッション運動組織に属するための非常に狭い独自の基準を厳格に守らせた。組織の定義は限定的であったかもしれないが，フォトセッション運動自体は芸術形式としての写真の進化における重要な一歩であり，いくつかの優れた作品を生み出した。

(49) 正解：3

問題の訳
手持ちカメラの発明以降において正しいのはどれですか。
1 アマチュア写真家は必要な機材を容易に買うことができずにいる。
2 多くのアマチュア写真家の技術は，プロの腕と比べても遜色ないものになっている。
3 プロの写真家は，アマチュアから自分たちを区別する必要性を感じた。
4 プロの写真家の大半は，現実を記録することに重点を置いている。

解説
1 アマチュア写真家の必要な機材やその入手についての記述はありません。
2 be comparable to ～は「～に相当［匹敵］する」の意味です。プロとアマチュアの技術を比べる話はありません。
3 handheld camera が登場する第1段落最終文を参照。a similar reaction「似たような反応」とは2つ前の文の scoff at amateurs with … skilled のことですが，この反応が写真分離運動を引き起こしたことから，プロとアマチュアを区別しようとしたと判断します。
4 record reality という語句は第1段落第2文で質問の投げかけとして用いられており，直接的な答えは書かれていません。また，プロの写真家の写真撮影の目的も記述がありません。

(50) 正解：4

問題の訳
ピクトリアリストについて何が分かりますか。
1 彼らは肖像に挑戦した最初の写真家だった。
2 彼らは一般の人々に芸術的才能を発見することを勧めた。
3 彼らの考えはニューヨーク・カメラ・クラブの考えと一致していた。
4 彼らの目的は本格的な芸術として写真を振興することだった。

解説
1 第2段落最終文から，ピクトリアリストたちは肖像写真に興味を持っていたことが分かりますが，first が誤りと判断します。

2 第4段落から，この組織は招待のみの会員制であることなど，排他的であることが分かります。画廊を開いたことは分かりますが，一般人への働きかけについては記述がありません。

3 第3段落第1文から，ピクトリアリストたちが New York Camera Club を脱退してフォトセセッション運動を始めたことが分かります。more pictorialist direction の more は New York Camera Club の方向性と比較したものです。

4 ピクトリアリズムおよびピクトリアリストについては第2段落以降に書かれており，その第1文と合致します。本文では動詞の aim が選択肢では名詞で用いられ，fine art は serious art に言い換えられています。

(51) 正解：4

問題の訳
ガートルード・ケーゼビアに言及しているのはなぜですか。
1 彼女の作品はアルフレッド・スティーグリッツの作品に影響を与えたから。
2 ニューヨーク・カメラ・クラブへの入会を断られたから。
3 ピクトリアリストの用いた手法を批評するため。
4 入会に対するクラブの非伝統的な見方を強調するため。

解説
1 ケーゼビアが登場する第4段落を参照。彼女の作品やスティーグリッツへの影響についての記述はありません。
2 ケーゼビアがフォトセセッションのクラブに受け入れられていたという事実は読み取れますが，（スティーグリッツたちが過去に離脱した）ニューヨーク・カメラ・クラブとの関係性については書かれていません。
3 ケーゼビアはフォトセセッション運動クラブに招待された会員なので，criticize は矛盾します。
4 the club はフォトセセッション運動クラブのことと判断します。nontraditional は「非伝統的，通例と異なる」という意味です。女性が成功しにくい時代に著名な女性写真家であるケーゼビアがこの排他的な組織の会員であったことを述べることで，それが強調されています。

(52) 正解：2

問題の訳
『カメラワーク』の目的は何ですか。
1 ピクトリアリストの手法を説明すること。
2 ピクトリアリストの写真を出版すること。
3 写真に関連する仕事の求人広告を出すこと。
4 写真を展示している画廊をリストアップすること。

解説
1 第4段落から，*Camera Work* とはフォトセセッション運動クラブが発行していた雑誌名と分かります。この雑誌でピクトリアリストの手法を説明したという記述はありません。
2 この雑誌と後述の画廊について，showcased members' work「会員の作品を紹介した」とあります。よって，この雑誌の目的は「ピクトリアリストの写真を出版すること」だと言えます。
3 求人広告に関する記述はありません。
4 フォトセセッション運動クラブの画廊には会員の写真が展示されたことが分かりますが，「写真を展示している画廊をリストアップする」は不適です。

(53) 正解：2

問題の訳
フォトセセッション運動が終わりを迎えた1つの要因は
1 展示用画廊スペースの不足。
2 スティーグリッツの難しい性格。
3 写真よりも絵画に対する需要が高まったこと。
4 ピクトリアリズム作品を定義する基準が緩いこと。

解説
1 画廊の広さについては書かれていません。
2 フォトセセッション運動が終結した（broke up）ことについては第5段落に書かれています。その要因としていくつか書かれていますが，最終文の problems relating to Stieglitz's temperament; … とこれが合致します。
3 絵画の需要が高まった事実や，その影響などに関する記述はありません。
4 最終段落に，The group's definition may have been limiting「組織の定義は限定的だった」と記述があります。

(54) 正解：4

問題の訳
著者はフォトセセッション運動について何と結論付けていますか。
1 芸術家たちに制限を設け，それが彼らの成功を支えた。
2 ヨーロッパでの運動よりも伝統的だった。
3 時代の真の精神を象徴することができなかった。
4 芸術としての写真の発展に寄与した。

解説
1 組織に属するのに制限（非常に狭い基準）はありましたが，それが芸術家たち自身の成功を支えたとは述べられていません。
2 フォトセセッション運動は米国の組織によるものですが，ヨーロッパで運動があったことやヨーロッパとの比較は述べられていません。
3 著者の結論が述べられている最終段落を参照。筆者はフォトセセッション運動に対して全体的に肯定的な意見であることが分かれば，これは消去できます。
4 最終段落最終文の the movement itself was an important step … の部分と合致します。本文の evolution を development に，as an art form を as art に言い換えています。

Vocabulary

- [ ] photo-secession フォトセセッション [ ] secession 名 脱退，分離 [ ] movement 名 運動
- [ ] photography 名 写真撮影 [ ] primarily 副 主に [ ] plenty of ~ たくさんの~ [ ] relatively 副 比較的
- [ ] represent 動 ~を描写する，象徴する [ ] in comparison to ~ ~と比較して [ ] evolve 動 進化する
- [ ] scoff at ~ ~をあざ笑う [ ] amateur 名 アマチュア，素人 [ ] skilled 形 熟練した [ ] surround 動 ~を取り囲む
- [ ] handheld 形 手で持って操作できる [ ] reaction 名 反応 [ ] give rise to ~ ~を引き起こす
- [ ] come to be known as ~ ~として知られるようになる
- [ ] pictorialism 名 ピクトリアリズム（pictorial「絵の」+ ism「~主義」） [ ] aim to ~ ~しようと目指す
- [ ] fine art 美術 [ ] distinguish A from B A を B と区別する [ ] snapshot 名 スナップ写真
- [ ] pictorialist 名 ピクトリアリスト（pictorial「絵の」+ ist「-ism の主義者」） [ ] lighting 名 照明
- [ ] texture 名 質感 [ ] negative 名 ネガ [ ] scratch 動 引っかく [ ] portrait 名 肖像
- [ ] romantic 形 ロマン主義的な [ ] break away from ~ ~から離脱する [ ] cite A as B B として A を引き合いに出す
- [ ] branch out 枝を広げる，新しい分野に進出する [ ] be quoted as saying that … …と述べたと伝えられている
- [ ] secede from ~ ~から脱退する，分離する [ ] constitute 動 ~を構成する
- [ ] tight control over ~ ~に対する厳しい管理 [ ] exhibition 名 展示会，展示物 [ ] exclusivity 名 排他性
- [ ] inclusion 名 含めること [ ] avenue 名 （成功などへの）道 [ ] showcase 動 ~を見せる，紹介する
- [ ] display 動 ~を展示する [ ] break up 解散する [ ] contradict 動 ~と矛盾する，相反する [ ] aesthetic 形 美学の
- [ ] factor 名 要因 [ ] breakup 名 解散 [ ] relating to ~ ~に関連した [ ] temperament 名 気性
- [ ] arrogant 形 尊大な [ ] overbearing 形 高圧的な [ ] indeed 副 実に [ ] reject 動 ~を拒絶する
- [ ] convention 名 慣習 [ ] yet 副 それにもかかわらず [ ] adopt 動 ~を採用する [ ] strictly 副 厳格に
- [ ] enforce 動 ~を実施する，（規則などを）守らせる [ ] criteria 名 criterion「判断基準」の複数形
- [ ] remarkable 形 優れた [ ] afford 動 ~の余裕をもつ [ ] equipment 名 機材
- [ ] be comparable to ~ ~に相当［匹敵］する [ ] refuse 動 （許可などを）断る [ ] criticize 動 ~を批判する
- [ ] emphasize 動 ~を強調する [ ] contribute to ~ ~の一因となる [ ] personality 名 性格 [ ] loose 形 緩い
- [ ] pictorial 形 絵の [ ] place a limit on ~ ~に制限を課す [ ] aid 動 ~を援助する
- [ ] be unable to ~ ~することができない [ ] spirit 名 精神

英文の訳

ワクチン接種は安全か

　世界保健機関によると，ワクチン接種によって感染症が世界的に大幅に減少した。仮に麻疹のワクチン接種が提供されなくなったとすると，年間270万人もの人々が麻疹で死ぬだろう。実のところ，ワクチン接種よりも世界規模でより多くの病気を予防できるのは清浄な飲料水だけである。貧困率の高い発展途上国は，多くの場合，経済的に発展した国々よりも提供しているワクチン接種プログラムの数が少ない。例えば，アフリカ諸国では麻疹で命を落とす児童が多い反面，先進国では1967年に導入されたワクチンによって麻疹は1990年代までに事実上根絶されている。図1はイギリスにおける麻疹の症例数を示す。一方で，1998年にイギリスで始まり，ヨーロッパや北アメリカの他の先進国にも広がった反ワクチン運動の高まりによって，麻疹のみでなく，同じくワクチンで予防できるおたふく風邪も最近になって増加した。

図1
イギリスにおける麻疹（1940年～1991年）

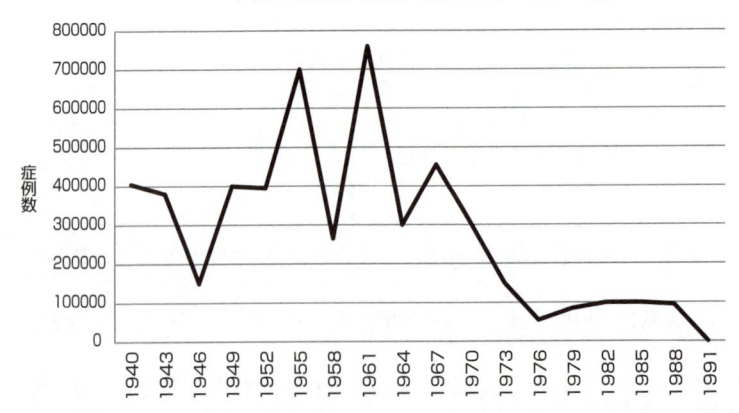

1998年に，イギリス人の医師アンドリュー・ウェイクフィールドが医学雑誌『ランセット』に，MMRワクチンと精神障害である自閉症の児童における発症との関連性を主張する研究を発表した。MMRとは，予防のためにワクチンが開発された3つの病気，すなわち麻疹，おたふく風邪，風疹を表している。ヨーロッパおよび北アメリカの親たちはこの記事におびえ，その多くが自分の子どもにMMRワクチンを受けさせなくなった。米国の著名人の中には反ワクチンの立場を公表した者もおり，これによって反ワクチン運動は大衆性と認知度を得た。ワクチン接種率が低下するのに伴って，麻疹の報告症例数が増加した。2011年にはヨーロッパ30カ国以上が麻疹の増加を記録した。2014年初期には米国20の州にわたって554例の麻疹発症例が確認された。2008年から2014年までの間，米国，カナダ，ドイツ，アイルランド，スペイン，およびポルトガルで，ワクチン接種率の高かった過去の期間よりもおたふく風邪の発生が多かった。

結局のところ，親たちはMMRワクチンを恐れるべきではなかった。ウェイクフィールドの研究は虚偽のデータに満ちており，広く信憑性を失うこととなった。2010年に『ランセット』は完全にこの研究を取り下げ，公的記録から抹消した。MMRワクチンの安全性を評価する研究が数多く行われ，これらすべてがワクチンと自閉症との間に関連性がないという結論を出した。しかし，反ワクチン運動は定着してしまった。子どもにワクチンを受けさせないことを選択する親たちは，これらの病気がまれであると考えていることが多く，彼らの子どもたちがこれらの病気を罹患するのを防止するのに十分な数の人々がワクチンを受けていると思っている。十分な人数がワクチンを受けるだけで病気が蔓延するのを防ぐことができることを表すのに「集団免疫」という語が使用されるが，集団免疫は人口の80％以上のワクチン接種率を必要とする。反ワクチン運動が原因で，米国やヨーロッパの地域の一部はこれほど高いワクチン接種率に達していない。

予防可能な病気が最近になって欧米諸国で増加した理由を問われると，科学者たちの一部は西洋世界と発展途上国との間の移動の増加，都市部の密集した生活環境，免疫力の低下した一部の人々がワクチンに耐性がないかワクチンが受けられないことなどの，付加的な寄与因子を指摘する。しかし，ほとんどの科学者たちが，反ワクチン運動がワクチン接種をする児童を減少させたことにより，この運動が病気の増加に大きな役割を果たしたということで意見が一致している。

ワクチンから軽度の副作用が出る児童もいるだろうが，深刻な副作用はまれであり，自閉症はそれらの1つではない。米国では，ワクチンの有益な効果に対する深刻な弊害の比率は，守られた4万人の命につきおよそ1例の深刻な副作用である。また別の研究では，1994年から2013年の間に米国で行った児童期の定期的なワクチン接種は，73万2,000人の命を救い，3億2,200万例の病気を予防できることが分かった。これらの数値は，児童期のワクチン接種を強く支持する論拠を示している。

(55) 正解：2

問題の訳
どの記述がこの文章を最も適切に要約していますか。
1 ワクチン接種プログラムは貧困国よりも先進国でより一般的である。
2 ワクチン接種に関する誤った考えが先進国における病気の増加につながった。
3 清浄な水の利用制限がある発展途上国ではもっとワクチン接種が必要である。
4 反ワクチン運動は貧困国におけるワクチン供給の減少につながった。

解説
1 英文の要約・主題を問う問題です。まずはタイトルの「ワクチン接種は安全か」を押さえましょう。これは第1段落第4～5文の内容と合致しますが，主題・要約として不適です。
2 「ワクチン接種に関する誤った考え」とは，MMRワクチンと自閉症の関連性のことです。第2段落後半や第4段落最終文，最終段落第1文など，ワクチン接種をしなかったことが原因で病気が増加したこと，自閉症との関連性がないことが本文中に何回か出てくることから判断します。
3 第1段落第3～5文の内容から正しいと言えますが，主題・要約としては不適です。
4 反ワクチン運動と貧困国との関連や，貧困国のワクチン供給が減少したといった内容は本文にありません。

(56) 正解：4

問題の訳
図1の情報は
1 反ワクチン運動の影響を表すのに用いられている。
2 貧困と麻疹との関係を表すのに用いられている。
3 ワクチンの使用に関してさらなる研究の必要性を表すのに用いられている。
4 ワクチン接種の有効性を表すのに用いられている。

解説
1 第1段落最終文から，反ワクチン運動は1998年に始まったことが分かります。グラフが示しているのは1991年までです。
2 グラフはイギリスの麻疹の症例数を示しており，貧困との関連は不明です。
3 グラフからはワクチンの使用に関する研究の必要性は読み取れません。
4 第1段落の中ほどに，先進国では1967年にワクチン接種が導入されたと書かれています。グラフによると，1967年を境に麻疹の症例数が激減していますので，ワクチン接種の有効性を表していると言えます。

(57) 正解：1

問題の訳
文章によると，アンドリュー・ウェイクフィールドが大きな影響を与えたその要因は
1 彼が書いた記事。　　2 彼が創刊した雑誌。　　3 彼が発見した疾患。　　4 彼が開発したワクチン。

解説
1 ウェイクフィールドという人物が出てくる第2段落を参照すると，彼は *The Lancet* という医学雑誌でMMRワクチンと自閉症の関連性を主張する研究を発表し，それにおびえた多くの親が子どもにワクチン接種をさせなくなったことが分かります。第3文冒頭の This article からもこの発表が「記事」であることが分かります。
2 一見正答と間違えそうですが，第2段落第1文から，ウェイクフィールド自身が *The Lancet* という雑誌を始めたのではなく，published a study（in *The Lancet* medical journal）that claimed … から，既存の雑誌に「…を主張する研究を発表した」のです。
3 ウェイクフィールドはMMR（麻疹・おたふく風邪・風疹）に関する研究を発表したのであって，新たな疾患を発見したのではありません。
4 ウェイクフィールドはMMRワクチンの脅威を主張したのであって，ワクチンを開発したのではありません。

(58) 正解：3

問題の訳
著者が「集団免疫」という語を紹介して説明したことは
1 『ランセット』に掲載された研究がかなりの注目を浴びた理由の1つ。
2 より多くの人にワクチンを受けるように促す方法の1つ。
3 子どもにワクチンを受けさせない理由として一部の親たちが挙げる理由。
4 欧米諸国におけるワクチン接種の効果に関する最近の発見。

解説
1 herd immunity という用語は第3段落第7文に登場します。これは「十分な人数がワクチンを受けるだけで病気が蔓延するのを防ぐことができる」ことを表しており，雑誌『ランセット』とは無関係です。
2 著者はこの用語を紹介して実際には人口80％以上のワクチン接種率には達していない地域もあると述べているだけで，ワクチン接種を促しているわけではありません。
3 第3段落第6文から，親が子どもにワクチンを受けさせない理由として，「子どもが病気を罹患するのを防止するのに十分な数の人々がワクチンを受けていると思っている」とあります。著者はこれに対して herd immunity という用語を引き合いに出していますので，これが正解です。
4 「欧米諸国におけるワクチン接種の効果」はこの用語と無関係です。

(59) 正解：2

問題の訳
第4段落により最も裏付けられる記述は次のどれですか。

1 欧米諸国では人口のワクチン接種率はおおむね上昇している。
2 先進国と貧困国との間の移動は病気が広がる一因となる。
3 都市部の密集した生活環境によってワクチン接種が行き渡るのが容易になっている。
4 ほとんどの科学者たちがワクチン接種のみでは予防可能な疾患の広がりを抑制することはできないということで意見が一致している。

解説
1 第1文に「予防可能な病気が最近になって欧米諸国で増加した」とありますが，その後ワクチン接種率が上昇したという内容は書かれていません。
2 第1文の increased travel between … less developed countries の部分と合致します。
3 crowded urban living conditions「都市部の密集した生活環境」という語句は第1文に含まれていますが，これは予防可能な病気が増加した理由の一例であって，ワクチン接種の配給とは無関係です。
4 第2文の内容に合いません。科学者は反ワクチン運動がワクチン接種率の低下と病気の増加をもたらしたという点で意見が一致しています。

(60) 正解：4

問題の訳
結論で著者が意味しているのは
1 児童期の自閉症がやはり一部のワクチン接種と関連があるのかを判断するためにさらなる研究を要すること。
2 政府は児童期のワクチン接種に関する決定を行う際に，ワクチン接種の有益性より不利益な副作用を考慮すべきである。
3 親たちに十分な科学情報がないために子どもにワクチン接種を行うかについて情報に基づく判断ができない。
4 ワクチン接種を受けることにはある程度のリスクがあるが，ワクチン接種によって助かる命の数がそれに勝っている。

解説
1 著者の結論は最終段落にあります。第1文の autism is not one of them と合いません。them は serious side effects のことで，自閉症はワクチン接種の副作用ではないと著者は言い切っています。
2 政府に関する記述はありません。また，筆者は最終段落でワクチン接種の不利益よりも有益性を強調しています。
3 親の情報不足に関する記述はありません。
4 著者は最終段落の冒頭でワクチン接種による minor side effects「軽度の副作用」（= some risks）という不利益を挙げつつも，後半でワクチン接種によって助かる命の数など具体的な数字を挙げることでワクチン接種の有益性を主張しています。

Vocabulary

- vaccination 名 ワクチン接種
- infectious 形 感染症の
- measles 名 麻疹
- die from ~ ~で死ぬ
- annually 副 年間
- worldwide 副 世界規模で
- vaccine 名 ワクチン
- poverty 名 貧困
- effectively 副 事実上
- eliminate 動 ~を除去する
- case 名 症例
- anti-vaccination 形 反ワクチンの
- spread to ~ ~に広がる
- mumps 名 おたふく風邪
- journal 名 (定期刊行) 雑誌, 機関誌
- connection between A and B　A と B の関連性
- autism 名 自閉症
- mental disease 精神障害
- stand for ~ ~を表す, ~の略である
- rubella 名 風疹
- frighten 動 ~をおびえさせる
- celebrity 名 著名人
- publicize 動 ~を公表する
- visibility 名 認知度
- confirm 動 ~を確認する
- outbreak 名 発生
- as it turns out 後で分かったことだが, 結局のところ
- fear 動 ~を恐れる
- be filled with ~ ~で満たされている
- false 形 虚偽の
- discredit 動 ~の信用を落とさせる
- withdraw 動 (言明などを) 取り消す
- remove ... from ~ …を~から取り除く
- assess 動 ~を評価する
- take root 根付く
- vaccinate 動 ~にワクチン接種をする
- be sufficient to ~ ~するのに十分である
- affect 動 (病気などが人を) 冒す
- term 名 専門用語
- herd 名 集団
- immunity 名 免疫
- preventable 形 予防可能な
- point to ~ ~を指摘する
- weaken 動 ~を弱める
- immune 形 免疫の
- tolerate 動 ~を耐える
- play a role 役割を果たす
- minor 形 軽症の
- side effect 副作用
- ratio 名 比率
- beneficial 形 有益な
- routine 形 定期的な, 決まりきった
- argument 名 論拠
- belief 名 意見
- supply 名 供給
- significant 形 重要な, 意味のある
- distribute 動 ~を分配する
- be connected to ~ ~と関係がある
- make a decision 決定する
- give consideration to ~ ~を考慮する
- scientific 形 科学的な
- informed 形 情報に基づく
- outweigh 動 ~より勝る

Listening Part 1A

★＝男性（アメリカ英語）　☆＝女性（アメリカ英語）　★★＝男性（イギリス英語）　☆☆＝女性（イギリス英語）

No. 1　正解：3　　Track 3

▎スクリプト▎

★：I guess our psychology experiment is all ready.
☆：Except for the volunteers. We still need to find people to do the tasks.
★：Right. Should we just ask our friends?
☆：I don't think the group would be very random that way. It would be better to put up some ads and try to recruit people.
★：OK. But why would people we don't know spend their time helping us?
☆：Maybe we can offer some sort of reward.
★：But we can't afford to give them anything nice.
☆：I think some professors provide extra credit for study participants—maybe we should talk to Dr. Simpson and see if that's possible.

Question：What do the students still need for their experiment?

▎全訳▎

★：心理学実験の準備は万端だよね。
☆：ボランティア以外はね。まだ作業をしてくれる人を探さなければならないわ。
★：そうだね。友だちに頼めばそれでいいかな？
☆：それだと実験群があまり無作為にならないと思うわ。広告を出して人を募集する方がいいでしょう。
★：分かった。でも，知らない人が僕たちを手伝うために時間を割いてくれると思う？
☆：何がしかのお礼を提供するのはどうかしら。
★：でもいい物をあげられるほどお金に余裕がないよ。
☆：研究参加者に特別単位を与える教授もいると思うわ。シンプソン博士に話をして可能かどうか確かめるのがいいかもね。

質問：学生たちが実験のためにまだ必要としているものは何ですか。

1　参加者に支払うためのお金。
2　知人の手伝い。
3　ボランティアしてくれる人。
4　彼らの教授からの承認。

▎解説▎

最初の発言から，実験についてボランティア以外は準備ができている（＝ボランティアは手配できていない）ことが分かります。この部分で**3**が選べますが，続く We still need to find people to do the tasks. に質問文と同じ still need という語句が含まれていることから確定できます。

Vocabulary
- □ except for ～　～を除いて　　□ task 名（課せられた）仕事　　□ random 形 無作為な
- □ put up ～　（掲示など）を掲げる　　□ ad 名 advertisement「広告」の略　　□ recruit 動 ～を募集する
- □ spend（時間）～ing　～するのに（時間）を費やす　　□ some sort of ～　何がしかの～　　□ reward 名 報酬
- □ can't afford to ～　～する余裕がない

No. 2　正解：1　　Track 4

▎スクリプト▎

☆：Hey, Jason. I missed our international relations class today. Did we do anything important?
★：Actually, we talked about the group project. The professor gave us a list of topics and passed around a sign-up sheet for forming groups.
☆：A sign-up sheet? You mean the groups and topics have already been decided?
★：Mostly, but a few other people were absent, too. I'm with Rachel and a guy you don't know named Alan. There's a maximum of three people per group.
☆：Oh, no! I wanted to be in your group. I hope I won't get stuck with people I don't know.
★：It could happen. Be sure to attend class next week.

Question：What was the girl unable to do?

全訳

☆： ねえ、ジェイソン。私、今日の国際関係論の授業に出られなかったの。何か重要なことはした？
★： そうだね、グループプロジェクトについて話したよ。教授がテーマのリストをくれて、グループを作るための登録用紙を回していたよ。
☆： 登録用紙？ グループとテーマはもう決定されているということ？
★： ほとんどね、でも他にも休んでいる人はいたから。僕はレイチェルと、アランという君の知らないやつと一緒だ。各グループ3名までなんだ。
☆： あら、どうしよう！ あなたのグループに入りたかったのに。知らない人と一緒になってしまわないといいのだけれど。
★： そうなる可能性はあるね。来週は必ず授業に出るようにね。

質問：女性ができなかったことは何ですか。

1 グループプロジェクトに登録すること。
2 レイチェルとアランに連絡すること。
3 テーマの一覧を作成すること。
4 自分のプロジェクト報告を回すこと。

解説

最初の発言の I missed ... class today. から、女性が授業を欠席したことが分かります。欠席が原因でグループを決める登録用紙に記入できず、最後の発言では知らない人とグループが一緒になることを懸念しています。したがって、**1** が正解です。

Vocabulary

- pass around ~ ~を順に回す
- sign-up sheet 登録用紙
- mostly 副 ほとんど
- absent 形 欠席した
- guy 名 やつ、男
- a maximum of ~ 最大~の
- get stuck with ~ ~で動きが取れなくなる
- be sure to ~ 必ず~する

No. 3　正解：4　Track 5

スクリプト

★： Thank you so much for agreeing to this interview, Ms. Miyashita.
☆： You're welcome, Henry. What did you want to talk about?
★： Well, I'm studying Japanese foreign policy, so meeting with a Japanese diplomat seemed like a good idea for my research project.
☆： I see.
★： I was hoping we could talk about how Japanese foreign policy has evolved over the past couple of decades.
☆： OK. I've been a diplomat for 23 years now, so I should be able to talk about the period you're interested in.
★： Great.

Question：What does the student want to discuss?

全訳

★： このインタビューに応じていただきましてありがとうございます、ミヤシタさん。
☆： どういたしまして、ヘンリー。何についてお話ししたかったのかしら？
★： ええ、僕は日本の外交政策について学んでいますので、僕の研究プロジェクトには日本人の外交官と面談するのがいいと思いました。
☆： なるほど。
★： ここ数十年間に日本の外交政策がどのように進展してきたかについてお話しできればと思います。
☆： 分かりました。私は外交官になってもう23年になりますので、あなたが興味を持っている時代についてお話しできるでしょう。
★： それはよかったです。

質問：学生は何について話し合いたいのですか。

1 女性が外交官になろうと思った理由。
2 外交官としての職を得る方法。
3 日本に関する情報を入手できるところ。
4 日本の外交政策がどのように展開してきたか。

解説

日本の外交政策について学んでいる男子学生が、外交官（diplomat）である Ms. Miyashita にインタビューしている場面です。何について話し合いたいのかは、男性の3番目の発言の talk about how Japanese foreign policy has evolved ... から **4** が正解です。evolved を developed で表しています。

Vocabulary
- foreign policy 外交政策
- meet with ~ （約束して）~と会う
- diplomat 图 外交官
- seem like ~ ~のようである
- evolve 動 展開する，進展する
- over the past ~ 過去~の間で
- a couple of ~ 2，3の~，数（個の）~
- develop 動 展開する

No. 4　正解：3　Track 6

‖ スクリプト ‖

☆： Excuse me, Professor Faber, do you have a moment?
★： Sure. How can I help you, Hiromi?
☆： When I'm registering for classes and I see "service learning" by the course name, what does that mean?
★： It means volunteering is one of the requirements for the class.
☆： How many service-learning classes do I have to take?
★： Three, before you graduate.
☆： Can you give me an example of what students do?
★： For my Introduction to Sociology course, students help in the community. One student volunteered at a local job-skills training program. She was an assistant in the computer skills class there.
☆： I see. Thanks.
Question： What are the professor and student discussing?

全訳

☆： すみません，フェイバー教授，今お時間はありますか。
★： もちろんです。何でしょうか，ヒロミ。
☆： 履修登録をしていて，講座名の横に「サービス学習」とあるとき，それはどういう意味ですか。
★： その講座で求められることの1つにボランティアがあるということです。
☆： サービス学習講座は，いくつ履修しなければなりませんか。
★： 卒業する前に3つです。
☆： 例えばどんなことを学生はするのですか。
★： 私の社会学入門の講座では，学生たちは地域社会で奉仕します。ある学生は地元の職業技能訓練プログラムでボランティアをしました。彼女はそこではコンピューター技能クラスの助手でした。
☆： なるほど。ありがとうございました。

質問： 教授と学生は何について話していますか。
1 講座の履修登録の仕方。
2 社会奉仕の利点。
3 いくつかの講座のための特別な要件。
4 コンピューター技能を向上させる方法の1つ。

解説

学生が講座の履修について教授に質問している場面です。いくつかの講座で service learning が求められており，教授はそれを one of the requirements for the class「講座の要件の1つ」と言っています。それを special requirement「特別な要件」と表した **3** が正解です。

Vocabulary
- give an example of ~ ~の例を挙げる
- introduction 图 入門
- sociology 图 社会学
- assistant 图 助手

No. 5　正解：4　Track 7

‖ スクリプト ‖

☆： Professor Ridley, I'm thinking about doing my research paper on human rights.
★： OK, Liz. What exactly do you want to focus on?
☆： I'm not sure—maybe on how the concept of human rights differs in the West and Asia?
★： That's an interesting topic, but it might be more suitable for a 60-page master's thesis than a 10-page undergraduate research paper.
☆： I see...
★： Why don't you try finding a specific issue or event related to human rights—maybe something that's been in the news recently—and focus on that?
☆： OK, I'll give it some more thought. Thanks.
Question： What does the professor imply about the woman's topic?

全訳

☆： リドリー教授，人権をテーマに研究論文を書こうと思っているのですが。
★： 分かりました，リズ。具体的には何に重点を置きたいですか。
☆： よく分からないんですが…，西洋とアジアとの間でどのように人権の概念が違うかとか？
★： それは興味深いテーマですが，学部課程の10ページの研究論文よりは60ページの修士論文向きかもしれませんね。
☆： そうですか…。
★： 人権に関連した具体的な問題か出来事を見つけてみたらどうですか。最近ニュースで取り上げられたこととか，そしてそれに着眼してみては？
☆： 分かりました，もう少し考えてみます。ありがとうございました。

質問： 女性のテーマについて教授は何を示唆していますか。
 1 広く知られた問題に重点的に取り組むべきではない。
 2 もっと重要な問題を見つける必要がある。
 3 授業の議論で取り上げられていなかった。
 4 この課題には範囲が広すぎる。

解説

質問文の the woman's topic については，女性の1～2番目の発言にあります。それについて教授は「学部課程の10ページの研究論文よりは60ページの修士論文向き」と助言しています。つまり，女性の考えているテーマは範囲が広すぎて10ページの論文では書ききれないと判断できます。教授の3番目の発言の specific「具体的な」や focus on ～「～に焦点を当てる」もヒントになります。

Vocabulary
- [ ] research paper 研究論文　[ ] human rights 人権　[ ] exactly 副 正確に　[ ] differ 動 異なる
- [ ] be suitable for ～ ～に適している　[ ] master's thesis 修士論文　[ ] give ～ a thought ～について検討する

No. 6　正解：**3**　Track 8

スクリプト

★： Thanks for meeting with me, Professor.
☆： Not a problem, Robert. How can I help?
★： It's about the presentation for our class. I've read several of John Cheever's short stories but can't decide which one I want to present on.
☆： I see. Did you read "The Swimmer"?
★： Yes, I did. It might be my favorite of his, actually.
☆： I'd suggest that one. Since it's one of his most well-known stories, you'll discover that there's been a lot written about it. That'll definitely help in preparing your presentation.
★： Good idea. Thanks!

Question： Why does the professor recommend "The Swimmer"?

全訳

★： 会っていただいてありがとうございます，教授。
☆： かまわないわよ，ロバート。どのような用件ですか。
★： 講義のプレゼンテーションのことなんですが，ジョン・チーヴァーの短編小説をいくつか読んだものの，どれについてプレゼンテーションをするか決められないのです。
☆： なるほど。『泳ぐ人』は読みましたか。
★： はい，読みました。実のところ彼の作品の中で一番好きかもしれません。
☆： 私はそれをお勧めします。チーヴァー作品の中でも最もよく知られているものの1つですから，それについては相当数の書評を見つけることができるでしょう。プレゼンテーションの準備をするのにそれは絶対に役立つと思います。
★： いいアイディアですね。ありがとうございました！

質問： 教授はなぜ『泳ぐ人』を勧めましたか。
 1 教授が最も好きな話だから。
 2 著者の最高傑作だから。
 3 それに関する資料を見つけるのが容易だから。
 4 講義の学生でそれを読んだ人はまだいないから。

解説

教授が "The Swimmer" について何と言っているかに集中して聞きます。3番目の発言の there's been a lot written about it「その作品に関する書評がたくさんある」はつまり，「資料を見つけるのが容易」ということになります。

Vocabulary
- ☐ Not a problem. かまわないよ。　☐ present 動 発表する　☐ well-known 形 よく知られた
- ☐ definitely 副 絶対に　☐ recommend 動 〜を勧める

No. 7　正解：4　　Track 9

‖ スクリプト ‖

☆：Hi, Professor Atkins.
★：Hi, Mary. How was your summer?
☆：Very productive. I volunteered for a few weeks at a hospital, and now I'm interested in working in healthcare after I graduate. I'm going to take your new class on healthcare administration, too.
★：That's great! Healthcare in this country is really changing. There's definitely a need for specialists who can help others understand what's going on. I think it would be a good career path for you; let me know if you'd like a list of helpful articles or books.
☆：Thanks! I'd appreciate that.
Question：What does the professor think about the student's plan?

全訳

☆：こんにちは，アトキンス教授。
★：やあ，メアリー。夏休みはいかがでしたか。
☆：とても有意義でした。病院で数週間ボランティアをしたのですが，今では卒業後に医療関係で働くのに興味があります。教授の，医療行政に関する新しい講義も受講するつもりです。
★：それはいいですね！　この国の医療は本当に変わりつつあります。何が起こっているか人に理解してもらうための専門家が間違いなく必要です。あなたにとって良い職業進路になると思います。役に立つ記事や本のリストが欲しかったら言ってください。
☆：ありがとうございます！　それはありがたいです。
質問：教授は学生の計画についてどう思っていますか。
1 彼女は地元の病院に連絡を取るべきである。　　**2** 彼女は複数の講義を受講する必要がある。
3 それはもっと調査を必要とする。　　**4** それは彼女にとって良い選択になる。

解説

質問文の the student's plan とは，女性の2番目の発言の「卒業後に医療関係で働くこと」です。これに対して教授は it would be a good career path for you と言っており，これを言い換えた **4** が正解です。

Vocabulary
- ☐ productive 形 有意義な　☐ healthcare 名 健康管理，医療　☐ healthcare administration 医療行政
- ☐ go on 起こる　☐ appreciate 動 〜をありがたく思う

No. 8　正解：2　　Track 10

‖ スクリプト ‖

★：This translation assignment is really giving me a hard time. The text is so difficult to understand.
☆：I felt the same when I started, but in the end I actually enjoyed doing it.
★：Oh, really?
☆：Yeah. It took a lot of time, but I think it helped me comprehend the original Greek text better. It made me think more carefully about what the words actually mean.
★：Hmm, interesting. Maybe I should try looking at it that way.
☆：You should. Good luck!
Question：Why did the woman enjoy the translation assignment?

全訳

★：この翻訳の課題には本当に手を焼いているよ。文章がとても理解しにくいんだ。
☆：私も始めたときは同じように感じたけど，最終的には実際楽しめたわ。
★：へえ，本当？
☆：ええ。時間はすごくかかったけど，元のギリシャ語の文章が理解しやすくなったと思う。言葉の本当の意味についてもっと注意深く考えるようになったわ。
★：ふーん，面白いね。そういう見方でやるのもいいかもしれないな。
☆：そうよ。がんばって！

質問：女性はなぜ翻訳の課題を楽しめたのですか。
1 新しい語彙を覚えられたから。
2 元の文章をもっとよく理解するための助けとなったから。
3 過去の課題で似たようなことをしたから。
4 すぐに終わらせることができたから。

【解説】
女性は翻訳の課題について最初の発言で I actually enjoyed doing it と言っています。楽しんだ理由は2番目の発言の it helped me comprehend the original Greek text better の部分で，これを短く表した**2**が正解です。comprehend を understand に言い換えています。

Vocabulary
☐ text 名文章　☐ in the end 最後には　☐ comprehend 動〜を理解する　☐ original 形元の
☐ Greek 名ギリシャ語

No. 9　正解：**4**　Track 11

‖スクリプト‖
☆： So, Patrick, I'm thinking about studying another foreign language—I'm just not sure which one.
★： Have you thought about Chinese? I remember you saying you were interested in visiting China.
☆： Yeah, I still am. Aren't you taking a Mandarin course?
★： Yes, and it's great. It's a lot different from English, so it can be challenging, but I think it'll be a useful language to know. Chinese companies are doing business all over the world these days. Since your major is international business, I think it makes sense.
☆： That's true. I think you've convinced me.
★： Great! Let me know if you ever want to study together.
Question： Why does the man recommend that the woman study Chinese?

全訳
☆： さて，パトリック，もう1つ外国語を勉強しようと思っているのだけれど，ただどれにしようか決めかねているの。
★： 中国語は考えてみた？　君が中国に行ってみたいと言っていたことを覚えているよ。
☆： ええ，今でもそうよ。あなた標準中国語の講義を取っているわよね？
★： そうだよ，とてもいいんだ。英語とはかなり違うから難しいこともあるけど，知っておいて役に立つ言語だと思う。昨今では中国系企業は世界中でビジネス展開しているし。君の専攻は国際ビジネスなんだから，道理にかなうと思うよ。
☆： それはそうね。あなたに説得されちゃったみたい。
★： それはいいね！　一緒に勉強したくなったら教えて。

質問：なぜ男性は女性が中国語を勉強することを勧めているのですか。
1 彼は中国語が覚えやすい言語だと思っているから。　**2** 彼の友人が勉強相手を欲しがっているから。
3 彼女のクラスメートの多くが話す言語だから。　**4** 彼女の専攻と合うから。

【解説】
男性は2番目の発言で女性に中国語を勧めています。中国語を学ぶ意義はいくつか述べていますが，Since your major is ... の部分がポイントで，「女性は国際ビジネスを専攻しているから中国語を学ぶことは道理にかなう」と言っているので**4**が合います。

Vocabulary
☐ Mandarin 名標準中国語　☐ challenging 形難しい　☐ international business 国際ビジネス
☐ make sense 意味が通じる，道理にかなう　☐ go well with 〜　〜とうまく合う

No. 10　正解：**2**　Track 12

‖スクリプト‖
☆： Hi, Professor McNamara, do you have a minute?
★： Sure, Anna.
☆： Thanks. I wanted to talk to you about doing field research next year. I'm planning on doing a sociological study on a group of people in Taiwan.
★： Interesting. It'll be your first time doing this, right?
☆： Yes, so I wanted to get your advice.

★: Well, you should do plenty of background research before going. And when you're there, allow plenty of time to interview your subjects. In my experience, in-depth and unstructured interviews produce more useful information.
☆: That's very helpful. Thanks!
★: You're welcome.

Question: What are the speakers discussing?

全訳

☆: こんにちは，マクナマラ教授，少しお時間はありますか。
★: もちろんです，アナ。
☆: ありがとうございます。来年，実地調査をすることについてお話ししたかったのです。台湾のあるグループの人々を対象に社会学研究を実施する予定です。
★: 興味深いですね。これはあなたにとって初めてのことですよね。
☆: はい，ですからアドバイスをいただきたくて。
★: そうですね，出立前に相当な背景調査を行うべきです。そして現地に行ったら，対象者のインタビューに十分な時間をかけてください。私の経験では，綿密で体系化されていないインタビューの方がより有益な情報を得られます。
☆: とても参考になりました。ありがとうございます！
★: どういたしまして。

質問: 話し手たちは何について話し合っていますか。
 1 アジアに留学すること。 2 実地調査を行うこと。 3 講義の構成。 4 インタビューの結果。

解説

女性は2番目の発言で，来年台湾で doing field research「実地調査をすること」について教授と話したいと言っています。その後教授は具体的にアドバイスをしていることから，2が正解です。「(調査) を行う，実施する」には do や conduct が用いられます。

Vocabulary
- field research 実地調査 □ sociological 形 社会学の □ background 名 背景
- subject 名 (実験などの) 対象者 □ in-depth 形 綿密な □ unstructured 形 体系化されていない
- structure 名 構成

Listening Part 1B

No. 11 正解: 3 Track 14

スクリプト

★: OK, everyone, let's stop here. In front of us is the MacMillan Building. The building contains lecture halls where some of you will have classes. Also, at the back of the building there is a student copy center, which I can recommend as a cheap place to make copies and print your assignments. Be sure to use it when the need arises. Now, let's continue our tour.

Question: What does the speaker suggest that students do in the MacMillan Building?

全訳

★: はい，みなさん，ここで止まってください。私たちの前にあるのがマクミランビルです。この建物には講堂がいくつかありまして，ここで講義を受ける人もいるでしょう。それから建物の奥に学生用のコピーセンターがあります。コピーしたり課題を印刷したりするには安いのでお勧めです。必要になったらぜひ使ってください。では，案内を続けましょう。

質問: 話し手はマクミランビルで学生は何をしたらよいと言っていますか。
 1 講堂で講義を見る。   2 授業の課題のために調べ物をする。
 3 授業用の課題を印刷する。   4 学校用品を安く購入する。

解説

キャンパス内を案内している場面です。マクミランビルには学生用のコピーセンター (a student copy center) があり，print your assignments から，そこで課題を印刷できることが分かります。assignments を 3 では work for classes と表しています。

Vocabulary
- copy center コピーセンター □ make a copy コピーする □ arise 動 発生する

No. 12　正解：2　　Track 15

‖ スクリプト ‖

★： The ecological importance of coral reefs is well known: they provide a home for countless marine creatures. But what's less known is how they provide a living for people around the world in the form of tourism. Coral reefs provide economic services worth about 375 billion U.S. dollars every year. The loss of coral reefs would not just be an environmental disaster, but an economic one as well.

Question： What is the talk mainly about?

全訳

★： サンゴ礁の生態的な重要性はよく知られている。サンゴ礁は数えきれないぐらいの海洋生物の生息場所なのだ。しかし，観光という形でサンゴ礁が世界中の人々の生活の糧となっていることはあまりよく知られていない。サンゴ礁は毎年約3,750億米ドルに相当する経済サービスを提供する。サンゴ礁の喪失は，環境災害にとどまらず，経済的な大惨事にもなる。

質問： 主に何について話していますか。

1 サンゴ礁を保護する方法。　　　　　　2 サンゴ礁の経済的価値。
3 サンゴ礁の生態的恩恵。　　　　　　　4 世界中でサンゴ礁が死に瀕している原因。

解説

3は第1文の内容，2は第3～4文の内容ですが，重要な内容はbut以下で述べるという特徴から，mainly「主に」話されていることとして2が正解です。ecologicalとeconomicの聞き取りにも注意しましょう。

Vocabulary
- ecological 形 生態的な　　☐ countless 形 数えきれないほどの　　☐ marine creature 海洋生物　　☐ loss 名 喪失
- environmental disaster 環境災害　　☐ value 名 価値

No. 13　正解：3　　Track 16

‖ スクリプト ‖

★★： According to a study by a group of educational institutions in Canada, enrollment at universities across the country is predicted to increase by up to 150,000 students over the next several years. This is because Canada's economy, with its knowledge-based industries such as financial and insurance services, is continuing to grow at a fast pace. More and more Canadians will attend university in order to gain the qualifications they need to work in this labor market.

Question： What is the main reason for increased enrollment at Canadian Universities?

全訳

★★： カナダの教育機関グループによる研究によると，全国の大学の在籍学生数は向こう数年にわたって最大15万人の増加が予測されている。これは，財政サービスや保険サービスなどの知識ベースの産業を含め，カナダ経済が急速に成長し続けているからである。この労働市場で働くために必要な資格を得るために，ますます多くのカナダ人が大学に行くだろう。

質問： カナダの大学の在籍学生数が増加する主な原因は何ですか。

1 地元経済の停滞。　　2 学費の削減。　　3 新規の雇用機会。　　4 人口の増加。

解説

質問文の「カナダの大学の在籍学生数が増加」は第1文で述べられ，その理由はThis is because Canada's economy, … から「カナダ経済の急速な成長」ですが，選択肢にはありません。さらに聞くと，More and more Canadians will … in order to … の部分でより多くのカナダ人が大学に行く目的が述べられています。この部分から3が正解と分かります。

Vocabulary
- educational institution 教育機関　　☐ enrollment 名 入学，在籍者数　　☐ be predicted to ～ ～すると予測される
- up to ～ 最大～まで　　☐ knowledge-based 形 知識ベースの　　☐ at a fast pace 速いペースで
- labor market 労働市場　　☐ tuition fee 学費

No. 14　正解：1　　Track 17

‖ スクリプト ‖

★★： If you want to write for the student newspaper, please speak to your journalism professor or our managing editor. A news editor can assign you a story, unless you have your own idea to propose.

Stories must be submitted by 6:00 p.m. so that the copyeditors can prepare the final version by midnight. This is a very tight deadline, and we can't make any exceptions.

Question: What must all writers for the student newspaper do?

全訳

★★： 学生新聞に寄稿したい人は，ジャーナリズムの教授か当局の編集長と話をしてください。提案できる自分のアイディアがない場合，ニュース編集者があなたに記事を指定できます。原稿整理編集者たちが午前0時までに最終版を準備できるように，記事は必ず午後6時までに提出してください。これは非常に厳格な締め切りで，例外は認められません。

質問：学生新聞の執筆者の誰もがしなければならないことは何ですか。

1 夕方までにすべての記事を提出する。　　**2** 編集長と会う。
3 ニュース編集者にアイディアを提案する。　　**4** 真夜中までに最終版を作成する。

解説

聞き手が「しなければならないこと」は命令文や must などの表現がポイントになることがよくあります。Stories must be submitted by 6:00 p.m. から，**1** が正解です。**2** も please speak to … という命令文の部分に該当しますが，これは学生新聞に寄稿したい人の行動で，質問文の all writers と合いません。**4** は copyeditors の行動内容です。

Vocabulary
- journalism 名 ジャーナリズム　□ managing editor 編集長
- assign 動 (人)に(物・仕事・責任など)を割り当てる　□ unless 接 …ではない場合
- copyeditor 名 原稿整理編集者　□ tight 形 厳しい　□ make an exception 例外を認める

No. 15　正解：**2**　Track 18

スクリプト

☆☆： Traditional farming in cities is usually not possible. Cities are typically very crowded, and not much land is available. Some farmers, however, have developed nontraditional ways to grow crops in cities. They are planting farms on rooftops. On rooftops, crops are exposed to maximum amounts of sunlight, but changes must be made to roofs so they can hold the weight of the soil. Let's look at some images from a rooftop farm in Hong Kong.

Question: Why must changes be made to a rooftop before it can accommodate crops?

全訳

☆☆： 都市部で伝統的な農業を営むことは通常不可能です。一般的に都市部は過密で，利用可能な土地があまりありません。しかし，一部の農家は，都市部で作物を栽培する非伝統的な方法を生み出しました。彼らは屋根の上に作物を植えているのです。屋上で作物は最大限の日光量を受けますが，土壌の重さに耐えられるように屋根を改築しなければなりません。香港の屋上菜園の画像をいくつか見てみましょう。

質問：作物を植える前に屋根を改築しなければならないのはなぜですか。

1 日が当たりすぎるから。　　**2** 土壌が重いから。
3 供給できる水が限られているから。　　**4** 空き地が足りないから。

解説

第5文 changes must be made to roofs so they can hold the weight of the soil の so 以下が改築の理由・目的で，**2** が正解です。so (that) ~ can … 「~が…できるように(can 以下が目的)」の that を省略したタイプの文です。リスニング問題の場合，~, so … 「~(原因)だから…(結果)」との聞き分けが難しく，原因(目的)と結果の位置関係を特定しにくい場合がありますが，can が聞こえたら前者です。

Vocabulary
- farming 名 農業　□ farmer 名 農家，農場経営者　□ crop 名 作物　□ rooftop 名 屋上
- expose ~ to … ~を…にさらす　□ accommodate 動 ~の収容力がある

No. 16　正解：**3**　Track 19

スクリプト

☆☆： There are different theories about how human personalities develop. A psychiatrist named Alfred Adler was particularly interested in how birth order influences the relationships between children in the same family. According to Adler, the firstborn child may take a leadership role in social situations. The second child is frequently competitive, while the youngest tends to be charming. An only child may have characteristics of a firstborn or a youngest child.

Question: What is the passage mainly about?

全訳

☆☆： どのように人格が形成されるかについては諸説ある。アルフレッド・アドラーという精神科医は特に，生まれた順番が同一家族内での子どもたちの関係にどう影響するのかに興味を持っていた。アドラーによると，最初に生まれた子どもは社会的状況でリーダーの役割を果たす可能性がある。2番目の子どもはしばしば負けず嫌いである一方で，末っ子はチャーミングである傾向がある。一人っ子は，最初の子か末っ子の特徴を持ち得る。

質問： この話は主に何についてですか。

1 人の性格が時間の経過とともにどう変わるか。　2 アドラーがどのように自説を構築したか。
3 生まれた順が人格にもたらす影響。　　　　　　4 子ども同士の対立を解消する方法。

解説

話の主旨は通常最初の方にあります。第1文から話題は personality「人格」で，第2文に how birth order influences … とあります。3 では influences を effects と表しています。その後，firstborn child, second child, youngest (child), only child について説明されていることからも判断できます。

Vocabulary

- theory 名 学説　　☐ psychiatrist 名 精神科医　　☐ order 名 順番　　☐ influence 動 ～に影響を与える
- firstborn 形 最初に生まれた　　☐ frequently 副 しばしば　　☐ competitive 形 競争心の強い，負けず嫌いの
- charming 形 魅力的な　　☐ only child 一人っ子　　☐ characteristic 名 特徴

No. 17　正解：**1**　　Track 20

‖スクリプト‖

★： I'm excited to announce that the Rankin University Library has recently acquired a new large-scale scanner. We're using this scanner to copy hundreds of old maps to make them accessible to students online. These maps are too delicate to be handled by the public, so until now, they've only been available to personnel working in the history archive. We'll publish an announcement in the campus newspaper after the maps have been scanned and stored on the library's website.

Question: Why did the library purchase new equipment?

全訳

★： ランキン大学図書館が最近新しい大型スキャナーを購入したことをお知らせできて大変うれしく思います。このスキャナーを使って何百もの古い地図をコピーして，学生たちにオンラインで提供できるようにしています。これらの地図は一般の人が取り扱うには傷みやすく，今まで歴史資料保管室で働いている人員しか利用できませんでした。地図をスキャンして図書館のウェブサイトに保存したら校内新聞に告知を載せます。

質問： 図書館はなぜ新しい機材を購入したのですか。

1 地図をデジタル形式で利用できるようにするため。　2 学生たちが旅行のルートを計画するのを助けるため。
3 学内新聞を印刷するため。　　　　　　　　　　　　4 学生のお知らせを発行するため。

解説

質問文の new equipment は第1文の a new large-scale scanner のことです。第2文の We're using this scanner to … の to 以下にこのスキャナーを使う目的が述べられています。make them accessible to students online から，**1**が正解です。them は hundreds of old maps のことで，本文の accessible を available，online を digitally と言い換えています。

Vocabulary

- announce 動 …を発表する　　☐ acquire 動 ～を得る　　☐ large-scale 形 大寸法の，大規模の
- scanner 名 スキャナー　　☐ copy 動 ～をコピーする　　☐ (be) accessible to ～ ～に利用しやすい
- delicate 形 傷みやすい　　☐ personnel 名 人員　　☐ archive 名 資料保管所　　☐ publish 動 ～を発表する
- announcement 名 告知　　☐ scan 動 ～をスキャンする　　☐ store 動 ～を保存する　　☐ route 名 ルート，経路
- issue 動 ～を発行する

No. 18　正解：**2**　　Track 21

‖スクリプト‖

☆☆： In this series of lectures I will outline histories of the three biggest economies in Asia—China, India, and Japan. I will focus on one country per lecture, and then in the fourth lecture make some key comparisons. After that, you will all choose one country as a presentation topic for the seminar groups. However, I recommend that you do the same amount of reading on all three countries for your final exams, as questions will cover a wide range of material.

Question: What does the professor recommend students do?

全訳

☆☆: この一連の講義では，中国，インド，日本というアジア3大経済の歴史の概要を説明します。各講義で1つの国を取り上げ，4回目の講義では主要な比較を行います。その後，みなさんは全員，セミナーグループでのプレゼンテーションのテーマとして1カ国選びます。ただし，期末試験に向けて全3カ国について同じ量の資料を読んでおくことをお勧めします。期末試験の問題は，幅広い範囲の資料から出題しますので。

質問：教授は学生たちに何をすることを勧めていますか。

1 一連の講義全部に出席すること。
2 3カ国について等しく勉強すること。
3 最もよく知っている国を選ぶこと。
4 各講義に入念に備えること。

解説

質問文と同じ recommend が第4文に含まれています。発話にある you do the same amount of reading on all three countries から，same amount を equally と言い換えている **2** が正解です。

Vocabulary
- outline 動 ～の概要を説明する
- make a comparison 比較する
- equally 副 同等に

No. 19 正解：4　Track 22

スクリプト

★: There are thought to be many valuable resources under the sea. These include precious metals such as silver and copper. Although deep-sea mining of these materials has not yet begun, permission is likely to be granted soon. Some scientists are concerned about this. They think there is a need for clear regulations on how to safely dig up these materials. Potential damage to marine ecosystems, they say, could be minimized by careful planning of mining activities.

Question: What do we learn about resources at the bottom of the sea?

全訳

★: 海の中には多くの貴重な資源があると考えられている。これらには，銀や銅といった貴金属が含まれる。これらの物質の深海採鉱は始まっていないものの，ほどなく許可が下りると考えられている。科学者たちの中にはこれを危惧する者もいる。彼らは，これらの物質を安全に採掘する方法について明確な規定が必要だと考えている。彼らによると，採掘活動を綿密に計画することで海洋生態系に対して予想される被害を最小限に抑えることができるのである。

質問：海底の資源について分かることは何ですか。

1 最初の予想より少なかった。
2 資源を回収することは環境に役立つかもしれない。
3 科学者たちは，資源には到達できないと考えている。
4 資源の採掘がじきに始まるかもしれない。

解説

第3文に permission is likely to be granted soon とあり，この permission は海底の resources「資源」を採鉱する許可のことですので，**4** が正解です。

Vocabulary
- There are thought to be ～. ～があると言われている。
- precious metal 貴金属
- copper 名 銅
- deep-sea 形 深海の
- mining 名 採鉱
- material 名 物質
- grant 動 (許可などを) 与える
- be concerned about ～ ～を懸念する
- dig (up) ～ ～を掘り出す
- marine 形 海洋の
- ecosystem 名 生態系
- minimize 動 ～を最小限に抑える
- at the bottom of ～ ～の底に

No. 20 正解：1　Track 23

スクリプト

☆☆: Welcome to the museum's new exhibit on the myths and artwork of ancient Colombia. We have long been fascinated with South American legends of El Dorado, meaning "Lost City of Gold." In most parts of the world, gold is prized for its monetary value. However, in ancient South America it was a symbol of spirituality and social status. The exhibit explores the myths surrounding El Dorado, and displays some of the incredible craftwork produced by ancient Colombians.

Question: What is said about ancient South Americans?

全訳

☆☆：古代コロンビアの神話や芸術品をテーマとする，当博物館の新展示にようこそ。われわれは長らく，「失われた黄金郷」を意味する南アメリカのエル・ドラドの伝説に魅了されてきました。世界のほとんどの地域で金はその金銭的価値で貴重なものとして評価されています。しかし古代の南アメリカでは，金は霊性と社会的地位の象徴でした。この展示では，エル・ドラドにまつわる神話を探り，古代コロンビア人によって作られた驚くべき工芸品のいくつかを紹介しています。

質問：古代の南アメリカ人について何が述べられていますか。

1 彼らは金に対して今日の文化のほとんどとは違う見方をしていた。
2 金を発見したとたんに彼らの崇高さは損なわれた。
3 彼らの社会は，通貨の主要な形式として金を使った。
4 金の貿易が始まると彼らの富が増加した。

解説

ancient South Americans については，第4文以降で述べられています。However の前後で，「金は世界の多くの地域でその金銭的価値で貴重なもの」→しかし→「古代の南アメリカでは，金は霊性と社会的地位の象徴だった」という対比から，「異なった見方」と言えます。

Vocabulary

- exhibit 名 展示
- myth 名 神話
- artwork 名 芸術品
- be fascinated with 〜 〜に魅了されている
- legend 名 伝説
- prize 動 〜を評価する
- monetary 形 金銭的な
- spirituality 名 霊的であること
- explore 動 〜を調査する
- incredible 形 驚くべき
- craftwork 名 工芸品
- spiritual 形 崇高な
- wealth 名 富

Listening Part 1C

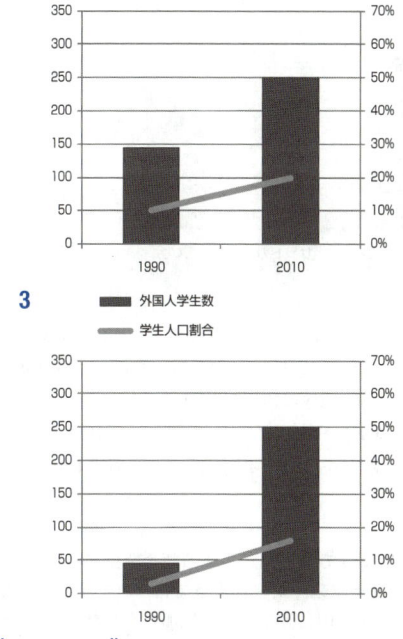

No. 21 正解：3 Track 25

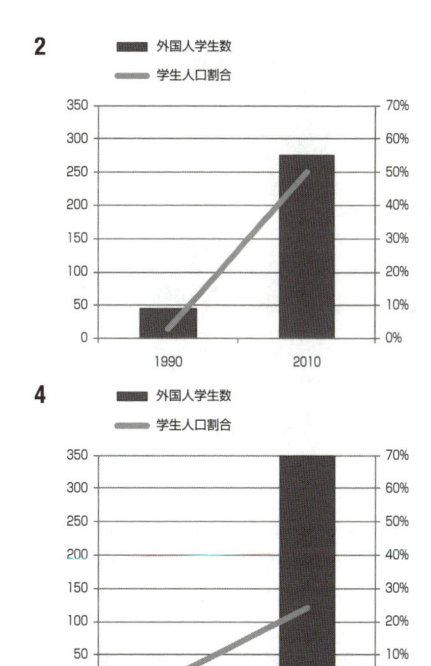

スクリプト

★：With the opening of the new international student center, Westmont College has shown itself to be committed to internationalization. In fact, we have been actively recruiting and enrolling more international students every year. In 1990, we had 45 international students on our campus, which was only three percent of the student population. As of 2010, that number had grown to 250

international students, which was over fifteen percent of the total student body.
Question: Which graph best matches the description given?

> 全訳

★: 新しい国際学生センターの開設で，ウェストモント大学は国際化に力を入れていることを示しました。実際に，われわれは積極的に年々多くの外国人学生を募集し，迎えてきました。1990年には本校の外国人学生は45人であり，これは全学生数のわずか3％でした。2010年時点ではその数は250人に増加し，全学生数の15％を超えています。

質問：どのグラフがこの説明に最も対応していますか。

> 解説

第3〜4文で各年の外国人学生の人数と割合が読まれます。第3文の「1990年，外国人学生数：45人，学生人口割合3％」という情報で **2** か **3** に絞られ，第4文「2010年，外国人学生数：250人，学生人口割合15％超」で **3** が選べます。

Vocabulary
- international student center 国際学生センター
- be committed to 〜 〜に専心する
- internationalization 图 国際化
- actively 副 積極的に
- as of 〜 〜現在で

No. 22 正解：1 Track 26

1　女性によって書かれた記事
2　女性によって書かれた記事
3　女性によって書かれた記事
4　女性によって書かれた記事

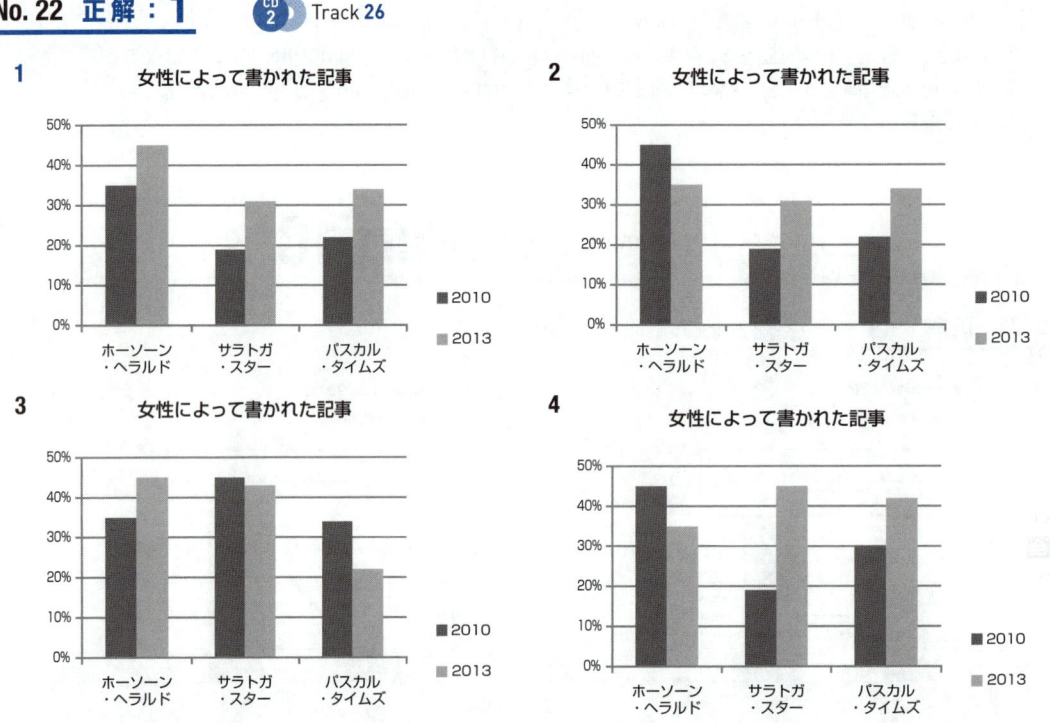

‖スクリプト‖

★: For today's journalism class, we'll examine the percentage of articles written by women in three news publications. While the majority of articles in these publications continue to be written by men, the percentage of articles written by women has grown significantly since 2010. In the *Hawthorne Herald*, articles written by women increased to 45 percent in 2013. Articles by female writers in the *Saratoga Star* and the *Pascal Times* also increased, but still make up less than 40 percent of the total.
Question: Which graph best matches the description given?

> 全訳

★: 今日のジャーナリズムの講義では，3つのニュース関連の出版物で女性によって書かれた記事の割合を見ていきます。これらの出版物の記事の大部分が男性によって書かれ続けている中，2010年以来，女性によって書かれた記事の割合は大幅に上昇しました。『ホーソーン・ヘラルド』では，女性が書いた記事は2013年に45％に増加しました。『サラトガ・スター』と『パスカル・タイムズ』でも女性記者による記事は増えましたが，全体の40％未満を占めるにとどまっています。

質問：どのグラフがこの説明に最も対応していますか。

> 解説

第3文以降で出版物名と年代，割合が読まれます。第3文の「*Hawthorne Herald*，2013年，45％」という情報

から **1** と **3** に絞られ，第 4 文の「*Saratoga Star* と *Pascal Times*，（増えたが 2013 年は）40％未満」で **1** が選べます。

Vocabulary
- publication 名 出版物　☐ significantly 副 大幅に　☐ make up ~ （割合）を占める

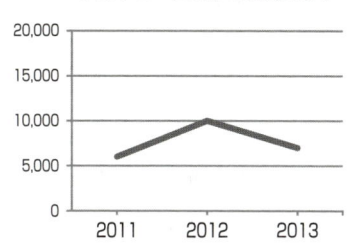

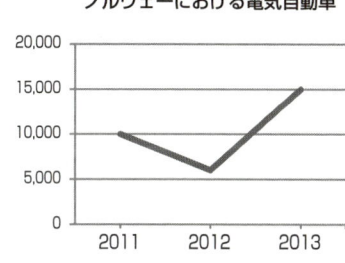

No. 23　正解：**4**　　Track 27

1　ノルウェーにおける電気自動車
2　ノルウェーにおける電気自動車
3　ノルウェーにおける電気自動車
4　ノルウェーにおける電気自動車

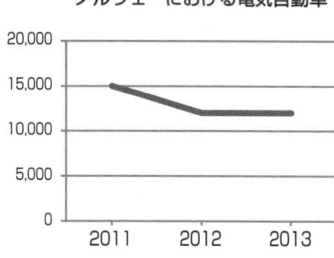

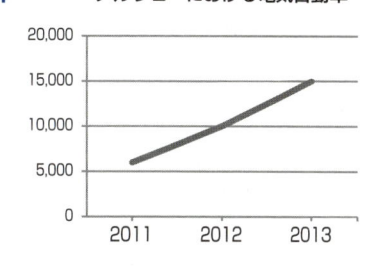

‖ スクリプト ‖

☆☆： Electric vehicles are increasingly popular in Norway. In 2013, an estimated 15,000 electric cars were on the roads. That's up from around 10,000 in 2012 and 6,000 in 2011. This increase is no surprise considering the benefits given to electric vehicle owners, including free parking in cities. However, electric vehicles have become so popular that the government plans to end some of these incentives once the total number of electric vehicles reaches 30,000.

Question： Which graph best matches the description given?

全訳

☆☆： ノルウェーで電気自動車の人気が高まっている。2013 年には，推定 15,000 台の電気自動車が道路を走っていた。これは，2012 年の約 10,000 台や 2011 年の約 6,000 台から増加している。都市部での駐車無料化など，電気自動車の所有者が得られる利益を考えると，この増加は驚くべきことではない。しかし，電気自動車の人気が非常に高まったため，政府は，電気自動車の全台数が 30,000 台になればこれらの優遇策の一部を終了することを予定している。

質問：どのグラフがこの説明に最も対応していますか。

解説

まず，第 2 文の「2013 年，15,000 台」という情報から **3** か **4** に絞られます。次に第 3 文の「2012 年，10,000 台」が聞き取れたら **4** が選べますが，続く「2011 年，6,000 台」で確定的になります。

Vocabulary
- electric 形 電気の　☐ increasingly 副 ますます　☐ estimated 形 推定の　☐ considering 前 ～を考えると
- free parking 無料駐車　☐ incentive 名 動機づけ，優遇策

No. 24　正解：2　Track 28

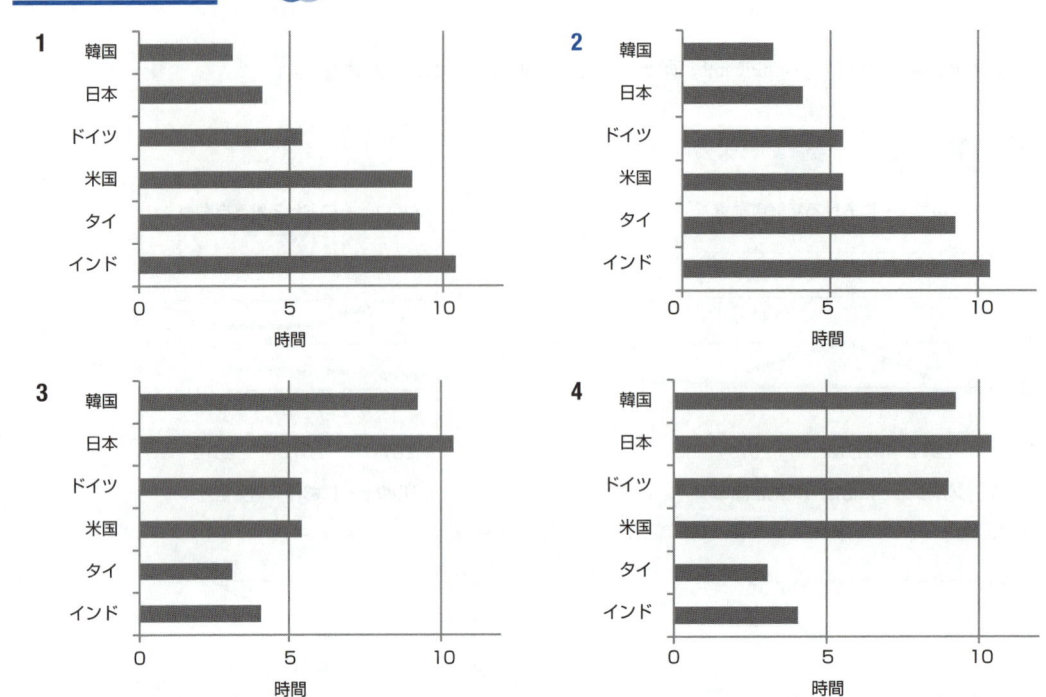

1
韓国 / 日本 / ドイツ / 米国 / タイ / インド（時間）

2
韓国 / 日本 / ドイツ / 米国 / タイ / インド（時間）

3
韓国 / 日本 / ドイツ / 米国 / タイ / インド（時間）

4
韓国 / 日本 / ドイツ / 米国 / タイ / インド（時間）

スクリプト

★★： For my assignment, I surveyed 50 students from around the world about the average number of hours they spend reading books each week. It appears that people in India and Thailand spend the most time reading, while Japanese and Koreans spend the least. India, with an average of 10 hours 45 minutes, tops all the countries I studied. The United States and Germany fall in the middle. Germans and Americans spend about the same amount of time reading.

Question：Which graph best matches the description given?

全訳

★★： 課題として，僕は世界各国の学生50人を対象に，毎週読書にかける平均時間数に関する調査を行いました。インドとタイの人々が最も読書に時間をかけている一方で，日本人と韓国人が一番読書にかける時間が少ないようです。僕が調べた国の中では，平均読書時間10時間45分のインドが一番でした。米国とドイツは真ん中でした。ドイツ人とアメリカ人の読書時間数はほとんど同じです。

質問： どのグラフがこの説明に最も対応していますか。

解説

第2文の「IndiaとThailand，最長」という情報から，**1**か**2**に絞れます。「JapanとKorea，最短」，「India，10時間45分」，「United StatesとGermany，真ん中」という情報では**1**か**2**で決まりませんが，最終文の「GermansとAmericans，同じ」から**2**が選べます。

Vocabulary
- ☐ It appears that ...　…ようである。
- ☐ top　動　～の頂点にある

No. 25　正解：4　Track 29

1 グレンヴィルの屋内での水使用量
- トイレ 41%
- 浴室の蛇口 17%
- 洗濯機 5%
- 飲料水 37%

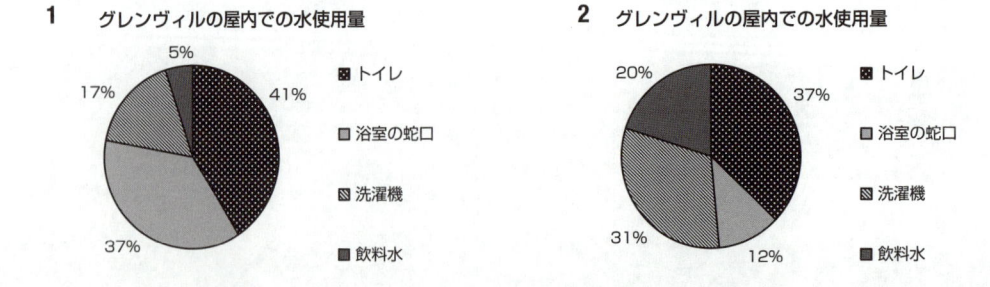

2 グレンヴィルの屋内での水使用量
- トイレ 37%
- 浴室の蛇口 20%
- 洗濯機 31%
- 飲料水 12%

3 グレンヴィルの屋内での水使用量
5%
17%
37%
41%
■ トイレ
□ 浴室の蛇口
▨ 洗濯機
■ 飲料水

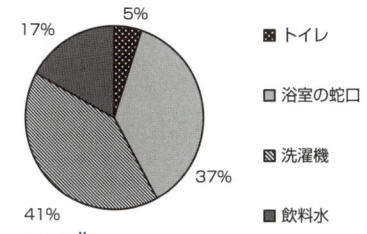

4 グレンヴィルの屋内での水使用量
5%
41%
37%
17%
■ トイレ
□ 浴室の蛇口
▨ 洗濯機
■ 飲料水

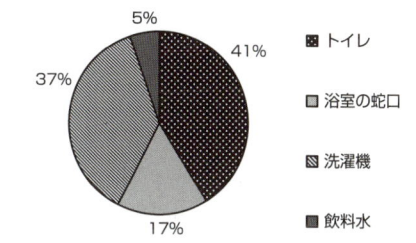

‖ スクリプト ‖

☆： An average household in Glenville uses about 120,000 gallons of water per year. About 70 percent of this water is used indoors. Of the typical household's indoor water usage, the largest amount of water is used for toilets, accounting for a little more than 40 percent. After toilets, washing machines use the most water, followed by bathroom faucets. Drinking water only takes up a small fraction of the average home's water consumption.

Question： Which chart best matches the description given?

 全訳

☆： グレンヴィルの平均的な世帯の水の年間使用量は約 120,000 ガロンである。この水のおよそ 70％が屋内で使用されている。一般世帯の屋内での水の使用量のうち，最も多くの量がトイレに使用され，これが 40％強を占める。トイレの次に多いのは洗濯機で，これに続いて浴室の蛇口が多い。飲料水の割合は平均世帯の水消費量のほんのわずかである。

質問： どのグラフがこの説明に最も対応していますか。

 解 説

第 3 文の「toilets，40％強」から **1** か **4** に絞られ，第 4 文で washing machines → bathroom faucets の順だと分かり，**4** に確定できます。グラフ描写で特徴的な Of the ~，…「~のうち，…」や After …「…の次に」，followed by ~「その後に~が続く」，take up「（割合）を占める」などの語彙も確認しましょう。

Vocabulary

- [ ] faucet 名 蛇口　[ ] washing machine 洗濯機　[ ] gallon 名 ガロン（体積の単位。1 ガロンは約 3.785 リットル）
- [ ] indoors 副 屋内で　[ ] usage 名 使用　[ ] take up ~ （割合）を占める
- [ ] a small fraction of ~ ほんのわずかの~　＊名 fraction ごく少量

Listening Part 2A

A　Track 31

‖ スクリプト ‖

Situation： A student is talking to her Portuguese-language professor.

☆： Thanks for seeing me today, Professor Anders.

★： Sure, Rina. What was it that you wanted to talk about?

☆： Well, I know there's a study-abroad course in Brazil this summer, but I'm wondering if it would be possible for me to arrange to study abroad independently instead.

★： You mean, go through another school's program and then just transfer your credits to this university?

☆： No, I mean, actually go and study on my own. I have something pretty specific I want to study. Of course, I want to improve my Portuguese, so that's one goal for the trip. But I'm an art history major, and my specific interest is 16th-century European art and architecture. So this is why I want to go to Portugal instead of going on the group trip to Brazil.

★： I see.

☆： I know it's a lot to ask. But I thought maybe we could make a plan together with some readings related to what I would see. And then I could submit a report when I return.

★： The department does sometimes allow independent study projects, but not for first-year students.

☆： Oh, I don't want to go this year. I think I'd need a lot of time to plan. Going next year would be better. But if it's not even possible, then maybe I should consider the Brazil program.

★： Let me talk to the department head. She might approve your idea.

☆: I'd really appreciate that. I think I'll get so much more out of the experience if it's related to my major, too.
★: I'm not sure when I'll get a chance to talk to her, though. I'll e-mail you when I have some information.
☆: OK. Thanks so much!

Questions:
No. 26 What does the student want permission to do?
No. 27 What does the professor think about the student's idea?
No. 28 What does the professor promise that he will do?

全訳

状況：学生が彼女のポルトガル語の教授と話している。
☆：今日はお会いいただきありがとうございます，アンダース教授。
★：いいですよ，リナ。話したかったことは何ですか。
☆：ええと，今夏ブラジルへの留学コースがあることは知っているのですが，そうではなく個人で留学の手配をすることは可能かと思いまして。
★：つまり，別の学校のプログラムを通じて留学して，ただ単位をこの大学に移行するということですか。
☆：いえ，私が言いたいのは，実際に個人で行って留学するということです。かなり具体的に勉強したいことがあるのです。もちろん，ポルトガル語も上達したいので，それも旅の目的の1つです。でも私は美術史専攻で，特に16世紀のヨーロッパの芸術と建築に興味があります。これがブラジルへの団体留学ではなくポルトガルに行きたい理由です。
★：なるほど。
☆：大変なお願いをしているのは分かっています。ただ，私が見るものに関連した資料を交えて一緒に計画を作っていただけたらと思いまして。そして帰国したらレポートを提出できます。
★：学部では確かに個人の研究プロジェクトを許可する場合がありますが，1年生に対してはありません。
☆：あら，今年行こうとは思っていません。計画するのには相当な時間が掛かると思っています。来年行く方がいいでしょう。でもそもそも不可能であるなら，ブラジル留学プログラムを考えてみる方がいいのかもしれません。
★：学部長に話してみます。彼女はあなたの計画を承認するかもしれません。
☆：本当にありがとうございます。自分の専攻にも関連していたら，経験からもっと多くのことを得られると思います。
★：ただし，いつ彼女と話す機会が持てるか分かりません。何か情報を得たらメールしますね。
☆：はい。どうもありがとうございます！

No. 26 正解：3

問題の訳

学生は何をする許可を求めていますか。
1 学期を休学すること。
2 ブラジルへの旅に参加すること。
3 ポルトガルで勉強すること。
4 遅れてレポートを提出すること。

解説

学生の2番目の発言の arrange to study abroad independently や3番目の go and study on my own などから，学生は個人で海外留学をしたがっていることが分かります。どこの国かは3番目の発言の最後で I want to go to Portugal と言っていますので，3が正解です。

No. 27 正解：1

問題の訳

教授は学生の考えについてどう思っていますか。
1 可能かもしれない。
2 費用が高額すぎるかもしれない。
3 難しすぎる。
4 すべての学生にとって良い。

解説

教授は4番目の発言で「個人の研究プロジェクトを許可する場合はある」と言い，5番目の発言で「学部長が承認するかもしれない」と言って学生の希望に応える姿勢を表しています。したがって，1が正解です。

No. 28 正解：2

問題の訳

教授は何をすると約束していますか。
1 学生に応募用紙をメールで送る。
2 学生の考えについて学部長と話し合う。
3 有名な美術館への訪問を手配する。
4 来週再び学生と会う。

解説

教授の4番目と5番目の発言から，教授は学生の個人留学希望について学部長に相談すると分かります。

Vocabulary
- [ ] I'm wondering if ... …かどうかと思いまして。
- [ ] arrange to ～ ～するように手配する
- [ ] independently 副 個人で
- [ ] instead 副 代わりに
- [ ] transfer ～ to ... ～を…に移す
- [ ] architecture 名 建築
- [ ] allow 動 ～を許可する
- [ ] independent 形 個人の
- [ ] department head 学部長
- [ ] turn in ～ ～を提出する

B Track 35

‖スクリプト‖

Situation: A student is talking to her advisor.

★: So, what can I help you with today, Sayaka?
☆: I heard there's a new scholarship for education students. I was hoping you could tell me more about it.
★: I think you're probably talking about the Willard Memorial Scholarship.
☆: Yeah, I think that's it. Professor Larkins told me about it. It's for students who want to teach science.
★: Yes, that's right. Let's see … here's the information. It says, "The Willard Memorial Scholarship is awarded annually to a student majoring in education who intends to teach science at the secondary school level. The scholarship will be awarded based on academic merit, an essay explaining your academic goals, involvement in science- and education-related activities, and financial need."
☆: Hmm. My grades are pretty good, and I'm paying my own tuition, so I definitely have financial need. I'm not sure about the other two criteria, though.
★: I can help you with your essay, if you like. And as for involvement in science- and education-related activities, do you participate in any student groups?
☆: I did during first semester, but I got busy and haven't gone lately.
★: If you want to be a competitive scholarship applicant, it would be good to become active in some student group.
☆: When is the application due?
★: Not for another four months.
☆: OK. I'm going to start volunteering in the chemistry lab again and start going to meetings of the Future Teachers' Club.
★: That should help your application. Remember, work hard to keep your grades up. And come back when you're ready to start working on your essay.
☆: I'll do that. You've been a big help.
★: Always a pleasure.

Questions:
No. 29 How did the student hear about the scholarship?
No. 30 What does the advisor say that the student should do?
No. 31 Why will the student come back to see the advisor again?

全訳

状況：学生が指導教官と話している。

★: さて，今日は何の用件ですか，サヤカ。
☆: 教育学部の学生向けに新しい奨学金があると聞きました。もっと詳しく聞けるかと思いまして。
★: 多分，ウィラード記念奨学金のことを言っているんですね。
☆: はい，それだと思います。ラーキンス教授から聞きました。理科を教えたい学生を対象にしていると。
★: そう，その通りです。どれどれ…，これがその情報です。それにはこう書いてありますね。「ウィラード記念奨学金は毎年，中等教育レベルで理科を教える意向のある教育学専攻の学生に授与される。この奨学金は学業成績，学業上の目標を説明した小論文，科学と教育に関する活動への参加，および経済的必要性に基づいて授与される。」
☆: うーん。私の成績は悪くないですし，学費も自分で払っていますから，間違いなく経済的必要性はあります。でも，それ以外の2つの判断基準についてはどうでしょうか。
★: あなたが希望するなら小論文は手伝ってあげられます。科学と教育に関する活動への参加については，あなたは何か学生団体に参加していますか。
☆: 1学期中は参加していましたが，忙しくなって最近は行っていません。
★: 奨学金応募者として競争力をつけるなら，何か学生団体で活動するのがいいですよ。

☆： 応募期日はいつですか。
★： まだあと4カ月はあります。
☆： 分かりました。また化学実験室でボランティアを始めて,「未来の教師クラブ」の集まりにもこれからは出るようにします。
★： それは応募に一役買いますね。覚えておいてほしいのですが,成績は落とさないようにがんばってください。小論文に取りかかる準備ができたらまたいらっしゃい。
☆： そうします。とても助かりました。
★： どういたしまして。

No. 29　正解：4　　Track 36

問題の訳
学生は奨学金についてどのようにして知ったのですか。
1 学資援助室で。　2 ウェブサイトから。　3 別の学生から。　4 教授から。

解説
学生は2番目の発言で Professor Larkins told me about it. と言っています。この it は前述の the Willard Memorial Scholarship のことですので,4が正解です。

No. 30　正解：3　　Track 37

問題の訳
指導教官は学生が何をしたらよいと言っていますか。
1 学校内で仕事を見つける。　2 科学の講義をもっと受講する。
3 学生団体に参加する。　4 なるべく早く応募する。

解説
教授は4番目以降の発言で具体的なアドバイスをしています。4番目の発言で「何か学生団体に参加しているか」と尋ね,5番目の発言でも「何か学生団体で活動するのがいい」と助言していることから,3が正解です。it would be good (for you) to ... のような助言する表現もポイントです。

No. 31　正解：2　　Track 38

問題の訳
学生はなぜ再び指導教官に会いに来ますか。
1 クラブ活動に参加するため。　2 小論文を書くのを手伝ってもらうため。
3 推薦状を受け取るため。　4 彼のオフィスでボランティア活動をするため。

解説
2人が次回会うことについては,教授が7番目の発言で come back when you're ready to start working on your essay と言っています。また,教授の4番目の発言の I can help you with your essay から,学生は小論文を手伝ってもらうことが分かります。したがって,2が正解です。

Vocabulary
- ☐ education 名 教育学　☐ award 動 ～を授与する　☐ secondary school 中等学校　☐ merit 名 価値,優秀さ
- ☐ involvement in ～ ～への関与　☐ science-related 形 科学に関する　☐ education-related 形 教育に関する
- ☐ as for ～ ～に関して　☐ pick up ～ ～を受け取る　☐ recommendation letter 推薦状

C　Track 39

スクリプト

Situation: Two students are talking to a professor about an upcoming event.

☆： Professor Tanaka, Shawn and I were wondering if you have a few minutes to tell us about the Life Sciences Week next month. We've heard that you're one of the organizers.
☆☆： Yes, Anita. I'm part of the organizing committee. You and Shawn are freshmen, right? So this is your first Life Sciences Week?
☆： That's right. It looks like it's a really big deal.
★： Yeah, I've seen posters for it in all the classroom buildings. Since Anita and I are both biology majors, we thought we should participate as much as we can. Besides attending lectures and presentations, is there anything we can do?

☆☆: Sure. We always need student volunteers. There are a lot of different things volunteers can do—help during registration, work at the information desk, assist setting up and taking down displays—we'd love to have your help. There are some training sessions starting next week. If you go to the Life Sciences Week website, you can sign up for one.

★: OK, sounds good.

☆: Yeah, we'll definitely volunteer. Are there any other activities we shouldn't miss?

☆☆: You already mentioned the lectures and the presentations—there are some famous scientists coming to talk about their research, so be sure not to miss them. That's one of the real highlights of the week. There will also be a vendor fair and a job fair.

★: A vendor fair?

☆☆: It's an exposition for companies to show off their latest technology. You might see some amazing new inventions before they're available to the public.

☆: And a job fair? Hmm, we're only first-year students.

☆☆: True, but many of these employers also hire summer interns. So you might want to keep that in mind.

★: Thanks so much for all the information.

☆: Yeah, thank you. And we'll definitely see you there!

Questions:

No. 32　What are the students interested in?

No. 33　What will the students probably do next week?

No. 34　According to the professor, what can the students see at the exposition?

全訳

状況：2人の学生が近日開催されるイベントについて教授と話している。

☆: タナカ教授，私とショーンは，少しお時間をいただいて，来月の「生命科学週間」についてお話しいただけないかと思っています。あなたが主催者の1人ということを聞きましたので。

☆☆: その通りです，アニータ。私は主催者である委員会のメンバーです。あなたとショーンは新入生ですね？　だから今回の「生命科学週間」が初めて？

☆: そうです。かなり重要なイベントのようですね。

★: ええ，教室のある建物すべてにポスターが貼られているのを見ました。僕とアニータは2人とも生物学専攻なので，できるだけ参加すべきだと思ったんです。講義やプレゼンテーションに出席する他に何かできることはありませんか。

☆☆: もちろん。いつでも学生のボランティアを必要としています。ボランティアでできることはいろいろあります。登録時の補助，案内所での作業，展示の設営や撤去の手伝いなど，お手伝いは歓迎です。来週から始まる研修会があります。「生命科学週間」のウェブサイトでそのうちの1つに申し込むことができます。

★: 分かりました，いいですね。

☆: ええ，私たち絶対にボランティアします。他に必ず参加した方がいい活動はありますか。

☆☆: あなたたちはすでに講義やプレゼンテーションのことを言いましたが，数名の著名な科学者たちが自分たちの研究について話しに来ますので，必ず出席するようにしてください。これは「生命科学週間」の本当の目玉の1つですから。業者フェアや就職フェアもあります。

★: 業者フェアって何ですか。

☆☆: 企業が最新の科学技術を披露する展示会です。すばらしい新発明を一般公開される前に見られるかもしれませんよ。

☆: それから就職フェアもですか。ええと，私たち，まだ1年生なのですが。

☆☆: そうね，でもこれらの雇用者の多くは夏のインターンも雇っています。だからそれも心に留めておくといいかもしれません。

★: たくさんの情報をありがとうございました。

☆: ええ，感謝いたします。イベントでぜひお会いしましょう！

No. 32　正解：3　Track 40

問題の訳

学生たちは何に興味を持っていますか。

1　ボランティアの機会について説明するイベント。　2　大学1年生が対象のイベント。

3　科学研究を特集したイベント。　4　卒業間近の学生たちのためのイベント。

解説

2人の学生がLife Sciences Weekというイベントについて教授から情報を聞いている場面です。その名の通りscienceに関わるイベントで，イベント期間中，展示や講義，プレゼンテーションがあったり，著名な科学者

の話が聞けたり，業者フェアで最新の科学技術を見たりする機会があることが分かります。

No. 33　正解：1　Track 41

問題の訳
学生たちは来週何をすると考えられますか。
1 研修会に出席する。
2 教授の講義に行く。
3 夏のインターンシップに申し込む。
4 学内中にポスターを掲示する。

解説
来週について焦点を絞って聞くと，教授の2番目の発言の There are some training sessions starting next week. に対し，男子学生が OK, sounds good. と言っています。2人は来週の training session に出席すると考えられます。

No. 34　正解：4　Track 42

問題の訳
教授によると，展示会で学生たちは何を見ることができますか。
1 学生の研究に関するプレゼンテーション。
2 学生を雇用する企業。
3 著名な科学者たちによる話。
4 いくつかの新製品。

解説
exposition「展示会」という語は教授の4番目の発言に出てきます。業者フェアで企業が見せるのは latest technology です。最新技術を用いた企業の製品が見られると判断して，4が正解です。

Vocabulary
- upcoming 形 来たる
- organizer 名 主催者
- freshman 名 新入生
- big deal 重要なもの，一大事
- besides 前 ～以外に
- assist (in) ~ing ～するのを手伝う
- take down ～ ～を解体する
- training session 研修会
- highlight 名 目玉
- vendor fair 業者フェア
- job fair 就職フェア
- exposition 名 展示会
- show off ～ ～を見せびらかす，披露する
- invention 名 発明
- employer 名 雇用者
- hire 動 ～を雇う
- keep ~ in mind ～を心に留める

Listening　Part 2B

D　Track 44

‖スクリプト‖

Situation: You will listen to an instructor discuss multitasking.

☆: Multitasking. It's efficient, or so we're told, and we find it woven into our lives thanks to new technologies like smart phones and tablet computers. But aside from the value our society places on multitasking, what are its real pros and cons?

　　Studies do suggest some benefits to the ability to perform multiple tasks. For example, multitaskers are good at finding information quickly. Moreover, they actively seek out this new information rather than simply wait for the media to deliver it. Multitaskers also seem to enjoy their work more. Performing different tasks simultaneously provides interest and diversity in one's day, which reduces boredom.

　　However, research indicates that multitasking decreases efficiency in several ways. For example, multitaskers have a hard time ignoring irrelevant information. The modern world floods us with news and entertainment, and multitaskers simply take it all in. Also, in their hunger for new information, they tend to overlook the old—some of which is quite valuable. In fact, because of these bad habits, multitaskers are actually worse at switching between tasks than non-multitaskers.

　　So, is multitasking bad? I don't think so. I suggest that the solution is to train multitaskers to *process* information—not just acquire it. How can this be done? That will be the subject for your discussion groups today.

Questions:
No. 35　What is the main theme of this lecture?
No. 36　What are multitaskers good at doing?

No. 37　What does research indicate about multitasking?
No. 38　What does the speaker propose doing for multitaskers?

全訳

状況：講師が複数並行作業について話すのを聞きます。

☆：　複数作業を並行して行うこと。これは効率的，もしくはそう言われていて，スマートフォンやタブレットなどの新しいテクノロジーのおかげで並行作業は私たちの生活に織り込まれているのに気付きます。しかし，私たちの社会が並行作業に置く価値とは別に，その本当の長所と短所は何でしょうか。

　研究によると，確かに複数の作業を行える能力の有益性が示唆されています。例えば，並行作業者は情報を素早く見つけるのが得意です。さらに彼らは，この新しい情報をマスメディアが配信するのをただ待つのではなく，これを積極的に見つけ出します。並行作業者は，自分の仕事をより楽しんでいるようにも思えます。さまざまな作業を同時に行うことは人の一日に興味と多様性をもたらし，これによって退屈することが少なくなります。

　しかし，研究によって，並行作業がいくつかの点で効率性を低下させることが示されています。例として，並行作業者は関係のない情報を無視することがなかなかできません。現代社会はニュースや娯楽が氾濫しており，並行作業者はそれをそのままべて取り込みます。また，彼らは新しい情報に飢えているため，古い情報を見落としてしまいがちであり，その中にはかなり貴重なものもあります。本当のところ，これらの悪癖のせいで，並行作業者は非並行作業者よりも作業の切り替えにおいて事実劣っています。

　では，並行作業は良くないのでしょうか。そうは思いません。私は，並行作業者が情報をただ取得するのではなく，「処理」をする訓練をすることを解決策として提案します。これをどのように達成するのか。それが今日のディスカッショングループのテーマです。

No. 35　正解：4　Track 45

問題の訳

この講義の主なテーマは何ですか。
1　並行作業をより効果的に行う方法。
2　どのように並行作業が普及したか。
3　並行作業における科学技術の役割。
4　並行作業の長所と短所。

解説

まずは「状況」から，multitasking がこの話し手（講師）による講義のテーマだと分かります。第1段落最後で what are its real pros and cons? と疑問を投げかけ，続く第2段落では並行作業の長所，However で始まる第3段落では並行作業の短所を述べています。したがって，4 が正解です。

No. 36　正解：1　Track 46

問題の訳

並行作業者が得意なことは何ですか。
1　新しい情報を素早く見つけること。
2　無関係な情報を無視すること。
3　新旧の情報を調和させること。
4　作業の切り替え。

解説

並行作業(者)の長所を述べている第2段落に焦点を絞ると，質問文と同じ are good at という語句が第2文に含まれています。finding information quickly と 1 が合致します。2 と 4 は第3段落で短所（劣っていること）として述べられています。

No. 37　正解：2　Track 47

問題の訳

研究は並行作業についてどんなことを示唆していますか。
1　マスメディアによって推進されている。
2　人の効率を低下させる。
3　健康問題につながる可能性がある。
4　問題解決を促進する。

解説

research, indicate(s) という語は第3段落冒頭に出てきます。decrease efficiency を言い換えた 2 が正解です。

No. 38　正解：1　Track 48

問題の訳

話し手は並行作業者に対して何をすることを提案していますか。
1　情報処理の仕方を学ぶ手助けをすること。
2　彼らの問題について話す機会を与えること。
3　より幅広い情報に触れさせること。
4　一度に1つの作業に集中するように勧めること。

解説

話し手の提案は最終段落の I suggest that ... にあります（propose と suggest は同意）。話し手は，並行作業者に対して情報を「処理」する訓練をすることを提案していることから，**1** が正解です。train ... to ～ は「…を～するように訓練する」という意味であり，ここでは並行作業者が自ら訓練するのではなく，話し手が並行作業者を訓練するという意味です。

Vocabulary

- multitasking 名 複数並行作業   ☐ woven 動 weave「織る，編む」の過去分詞
- tablet computer タブレット型コンピューター   ☐ aside from ～ ～の他に   ☐ seek out ～ ～を探し出す
- deliver 動 ～を伝える，配信する   ☐ simultaneously 副 同時に   ☐ diversity 名 多様性   ☐ boredom 名 退屈
- efficiency 名 効率性   ☐ ignore 動 ～を無視する   ☐ irrelevant 形 無関係の
- flood ～ with ... ～を…であふれさせる   ☐ solution 名 解決策   ☐ process 動 ～を処理する
- locate 動（人・物の）場所を探す，見つける   ☐ blend A and B A と B を調和させる
- encourage 動 ～を促進する

E   Track 49

‖ スクリプト ‖

Situation: You will hear part of a lecture from an English literature class.

☆☆:　Today we're going to talk about a famous poet named E. E. Cummings. Cummings has been described as one of the most innovative poets of the twentieth century. His poetry is unique in a number of ways. He put punctuation in unexpected places, and he was very inventive with words. He made up words and used common words in different ways. In addition, Cummings played with the visual format of poems. Most American poetry is arranged in a column, but Cummings did things differently. He often arranged words in unusual ways on the page to add a visual element to the poem. Where he placed words was as important as the meanings of the words themselves. Despite this seemingly odd use of language and formatting in his poetry, Cummings was a very popular poet. However, he was more popular with the public at large than he was with literary critics.

　　Your next assignment is to write a poem in the style of E. E. Cummings. When you present your poem to the class, be prepared to defend your style. I want this to be your own original poem, but I want you to try to challenge yourself the way Cummings challenged the conventions of poetry.

Questions:

No. 39　What is the main topic of this passage?
No. 40　What is one thing the speaker says about E. E. Cummings?
No. 41　What does the speaker ask the students to do?
No. 42　What contribution does the speaker think Cummings made to poetry?

全訳

状況：英語文学の授業からの講義の一部を聞きます。

☆☆:　今日は E. E. カミングスという著名な詩人について話します。カミングスは，20 世紀で最も革新的な詩人の 1 人と評されています。彼の詩は，数々の点で特徴的です。彼は意外な場所に句読点を付け，非常に独創的な言葉使いをしました。カミングスは造語し，一般的な言葉も違った用法で使いました。さらに，カミングスは詩の見た目の形式でも遊びました。ほとんどの米国の詩は段に配置されていますが，カミングスは違うやり方をしました。彼はよく，詩に視覚的要素を加えるために，ページ上に言葉を独特に配置しました。彼がどこに言葉を配置したかは，言葉の持つ意味そのものと同じぐらい重要でした。この一見奇妙な言葉使いや詩の形式にもかかわらず，カミングスは非常に人気のある詩人でした。ただし，彼は文芸評論家よりも広く一般の人々に人気がありました。

　　みなさんの次の課題は，E. E. カミングスの作風で詩を書くことです。クラスに自分の詩を紹介するときには，その作風を擁護する準備をしてきてください。これはみなさん自身によるオリジナルの詩にしてほしいのですが，カミングスが詩の決まり事に挑んだように，みなさんも自分自身にチャレンジしてみてください。

No. 39　正解：**3**   Track 50

問題の訳

この話の主なテーマは何ですか。

1 E. E. カミングスに影響を受けた詩人たち。　　2 E. E. カミングスに対する評論家の評価。
3 E. E. カミングスの詩。　　4 E. E. カミングスによるある有名な詩。

108

> 解説

本日の講義のテーマは第1文に a famous poet named E. E. Cummings とあります。poet は「詩人」の意味です。3か4かで迷いそうですが，第3文の His poetry is … 以降から，彼の特定の1つの詩（a poem）ではなく，彼の詩すべて（poetry）について話していることが分かります。

No. 40 正解：4　Track 51

> 問題の訳

話し手がE.E.カミングスについて述べていることの1つは何ですか。
1 彼は評論家を喜ばすために書いた。　2 彼は句読点を避けた。
3 彼は段形式を用いた。　4 彼は独特な言葉の使い方をした。

> 解説

第1段落第3文に His poetry is unique in a number of ways. とあり，その具体例がいくつか続きます。第4～5文の「意外な場所に句読点を付ける」「独創的な言葉使い」「言葉を作る（make up = invent）」「一般的な言葉を違った用法で使う」などから，4が正解です。

No. 41 正解：1　Track 52

> 問題の訳

話し手は学生に何をするように求めていますか。
1 詩を書く。　2 詩に1行加える。
3 ある詩について批評を書く。　4 好きな詩を説明する。

> 解説

話し手（講師）の学生への指示は第2段落冒頭の Your next assignment is to … にあります。write a poem を言い換えた1が正解です。

No. 42 正解：2　Track 53

> 問題の訳

話し手はカミングスが詩の世界にどのような貢献をしたと考えていますか。
1 彼の手法は現在では標準ととらえられている。　2 彼は新しい詩の表現方法を取り入れた。
3 彼は詩の教育方法を変えた。　4 彼の作品は無料で利用可能だった。

> 解説

カミングスが詩の世界に貢献したことは直接的に述べられていませんが，第1段落の one of the most innovative poets や，第2段落の Cummings challenged the conventions of poetry から，新しいスタイルを取り入れることで詩の世界に貢献したと判断します。

Vocabulary
- [ ] innovative 形 革新的な　[ ] poetry 名 (ある作家の) すべての詩　[ ] punctuation 名 句読点
- [ ] unexpected 形 意外な　[ ] inventive 形 創意に富む　[ ] make up ～ ～を作り出す　[ ] visual 形 視覚的な
- [ ] format 名 形式　[ ] arrange 動 ～を配置する　[ ] column 名 段　[ ] seemingly 副 一見して　[ ] odd 形 奇妙な
- [ ] at large 全体として　[ ] literary 形 文学の, 文芸の　[ ] critic 名 評論家　[ ] defend 動 ～を擁護する
- [ ] challenge 動 ～に挑む　[ ] compose 動 ～を創作する, (詩を) 書く　[ ] verse 名 (詩の) 1行
- [ ] critical 形 批判的な　[ ] review 名 批評　[ ] contribution 名 貢献

F　Track 54

|| スクリプト ||

Situation: You will hear a professor talking about a major construction project.

★：　Next in our investigation of the world's great engineering achievements is the Channel Tunnel. This tunnel stretches under the English Channel from England to France. The first known plan for the tunnel was in 1802, with the aim of transporting horse-drawn carts. Then, in the 1880s, workers dug a three-kilometer section of tunnel. However, the project was abandoned due to British concerns about national security. Over a hundred years later, the governments of Britain and France finally agreed on an acceptable design proposal. Construction took five years and was completed in 1994.

　　No part of the Channel Tunnel passes through water. Instead, engineers drilled 40 meters under the seabed. Construction began from France and England simultaneously, 50 kilometers apart, using lasers to guide the direction. Eleven huge tunneling machines were used, and since they could not be turned around easily and taken out, some were left buried underground. Miraculously, when the two sides of the tunnel finally met, there was only a few millimeters difference.

Financially, however, the tunnel cannot yet be called a success. It was 80 percent over budget when completed, and has only recently made any profit after debt payments. Nevertheless, 20 years after the tunnel's completion, over 10 million people use it each year.

Questions:
No. 43 What is one thing we learn about the Channel Tunnel?
No. 44 Why was construction of the tunnel stopped in the 1880s?
No. 45 What does the speaker say about construction of the tunnel?
No. 46 In what way was the tunnel a success?

全訳
状況：教授が大規模な建設事業について話すのを聞きます。
★： 世界でも優れたエンジニアリングの成果の研究で次に見ていくのは，英仏海峡トンネルです。このトンネルは英仏海峡の下をイギリスからフランスまで伸びています。知られている限りのこのトンネルの最初の建設計画は1802年のことで，荷馬車を運送することが目的でした。それから1880年台に作業員がこのトンネルを3キロ掘りました。しかし，この建設事業は国家安全に関するイギリスの懸念によって中止されました。100年以上経って，イギリス政府とフランス政府がようやく容認可能な設計案について合意しました。建設には5年かかり，1994年に完成しました。

英仏海峡トンネルで水中を通っている場所はありません。そうではなく，エンジニアたちは海底下40メートルを掘削しました。建設は，レーザーで方向を導き，50キロ離れたフランス側とイギリス側から同時に始まりました。11台の大型掘進機が使用され，そしてこれらは簡単に向きを変えて搬出することができなかったため，何台かは地下に埋まったままにされました。奇跡的にも，トンネルの両側が最終的に出会ったときにはわずか数ミリの差しかありませんでした。

しかし，このトンネルは財政的にはまだ成功とは言えません。完成時には予算を80％超えており，最近になってやっと債務返済を経て利益が出てきました。それでもなお，トンネル完成より20年過ぎ，毎年1,000万人以上がこのトンネルを利用しています。

No. 43 正解：3　Track 55
問題の訳
英仏海峡トンネルについて分かることの1つは何ですか。
1 イギリスの一般の人々はこの事業について知らされていなかった。
2 現代の科学技術によってのみ可能となった。
3 最初に計画されたのは200年以上前のことである。
4 フランス政府がこの構想を提案した。

解説
第1段落第3文に The first known plan … was in 1802 とあり，最初の建設計画は1802年，つまり200年以上前のことと分かり，3が正解です。誰が構想を提案したかは述べられていませんので，4は誤りです。

No. 44 正解：1　Track 56
問題の訳
トンネルの建設が1880年代に中止されたのはなぜですか。
1 イギリスの安全保障に関する懸念があったから。
2 フランスの作業員がストライキを起こしたから。
3 費用が高すぎたから。
4 3キロを超えたところで技術的な問題が起こったから。

解説
トンネルの建設が中止されたことは第1段落第5文の the project was abandoned due to … で述べられ，この due to 〜「〜が原因で」の後の内容と1が合致します。3は第3段落第1〜2文の内容に合いますが，建設中止の理由ではありません。

No. 45 正解：4　Track 57
問題の訳
話し手はトンネルの建設について何と言っていますか。
1 世界中からエンジニアが雇われた。　　2 最初の50メートルが最も高額だった。

3 何百万ガロンもの水の汲み上げを伴った。　　**4** 何台かの機械は地下に残された。

解説

第2段落第4文に some were left buried underground とあり，この some は tunneling machines のことですので，**4** が合致します。その他の選択肢はいずれも本文中に記述がありません。

No. 46　正解：**2**　　Track 58

問題の訳

どのような点でトンネルは成功したのですか。
1 最終的な費用は当初の予算と近かった。
2 両側が計画通りほぼ正確に出会った。
3 調査で何百万人もが賛成を示した。
4 今ではフランスへの旅行者のほとんどがこのトンネルを利用する。

解説

成功した点の1つとして，第2段落最終文 Miraculously, ... の文の内容と **2** が一致します。最終段落から，いまだ多くの人がトンネルを利用している点も成功と言えますが，具体的な利用者については触れられていませんので，**4** は誤りです。

Vocabulary
- major 形 大規模な　□ construction 名 建設　□ investigation 名 調査，研究　□ achievement 名 成果
- stretch from A to B AからBまで伸びる，広がる　□ with the aim of ～ ～を目的として
- transport 動 ～を運送する　□ horse-drawn cart 荷馬車　□ abandon 動 ～をあきらめる，中止する
- agree on ～ ～について合意する　□ acceptable 形 容認可能な　□ drill 動 （ドリルなどで）穴を開ける
- seabed 名 海底　□ apart 副 離れて　□ laser 名 レーザー　□ huge 形 巨大な
- leave ... ～ （形容詞／過去分詞）…を～の状態にしておく　□ bury 動 ～を埋める　□ underground 副 地下に
- miraculously 副 奇跡的に　□ financially 副 財政的に　□ make profit 利益が出る　□ debt 名 借金，負債
- nevertheless 副 それでもなお　□ completion 名 完成　□ go on strike ストライキを起こす
- pump 動 （ポンプで）汲み上げる　□ millions of ～ 何百万もの～　□ as planned 計画通りに

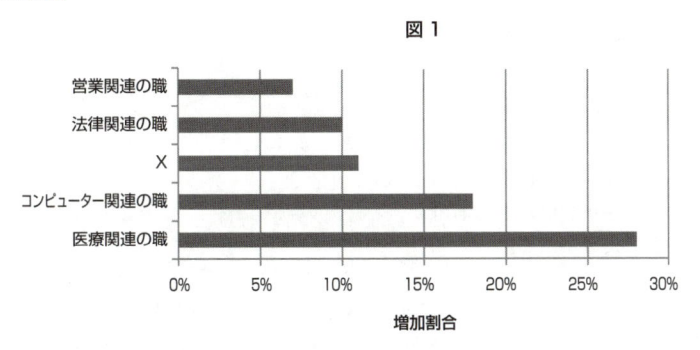

G　Track 59

図1

職業	増加割合
営業関連の職	~7%
法律関連の職	~10%
X	~11%
コンピューター関連の職	~18%
医療関連の職	~28%

スクリプト

Situation: You will hear part of a lecture on economics.

☆☆: OK, now I'll discuss predicted job increases in different professions over the next 10 years. These are government estimates taken from the website given in your textbook. I recommend that you visit the site to learn more.

　　Economic and social conditions often affect what actually happens in many of these professions. In the graph, we can see that healthcare-related professions are expected to see the greatest growth, at roughly 28 percent. This is likely the result of the aging population. Computer-related occupations are also expected to make steady gains. The government predicts 18 percent growth in this field. Education jobs and those in legal fields should see similar growth, with estimates at 11 percent and 10 percent, respectively. Other fields such as food preparation, transportation, and the arts should all grow, but by less than 10 percent. Sales positions, particularly for retail jobs, will experience lower-than-expected growth, coming in at 7 percent. Sales positions are often the first to be cut when the economy weakens.

Of course, this graph shows only those professions expected to make positive gains. The government report also shows fields where a drop in jobs is expected. One of these is farming, which is expected to experience a 3 percent decrease in jobs.

Questions:
No. 47　What is the lecture mainly about?
No. 48　What does the speaker say about jobs in healthcare?
No. 49　Please look at the graph. Which of the following is represented by the letter X?
No. 50　What does the speaker say about sales positions?

全訳
状況：経済学の講義の一部を聞きます。
☆☆：　はい，ではさまざまな職種における今後10年で予想される雇用の増加についてお話しします。これは，みなさんのテキストに載っているウェブサイトから抜粋した政府の予想です。詳しくはサイトを見ることをお勧めします。
　　　経済状況や社会状況はしばしば，これらの職種の多くで実際に起こることに影響します。グラフからは，医療関連の職が約28％と最も成長すると予想されていることが見てとれます。これはおそらく人口の高齢化の結果と見られます。コンピューター関連の職業も順調に増えると予想されています。政府はこの分野で18％の成長を予測しています。教育の仕事と法律分野の職も，それぞれ11％と10％と，同様の成長を見込めるでしょう。食品調理，運送，芸術などの他分野もすべて成長するはずですが，その成長率は10％未満でしょう。営業職，特に小売業の営業職は，7％と予想以下の成長となります。営業職は多くの場合，景気が悪化すると最初に人員削減の対象となります。
　　　もちろん，このグラフはプラス成長が見込まれる職種のみを示しています。政府の報告では職の減少が予想される分野も提示しています。そのうちの1つが農業で，職が3％減少すると予想されています。

No. 47　正解：4

問題の訳
この講義は主に何についてですか。
1 最も競争の激しい職業分野。
2 さまざまな産業の給与比較。
3 職業人気ランキング。
4 さまざまな産業の将来的な雇用成長。

解説
本文第1文とグラフから，講義のテーマは「さまざまな職種における今後10年で予想される雇用の増加」です。したがって，4が正解です。本文全体を通してgrowthやgainなど「増加」を表す語句が何度も用いられています。

No. 48　正解：1

問題の訳
話し手は医療関連の職業について何と言っていますか。
1 それらの（雇用の）空きは人口の高齢化による影響を受ける。
2 政府はそれらを厳しく規制している。
3 挙げられた数値は信頼性がないかもしれない。
4 それらは若い専門家に人気がある。

解説
医療関連については第2段落第2～3文で述べられています。グラフからも分かる通り最も成長する分野と言えますが，その理由としてthe result of the aging populationと言っており，1が正解です。

No. 49　正解：2

問題の訳
グラフを見てください。Xが表しているのは次のどれですか。
1 農業関連の職。　2 教育関連の職。　3 運送関連の職。　4 食品関連の職。

解説
本文ではグラフの下（医療関連の職）から順番に説明されています。第2段落第6文のEducation jobs and those in legal fields should see similar growth, … 11 percent and 10 percentから，Education-related jobsがXで11％，Law-related jobsが10％と分かります。

No. 50　正解：3

問題の訳
話し手は営業職について何と言っていますか。

1 全般的に賃金が低い。
2 働き手は営業職に長くとどまらない。
3 経済の悪化にすぐに影響される。
4 多くの部門の働き手が営業職に引き付けられている。

解説

営業職について，第2段落最終文に the first to be cut when the economy weakens とあり，「景気が悪化すると最初に人員削減の対象となる」とはつまり，「経済の悪化にすぐに影響される」と言えます。first を quickly と表しています。グラフによると，Sales-related jobs は最低値で，最も雇用の増加が見込まれない職種ですので，**4** は誤りです。

Vocabulary

- sales-related 形 営業関連の
- law-related 形 法律関連の
- predict 動 〜を予想する
- profession 名 職業
- estimate 名 予想
- roughly 副 およそ
- aging population 高齢化（する人口）
- occupation 名 職業
- gain 名 増加
- retail job 小売業
- lower-than-expected 形 予想を下回る
- comparison 名 比較
- regulate 動 〜を規制する
- reliable 形 信頼できる
- wage 名 賃金
- sector 名 部門

Writing Task A

次の文章を読んで，筆者が電子書籍について述べていることを要約するよう，先生があなたに求めました。要約は1段落で70語程度でなければなりません。

問題の訳

　本にはたくさんの種類がある。歴史や自然など，さまざまなテーマについて事実に基づく情報を与えてくれる本もあれば，読んでいて楽しく，リラックスできるような面白い話を伝える本もある。昔から人は紙に印刷された本を読んできた。しかし，この状況は変わり始めている。最近では，ますます多くの人々が電子書籍端末で電子書籍を読んでいる。

　人が電子書籍をより好む理由はいくつかある。例えば，ジョン・ウォレスは旅行が好きである。本は重く，場所を取るため，以前は旅行に行くときにはかばんに1冊か2冊しか入れて持っていけなかった。今では1つの電子書籍端末に入れて何冊もの電子書籍を持っていける。電子書籍の人気がある理由は他にもある。本屋に行けるだけの十分な空き時間がない人も多い。インターネットで本を購入しても，届くまで待たなければならない。電子書籍ならインターネットからダウンロードでき，ものの数秒しかかからない。

　しかし，電子書籍には不便な点もいくつかある。キャロル・ブロックは以前は電子書籍を読んでいたが，電子書籍端末を落としてしまい，それは使えなくなってしまった。たくさんの電子書籍を購入していたにもかかわらず，彼女はそれらを読めなくなった。今では彼女は紙の本を再び読んでいる。また，ペンや鉛筆を使って文章内のキーワードや文に下線を引く人もいる。ジム・フィールドは大学で英文学を学んでいる。彼は読みながら本に手書きのメモを取ることが多い。電子書籍ではこれができない。

　どちらの本の種類にもメリットとデメリットがある。人は，どちらが自分にとって良いか自分で決めるべきである。

解答例

　While traditionally people have read books printed on paper, today more and more people read electronic books on e-book readers. Electronic books are popular because people can take many books in one e-book reader. Also, people can download books from the Internet and get them right away. However, electronic books also have disadvantages. They cannot be read without a working e-book reader. Also, people can't write in them, unlike paper books. (71 words)

解説

最近，従来の紙の書籍（books printed on paper / paper books）ではなく電子書籍（electronic books）を読む人が増えているという内容の文章です。解答ではまず第1文で文章の主題を書きます。本文第1段落のトピックセンテンスは，But this situation has started to change. をきっかけに続く Nowadays, more and more people ... ですが，解答例のように，「従来の〜に対して最近は…」と，紙の書籍と電子書籍の双方を含めましょう。次に，本文第2段落には「（紙の書籍よりも）電子書籍が好まれる理由」，第3段落では「電子書籍の問題点」が書かれていますので，解答の第2文以降で，電子書籍の利点と欠点を簡潔にまとめましょう。解答例第2〜3文では，第2文で because を用いて「電子書籍が人気であるのは…だからだ」と前置きした後，「1つの電子書籍端末に多くの書籍を持っていくことができる」「本をインターネットからダウンロードしてすぐに手に入れることができる」という利点を述べています。次に第4文では話題転換を示す However を用いて「しかし電子書籍にはデメリットもある」と前置きした後，第5〜6文で「電子書籍は機能している電子書籍端末なしでは読めない」「紙の本と違って書き込むこともできない」という欠点を挙げています。第5文では，本文第3段落の「電子書籍端末を落として使えなくなった」という Carol Brock の具体的な体験例を，cannot be read without a working e-book reader と表しています。利点や欠点を複数述べるときは，情報の追加を表す also や in addition が使えます。また，本文のように2者を比較する場合，while「…である一方で」や like「〜と同様」，unlike「〜とは違って」などの表現も有効です。

Vocabulary

- electronic book 電子書籍
- factual 形 事実に基づく
- e-book 名 = electronic book
- reader 名 読取機
- download 動 〜をダウンロードする
- disadvantage 名 欠点
- underline 動 〜に下線を引く
- handwritten 形 手書きの

Writing Task B

下記の情報を用いて授業に向けた小論文を書くよう，先生があなたに求めました。グリーンヒルの学校の美術授業に関する状況を述べ，提案されている解決策の要点をまとめなさい。最後に，記載の根拠に基づき，解決策のどれが最も効果的かを述べなさい。200語程度で書かなければなりません。

問題の訳

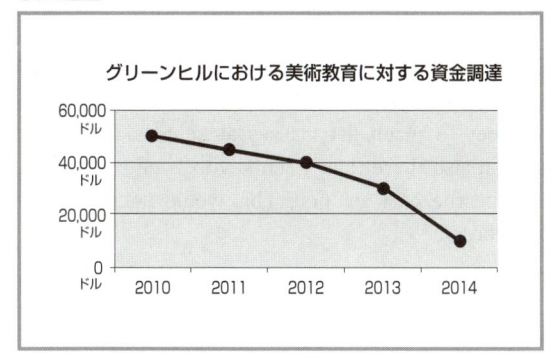

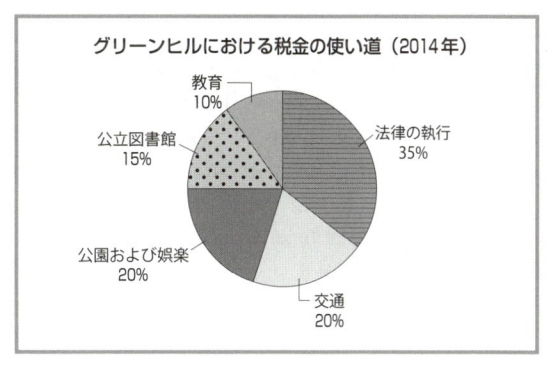

グリーンヒルにおける美術教育に対する資金調達

年	金額（ドル）
2010	50,000
2011	45,000
2012	40,000
2013	30,000
2014	10,000

グリーンヒルにおける税金の使い道（2014年）

- 法律の執行 35%
- 交通 20%
- 公園および娯楽 20%
- 公立図書館 15%
- 教育 10%

グリーンヒル・デイリーニュース

最近の教育委員会の会議で，グリーンヒル高等学校のPTA会長であるメアリー・ジョーンズが最近学校で起こっている問題について話した。彼女は，美術教育は生徒にとって大切であり，美術課程を成功に導く方法は多数あることを説明した。「生徒たちは，美術教育を含め，幅広い教育を受けることができなければいけません」と彼女は言った。

具体的には，ジョーンズは，美術の授業用に地元企業が資材を寄付することを提案した。彼女はまた，これが企業にとって大してお金が掛からないと説明した。「実際，授業で使える多くのものが，企業がただ捨ててしまうものです。例えば，段ボール箱や包装材などはいろいろなプロジェクトに役立ちます」と彼女は言った。

ジョーンズはさらに，芸術に理解があったり，美術界での経験があったりする地元民に話を持ちかけることを提案した。彼女はすでに，地元の有名な彫刻家であるチャールズ・アンダーソンと話をしたと言った。アンダーソンは無料で学校を訪れて彼の作品について生徒たちに話をしてくれるつもりだ。「美術教師に支払うことができないのであれば，代わりにチャールズのような人たちを活用しては？」とジョーンズは言った。

教育委員会はこれらの提案を検討して，今後の会議で折り返し報告する。

編集者への手紙

編集者様

私はフランク・スミスと申しまして，グリーンヒル芸術協議会の会長です。グリーンヒルの学校での最近の問題に対処する方法をいくつか提案したいと思います。最も重要なこととして，自治体がわれわれの税金の使い方を再考しなければなりません。グリーンヒルには多くのニーズがあり，もちろん道路整備も公園の手入れも必要です。しかし，教育はわれわれの最も大事な投資であるため，美術の授業を含め教育事業が必ず適切に資金を得られるようにしなければなりません。そうしてから，市の他の事業にどのようにして出資するかを考えることができます。

さらに，地元の芸術家に関わるように呼び掛けることができます。彼らはボランティアとして学校で美術の授業を教えることができるでしょう。これは，美術を職業にした人々と会える機会を生徒たちに与えます。また，芸術家たちも若い人たちに彼らの才能を見せる機会をきっと楽しむことだろうと思います。このコミュニティの一員として，現状に不平を言うだけではなく，直接行動に出て青少年の教育を改善するためにがんばるべきだと思います。

敬具
フランク・スミス

‖ 解答例 ‖

　Funding for art education at Greenhill schools is decreasing. In 2010 the funding was $50,000, but by 2014 the number dropped to $10,000. Art education is funded by tax dollars, and the survey in 2014 shows that 35% was used for law enforcement, 20% for transportation and parks & recreation respectively, 15% for public libraries, and 10% for education.
　Mary Jones, the Chairperson of Greenhill High School PTA, made two suggestions. First, Jones said that local businesses should donate art materials that they would otherwise throw away. Her second suggestion is to make use of local artists by having them come to school and talk to the students.
　Meanwhile, Frank Smith, the director of the Greenhill Arts Council, suggested that the local government invest more into education so that art classes and other educational programs have enough funding. Smith, like Jones, also suggested that local artists could volunteer to teach art classes at schools. This way, students can meet people with an art career while artists can also share their talents with young people.
　In my opinion, getting the local artists involved would be the best solution. This would not only save money, but also bring together students and artists.（200 words）

解説

　解答に含めるべきポイントは，「グリーンヒルの学校の美術授業に関する状況を述べる」「解決策の要点をまとめる」「最後に解決策のどれが最も効果的かについて自分の意見を述べる」の3点です。
　解答例では，まず第1段落で「グリーンヒルの学校の美術教育に対する資金提供が減少している」という状況を述べた後，2つのグラフについてそれぞれ説明しています。円グラフについては，「美術教育は税金を資金源としている」と述べた後，それぞれの割合を述べています。transportation と parks & recreation がともに20%であることを respectively「それぞれ」という語を用いて表しています。
　次に第2段落では，左下の記事で書かれている Mary Jones という人名とその立場を明らかにした上で，彼女の提案（suggestion/proposal）をまとめます。解答例では，本文第1段落と第2段落の内容について，… made two suggestions. と前置きした上で，First, … Her second suggestion is to … と順に2つの提案を述べています。
　続いて右下の手紙については，Meanwhile「一方」を用いて段落を始めています。手紙の書き手である Frank Smith の提案として，左下の記事で書かれている Jones と異なる提案，共通した提案を見極めることがポイントです。解答例では，ジョーンズとは異なる提案を挙げた後，Smith, like Jones, also suggested that …「ジョーンズ同様，スミスも…と提案した」という表現でジョーンズと共通した提案をまとめています。
　最後の段落は，「解決策のどれが最も効果的か」に対する回答を，In my opinion, … の形で書きます。解答例は，「地元の芸術家を関わらせること」という，ジョーンズとスミスの共通提案が最も効果的という意見ですが，他には，スミスの「自治体がもっと教育に投資すべき」という意見を取り上げ，In 2014, only 10% of tax dollars was used for education.「2014年には教育に使われた税金がたった10%しかない」など，右上の円グラフと絡ませて根拠を述べることもできます。

Vocabulary

- □ funding 名 資金調達　□ tax dollar 税金　□ enforcement 名（法律などの）施行　□ recreation 名 娯楽
- □ school-board 形 教育委員会の　□ chairperson 名 会長　□ PTA 名 = Parent-Teacher Association
- □ make ～ a success ～を成功させる　□ material 名 資材　□ simply 副 単純に　□ throw away ～を捨てる
- □ cardboard box 段ボール箱　□ packing material 包装材　□ approach 動 ～に近づく，話を持ちかける
- □ artistic 形 芸術のわかる　□ sculptor 名 彫刻家　□ director 名 会長　□ council 名 議会
- □ a number of ～ いくつかの～　□ address 動 （問題などを）正す，検討する　□ reconsider 動 ～を再検討する
- □ maintain 動 ～を整備する　□ investment 名 投資　□ properly 副 適切に　□ fund 動 ～に資金を提供する
- □ talent 名 才能　□ take direct action to ～ ～するために直接行動を取る

Speaking Part 1

☆＝面接官　★＝受験者

対話例　Track 68

☆： Do you like to read books?
★： Yes, I do.
☆： Can you tell me more about that?
★： I like reading historical novels.
☆： I see. When you were a junior high school student, did you do any volunteer activities?
★： Yes, I joined a volunteer program in my city.
☆： Can you tell me more about that?
★： We picked up garbage around the train station.
☆： I see. In the future, would you like to live in the city or in the countryside?
★： I want to live in the city.
☆： Why would you like to live in the city?
★： Because I live in the countryside now and it's boring.
☆： I see. Thank you.

解説

各質問に対して，短く簡潔に答えます。2つ目の質問は，「中学生のときボランティア活動をしたか」というもので，上の例は Yes の立場で答えていますが，ボランティアの経験がない場合，No, I didn't have a chance.「いいえ，機会がありませんでした」などと答えることが可能です。3つ目は「将来，都会に住みたいか，あるいは田舎に住みたいか」という質問で，例では「都会に住みたい」と答え，その理由として田舎の欠点を挙げています。田舎に住みたい場合，田舎の利点を答えてもよいですし，A big city is too exciting for me.「私にとって大都市は刺激的すぎる」など，都会の欠点を答えてもかまいません。

Vocabulary
☐ garbage 名 ごみ　☐ city 名 都会　☐ countryside 名 田舎

Speaking Part 2

トピックカードの訳

インタビューは，「こんにちは，いくつか質問をしてもよろしいですか」という文で始めてください。
以下について質問してください：
・1週間でいくつの授業を教えているか
・何年に教えることを始めたか
・自分の仕事について好きなこと
・教授をしていて最も記憶に残っている経験
・（時間があれば，他に質問をしてもかまいません。）

対話例　Track 69

★： Hello, may I ask you some questions?
☆： Yes, please.
★： How many classes do you teach in a week?
☆： I'm teaching five classes in a week.
★： I see. What year did you start teaching?
☆： I started teaching in 1990.
★： What do you like about your job?

☆ : I like to see how young people will develop.
★ : Oh, that's interesting. <u>Could you tell me your most memorable experience as a professor?</u>
☆ : One of my students won an English speech contest.
★ : That sounds great! Thank you very much.

解説

面接官による設定についての説明の後，カードが渡され，30秒でインタビューの準備をします。質問項目ではそれぞれ，The number of classes → How many classes ～?，The year → What year [When] ～?，The things → What ～? のように，質問文に置き換える際に適切な疑問詞を考えましょう。なお，4つ目のように，疑問詞疑問文ではなく Could you tell me ～? や Do you have ～? といった形の質問文が適切な場合もあります。社会的に地位のある人へのインタビューでは丁寧な表現を使うように心掛けましょう。

Vocabulary
☐ memorable 形 記憶に残る

Speaking Part 3

トピックカードの訳

トピック
「公共の場に防犯カメラを増やすべきである」。あなたはこの意見に賛成ですか。なぜですか。

解答例 Track 70

★ : I don't think there should be more security cameras in public places. Although security cameras are important to prevent crimes or accidents, we should think about protecting people's privacy. Also, I guess it costs a lot to install security cameras. We can use the money for something more important. So I don't think there should be more security cameras in public places.

解説

まず，「公共の場に防犯カメラを増やすべきである」という意見に対して賛成・反対の立場を示した後，その根拠を述べます。賛成意見としては防犯カメラの必要性や利点，反対意見としては欠点を挙げるとよいでしょう。解答例は反対の立場で，「防犯カメラは犯罪や事故を防ぐのに重要だが，プライバシーを保護することも考えるべきだ」「防犯カメラの設置にかかるお金を他のもっと重要なことに使える」などの意見を述べています。「プライバシーを侵害する」は invade などの表現がありますが，すぐに浮かばない場合は上の例の「プライバシーを保護する」<u>protect</u> people's privacy のように反意語を用いるなど，自分の知っている語彙で表現できるテクニックを身につけましょう。防犯カメラの利点に関する表現としては，find out how crimes or accidents have happened「どのように犯罪や事故が起こったかを突き止める」などが考えられます。解答例の第2文では Although A, B. の形を用いていますが，A, but B. でもかまいません。逆接や因果関係を表す接続詞は無理のない範囲で使いましょう。また，第3文では I guess ... を用いていますが，確信がないことを述べる際の表現も知っていると便利です。他に might「～かもしれない」，should「～のはずだ」，must「～に違いない」など，推量を表す助動詞も使えるようにしておくとよいでしょう。

Vocabulary
☐ public space 公共の場　☐ install 動 ～を設置する

Speaking Part 4

対話例 Track 71

☆: Here's the first question. Should advertising for tobacco and alcohol products be banned?
★: No, I don't think so. It's OK to advertise them, but people should be told about the health risks. For example, tobacco companies can show a picture of a serious disease on the package.
☆: I see. Now let's talk about wealth. Are people these days too concerned about gaining material wealth?
★: Yes, they are—especially young people. Young people today seem more interested in making money than making friends.
☆: I see. Should schools teach students more about the traditional culture of their country?
★: I don't think so. The times are changing so fast. Students should learn more about the modern world, such as information technology, rather than traditional culture.
☆: I see. Have people today forgotten the value of reading books?
★: Yes, I think so. Today, many people spend more time using the Internet than reading books. For example, when I take a train or bus, I see many people using smartphones. In the past, people read books instead.
☆: I see. Thank you.

解説

まずは，各質問に対して簡潔な回答をはっきりと述べてから，その根拠を2～3文で続けます。長くなりすぎないように注意しましょう。

1つ目の質問は，「たばこやアルコールの商品の宣伝は禁止されるべきか」という質問です。解答例では，「宣伝してもよいが健康リスクも伝えるべき」と答えた後，その具体例を示しています。Yes の立場として，The government needs to protect people from the dangers of tobacco and alcohol.「政府は人々をたばこやアルコールの危険から守る必要がある」などが考えられます。

2つ目は，「最近の人は物質的豊かさを得ることを気にしすぎているか」という質問です。解答例は Yes の立場で，特に若者に当てはまることを述べた後，「彼らは友人を作ることよりも，お金を稼ぐことにより興味を持っている」と答えています。あくまで自分の意見でかまいませんので，このような比較を交えて具体的に述べるとよいでしょう。No の立場としては，Many people think spiritual wealth is more important.「精神的豊かさの方が大切だと思っている人も多い」などの意見が可能です。

3つ目は，「学校は生徒にもっと自分たちの国の伝統文化を教えるべきか」という質問です。解答例では No の立場で，「時代は急速に変化しているから，生徒はもっと現代世界について学ぶべきだ」という意見を述べています。3文目はやや長い文ですが，such as ～で具体例を挙げて文をつなげています。また，比較対象となるもの（この例では traditional culture と modern world）を明確にするのに，rather than ～「～よりもむしろ」を用いると効果的です。

4つ目は，「最近の人は読書の価値を忘れてしまったか」という質問です。解答例は Yes の立場で，「多くの人が読書よりもインターネットを使用することに時間を費やしている」という根拠を述べています。また，For example, ... の文のように，具体例として自分の実際の体験を述べるのも有効です。No の立場では，Some people read books or newspapers through the Internet.「インターネットを通じて本や新聞を読む人もいる」などの意見が考えられます。

Vocabulary
□ package 名 (商品の) パッケージ，ケース　　□ material 形 物質的な

Reading・Listening スコア換算

リーディングとリスニングのスコアは，正答数から換算することができます。以下の表を目安に，自分のスコアを算出してください。

正答数範囲	Reading スコア範囲	Listening スコア範囲
0 - 5	20	20
6 – 10	20 - 29	20 - 30
11 – 15	25 - 37	27 - 39
16 - 20	33 - 43	35 - 46
21 - 25	40 - 49	42 - 52
26 - 30	45 - 54	48 - 59
31 - 35	51 - 59	55 - 66
36 - 40	56 - 65	62 - 74
41 - 45	62 - 71	70 - 86
46 - 50	68 - 78	83 - 100
51 - 55	76 - 90	―
56 - 60	89 - 100	―

※スコア範囲はあくまで目安です。実際の結果では上下する可能性があります。

Writing・Speaking 評価基準

ライティングとスピーキングは，以下の CEFR に基づいた評価基準で採点されます。それぞれの詳細を，右ページの日本語訳とともに確認してください。

Writing Task A

CEFR		Level Descriptors
B2	MAIN IDEAS	Clearly and concisely summarizes all of the main points mentioned in the input text which are relevant to the task.
	COHERENCE & COHESION	Uses discourse markers and referential cohesive devices effectively to mark the relationship between sentences and link utterances into clear, coherent discourse.
	LEXICAL RANGE & ACCURACY	Uses appropriate synonyms and alternative expressions to convey the main ideas.
	GRAMMATICAL RANGE & ACCURACY	Uses a range of sentence structures appropriately; grammatical errors rarely occur and do not impede understanding of the message.
B1	MAIN IDEAS	Clearly describes 3 or more of the 5 main points. Successfully identifies at least one reason for AND one reason against.
	COHERENCE & COHESION	Sentences are generally connected using discourse markers; use of referential cohesive devices is mostly clear.
	LEXICAL RANGE & ACCURACY	Takes specific examples straight from the input text without combining or paraphrasing; some inappropriate vocabulary usage is evident.
	GRAMMATICAL RANGE & ACCURACY	Grammatical errors occur frequently but tend to be associated with attempts at complex structures and do not impede communication of the message.
A2	MAIN IDEAS	Describes only 2 of the 5 main points OR fails to sufficiently describe at least 1 reason for AND 1 reason against.
	COHERENCE & COHESION	Ideas are expressed but not logically sequenced; the relationship between sentences is not clearly marked; use of referential cohesive devices is generally not clear.
	LEXICAL RANGE & ACCURACY	Usage of paraphrasing and synonyms is extremely limited, and alternatives are not appropriate for the task; errors in vocabulary are common.
	GRAMMATICAL RANGE & ACCURACY	Grammatical errors occur systematically and may impede communication of the message.
Below A2		・Unrelated to task/topic. ・Fewer than 30 words. ・Copied directly from the input text with little or no original language.

（日本語訳）

CEFR		評価基準の詳細
B2	要点	課題に対して，設問文で述べられているすべての要点を明確かつ簡潔に要約している。
	内容と文のつながり	文と文の関連性を示し，明確で筋の通った論文にするため，ディスコースマーカーと情報を参照する際の表現を効果的に用いている。
	語彙の範囲と正確さ	要点を伝えるため，適切な同義語や言い換え表現を用いている。
	文法の範囲と正確さ	幅広い文法構文を適切に用いている。文法間違いは少なめで，要点を理解する妨げにならない程度。
B1	要点	5つのうち3つ以上の要点を明確に述べている。少なくとも1つの賛成理由と反対理由を明らかにしている。
	内容と文のつながり	大体の文がディスコースマーカーを用いてつなげられている。情報を参照する際の表現の使い方がおおむね明確である。
	語彙の範囲と正確さ	設問文にあるいくつかの例を，言い足したり言い換えたりすることなくそのまま用いている。いくつかの不適切な語彙表現が見られる。
	文法の範囲と正確さ	文法間違いが頻繁にあるものの，複雑な構文の場合であり，要点を伝える妨げにはなっていない。
A2	要点	5つのうち2つしか要点を述べていない。または1つも十分な賛成[反対]理由が述べられていない。
	内容と文のつながり	いくつかの考えが述べられているが，論理的なつながりがない。文と文との関連性が明確に示されておらず，情報を参照する際の表現の使用がおおむね明確でない。
	語彙の範囲と正確さ	言い換えや同義語の使用がきわめて限られている。また言い換えが課題に対して不適切である。語彙間違いが多い。
	文法の範囲と正確さ	決まった文法間違いがあり，要点を伝える妨げになっていることもある。
Below A2	・課題/トピックに無関係。 ・30 語より少ない。 ・設問文から直接書き写していて，自分で書いた言葉が少ないまたは皆無。	

Writing Task B

CEFR		Level Descriptors
B2	MAIN IDEAS	Synthesizes and evaluates information and arguments from all of the verbal and nonverbal input texts.
	COHERENCE	Organized as a coherent response to the task; organization of ideas within and across paragraphs is generally clear, though may be formulaic.
	COHESION	Uses discourse markers and referential cohesive devices effectively to mark the relationship between sentences and link utterances into clear, coherent discourse.
	LEXICAL RANGE & ACCURACY	Uses appropriate synonyms and alternative expressions to convey the main ideas.
	GRAMMATICAL RANGE & ACCURACY	Uses a range of sentence structures appropriately; grammatical errors rarely occur and do not impede understanding of the message.
B1	MAIN IDEAS	Provides a basic summary of some of the main points, bringing together information from more than one of the input texts.
	COHERENCE	Sentences and paragraphs are generally connected using discourse markers; use of referential cohesive devices (for example, pronominal reference) is mostly clear.
	COHESION	Sentences are generally connected using discourse markers; use of referential cohesive devices is mostly clear.
	LEXICAL RANGE & ACCURACY	Gives a basic description of the main ideas in the input texts, but tends to rely on the vocabulary supplied in the input texts. Some inappropriate vocabulary usage is evident.
	GRAMMATICAL RANGE & ACCURACY	Grammatical errors occur frequently but tend to be associated with attempts at complex structures and do not impede communication of the message.
A2	MAIN IDEAS	The response refers to some of the elements or points mentioned in one or more of the input texts (verbal and/or non-verbal), but does not synthesize these points or make clear how they are related.
	COHERENCE	No logical paragraph structure or some separation which is not appropriate; text consists of mainly unconnected sentences with no clear direction or progression across sentences.
	COHESION	Uses conjunctions to link clauses within sentences, but generally does not mark clearly the relationship between sentences. Use of referential cohesive devices (for example, pronominal reference) is generally not clear.
	LEXICAL RANGE & ACCURACY	Usage of paraphrasing and synonyms is extremely limited, and alternatives are not appropriate for the task. Errors and unnatural/inappropriate usage common when reusing vocabulary from the input texts.
	GRAMMATICAL RANGE & ACCURACY	Grammatical errors occur systematically and may impede communication of the message.
Below A2		• Unrelated to task/topic. • Fewer than 50 words. • Copied directly from the input text with little or no original language.

（日本語訳）

CEFR		評価基準の詳細
B2	要点	すべての設問文・図表から読み取れる情報・論点を統合し，批評している。
	内容のつながり	課題に対して筋の通った答えとなるよう組み立てられている。型通りながら，文章ごとの，また文章をまたいだ考えの組み立てがおおむね明確である。
	文のつながり	文と文の関連性を示し，明確で筋の通った論文にするため，ディスコースマーカーと情報を参照する際の表現を効果的に用いている。
	語彙の範囲と正確さ	要点を伝えるため，適切な同義語や言い換え表現を用いている。
	文法の範囲と正確さ	幅広い文法構文を適切に用いている。文法間違いは少なめで，要点を理解する妨げにならない程度。
B1	要点	2つ以上の設問文・図表から情報をまとめ，いくつかの要点の基本的な要約をしている。
	内容のつながり	大体の文・段落がディスコースマーカーを用いてつなげられている。情報を参照する際の表現（代名詞の使用など）の使い方がおおむね明確である。
	文のつながり	大体の文がディスコースマーカーを用いてつなげられている。情報を参照する際の表現の使い方がおおむね明確である。
	語彙の範囲と正確さ	設問文にある要点に関しての基本的な記述があるが，設問文にある語彙を用いがちである。いくつかの不適切な語彙表現が見られる。
	文法の範囲と正確さ	文法間違いが頻繁にあるものの，複雑な構文の場合であり，要点を伝える妨げにはなっていない。
A2	要点	1つ以上の設問文・図表からいくつかの要素または要点について述べているが，統合されていない。もしくはそれらの関連性が明らかにされていない。
	内容のつながり	論理的な段落の組み立てがなく，ばらばらである。文と文が関連していないことが多く，文章を通して明確な方向性や連続性がない。
	文のつながり	文章の節をつなぐのに接続詞が用いられているが，文と文とのつながりが明確にされていないことが多い。代名詞での言及など，情報を参照する際の表現の使い方がおおむね明確でない。
	語彙の範囲と正確さ	言い換えや同義語の使用がきわめて限られている。また言い換えが課題に対して不適切である。設問文からの語彙を用いるときに，間違いや不自然・不適切な使用が多い。
	文法の範囲と正確さ	決まった文法間違いがあり，要点を伝える妨げになっていることもある。
Below A2	・課題/トピックに無関係。 ・50語より少ない。 ・設問文から直接書き写していて，自分で書いた言葉が少ないまたは皆無。	

Speaking

CEFR		Level Descriptors
B2	PRONUNCIATION	Speech easy to understand; accurate stress and intonation; some L1 influence on individual sounds.
	GRAMMATICAL RANGE & ACCURACY	Sufficient range of grammatical structures to deal with the range of functions required in the test; very few grammatical mistakes.
	LEXICAL RANGE & ACCURACY	Range of vocabulary sufficient to deal with the full range of topics presented in the test; word choice occasionally incorrect.
	FLUENCY	Speaks at natural speed; only occasional hesitation.
	INTERACTIONAL EFFECTIVENESS	Effective active and receptive communication; indicates communication problems (if any) naturally and effectively; effective use of back-channeling; in Part 2, incorporates what the examiner has said into his/her next question and/or gives relevant comments.
B1	PRONUNCIATION	Speech intelligible; noticeable L1 influence on stress, intonation, and individual sounds.
	GRAMMATICAL RANGE & ACCURACY	Mostly uses basic grammatical structures accurately; errors occur when attempting complex grammatical forms.
	LEXICAL RANGE & ACCURACY	Vocabulary sufficient for everyday topics; incorrect word choice occasionally impedes communication.
	FLUENCY	Speaks slowly with some reformulation; hesitation noticeable and occasionally demands patience from listener.
	INTERACTIONAL EFFECTIVENESS	Sometimes dependent on examiner; signals communication problems effectively, but awkwardly; some evidence of back-channeling in Part 2.
A2	PRONUNCIATION	Speech mostly intelligible; heavy L1 influence on stress, intonation, and individual sounds; some mispronunciations impede communication.
	GRAMMATICAL RANGE & ACCURACY	Uses some basic grammatical structures and memorized phrases accurately; makes systematic errors.
	LEXICAL RANGE & ACCURACY	Vocabulary limited to routine, everyday exchanges; incorrect word choice and/or lack of vocabulary frequently impede communication.
	FLUENCY	Speaks very slowly with frequent reformulation; hesitation very noticeable and frequently demands patience from listener.
	INTERACTIONAL EFFECTIVENESS	Almost entirely dependent on examiner; communication breaks down frequently; does not signal communication problems effectively; limited attempt to carry out Part 2.
Below A2		No response OR • Often unintelligible. • Grammar almost entirely inaccurate. • Uses only the simplest words and phrases. • Speech disconnected; almost impossible to follow. • Communicates poorly but does not indicate communication problems; very limited (or no) attempt to carry out Part 2.

（日本語訳）

CEFR		評価基準の詳細
B2	発音	分かりやすい発話。正しいアクセントと抑揚で，いくつかの個別の音に母国語の影響が出ている程度。
	文法の範囲と正確さ	試験で求められる範囲のやりとりに対処できる十分な文法構文。きわめて少ない文法間違い。
	語彙の範囲と正確さ	試験で扱われるトピックの全範囲に対処できる十分な語彙。言葉の選択をときどき誤る程度。
	流暢さ	ナチュラルスピードで話している。ときどき詰まる程度。
	受け答え	効果的かつ積極的で，理解力を示すコミュニケーション。やりとりがうまくいかない場合があれば，自然かつ効果的に指摘ができる。効果的な相づちの使用。パート2では，面接官の回答を次の質問に取り入れている。または，それに関連する感想を述べている。
B1	発音	理解できる発話。アクセント，抑揚，個別の音に母国語の影響が見受けられる程度。
	文法の範囲と正確さ	基本的な文法構文をおおむね正しく使用している。複雑な文法形式の場合に間違いがある。
	語彙の範囲と正確さ	日常のトピックに対処できる十分な語彙。言葉の選択の誤りがときどきコミュニケーションの妨げになる。
	流暢さ	何回か言い直しをしながらゆっくり話している。詰まる場面が見受けられ，聞き手がときどき待ってあげる必要がある。
	受け答え	ときどき面接官頼りになっている。やりとりがうまくいかない場合はぎこちなく示すことができる。パート2では，いくつか相づちが見受けられる。
A2	発音	おおむね理解できる発話。アクセント，抑揚，個別の音に母国語の影響が大きく出ている。いくつかの発音の誤りがコミュニケーションの妨げとなっている。
	文法の範囲と正確さ	いくつかの基本的な文法構文を用いていて，フレーズを正しく覚えている。決まった間違いがある。
	語彙の範囲と正確さ	語彙は決まった日常のやりとりに限られている。誤った言葉の選択，または語彙力のなさが，頻繁にコミュニケーションの妨げとなっている。
	流暢さ	頻繁に言い直しながらとてもゆっくり話している。詰まる場面が多く見受けられ，聞き手が頻繁に待ってあげる必要がある。
	受け答え	ほぼ完全に面接官頼りになっている。コミュニケーションが頻繁に行き詰まる。やりとりがうまくいかない場合，効果的に示すことができない。パート2での取り組みが乏しい。
Below A2		返答がない。もしくは以下の場合。 ・しばしば理解しづらい。 ・文法がほぼすべて間違っている。 ・きわめて簡単な語句・フレーズしか用いていない。 ・発話が途切れる。聞き続けるのがほぼ不可能。 ・うまくコミュニケーションが取れないにもかかわらず，それを示すことができない。パート2での取り組みがきわめて乏しいもしくは皆無。